新编21世纪高等职业教育精品教材 ● 工商管理类

+ BUSINESS ADMINISTRATION

人力资源管理实务

（第三版）

主　编●林　红　徐　静
副主编●黄建红

中国人民大学出版社
·北京·

图书在版编目（CIP）数据

人力资源管理实务 / 林红，徐静主编．--3 版．--
北京：中国人民大学出版社，2024.5
新编 21 世纪高等职业教育精品教材．工商管理类
ISBN 978-7-300-32523-1

Ⅰ．①人…　Ⅱ．①林…　②徐…　Ⅲ．①人力资源管理
－高等职业教育－教材　Ⅳ．① F243

中国国家版本馆 CIP 数据核字（2024）第 032456 号

新编 21 世纪高等职业教育精品教材·工商管理类
人力资源管理实务（第三版）
主　编　林　红　徐　静
副主编　黄建红
Renli Ziyuan Guanli Shiwu

出版发行	中国人民大学出版社			
社　　址	北京中关村大街 31 号	**邮政编码**	100080	
电　　话	010-62511242（总编室）		010-62511770（质管部）	
	010-82501766（邮购部）		010-62514148（门市部）	
	010-62515195（发行公司）		010-62515275（盗版举报）	
网　　址	http://www.crup.com.cn			
经　　销	新华书店			
印　　刷	天津中印联印务有限公司	**版　　次**	2015 年 4 月第 1 版	
开　　本	787 mm×1092 mm　1/16		2024 年 5 月第 3 版	
印　　张	19	**印　　次**	2025 年 12 月第 2 次印刷	
字　　数	432 000	**定　　价**	46.00 元	

第三版前言

国家坚持科技是第一生产力、人才是第一资源、创新是第一动力，深入实施科教兴国战略、人才强国战略、创新驱动发展战略。人力资源是生产力要素中最积极活跃的要素之一。面对全球一体化、高度融合、竞争激烈的市场环境，人才竞争成为时代竞争的焦点，人力资源管理越来越成为管理工作的核心。

在党的二十大精神指引下，为全面贯彻党的教育方针，落实立德树人根本任务，培养德智体美劳全面发展的社会主义建设者和接班人，编者特对本教材作出进一步修订，以使其紧跟时代步伐。本教材在第一版和第二版的基础上，及时更新和增减了部分教学案例，使之更加贴近时代的发展和项目任务的编写要求。本教材着重强调了党的二十大对人力资源管理的要求，融入了最新的思政内容和案例，使项目更清晰、任务更明确、结构更合理、关系更紧密。

本教材注重提升人力资源管理者的综合素质，以就业为导向，以提高人力资源管理能力为核心和目的，具有重要的理论和现实意义。本教材既可作为高职高专经济管理、工商管理等管理类专业学生的必修教材，也可作为各类企事业单位工作人员的培训用书，并可为广大从业人员提供有益的参考和帮助。

第一版和第二版教材一经出版，受到了各校师生的欢迎，得到了专业人士的肯定，也收到了许多中肯的指导意见，在此对各位专家、老师、读者表示由衷的感谢！第三版教材由林红、徐静主编，在此也对为本教材的完成提供无私帮助的老师和辛苦付出的编辑表示真挚的感谢！

林　红

2024年1月

目　录

课程导入　人力资源管理基础知识

学习目标

◆ **知识目标**

掌握人力资源的含义、特征

掌握人力资源管理的含义、内容体系及职能

熟悉现代人力资源管理与传统人事管理的区别

◆ **技能目标**

能对企业人力资源管理部门人员进行角色定位

能区别现代人力资源管理与传统人事管理，并能运用于人力资源管理职能的学习中

◆ **职业素质和态度目标**

具有企业人力资源管理新理念，懂得人力资源管理基本规律

具备团队协作能力，培养创新精神，结合国家人口现状开展人力资源管理工作

任务导入

实施人才强国战略

2022年10月16日，中国共产党第二十次全国代表大会在北京人民大会堂开幕。习近平代表第十九届中央委员会向大会作报告。关于人才，党的二十大报告中指出：

坚持科技是第一生产力、人才是第一资源、创新是第一动力，深入实施科教兴国战略、人才强国战略、创新驱动发展战略，开辟发展新领域新赛道，不断塑造发展新动能新优势。

坚持教育优先发展、科技自立自强、人才引领驱动，加快建设教育强国、科技强国、人才强国，坚持为党育人、为国育才，全面提高人才自主培养质量，着力造就拔尖

创新人才，聚天下英才而用之。

坚持尊重劳动、尊重知识、尊重人才、尊重创造，实施更加积极、更加开放、更加有效的人才政策。

着力形成人才国际竞争的比较优势。加快建设国家战略人才力量。

深化人才发展体制机制改革。

把各方面优秀人才集聚到党和人民事业中来。

任务分析：人力资源已经成为第一资源，是促进经济和社会发展的重要推动力。人力资源管理是企业获取和保持竞争优势的重要工具。我国正在进一步从人力资源大国走向人力资源强国，创新能力进一步提升，发展后劲不断增强。

任务一　把握人力资源的含义

任务提示

什么是资源？有哪些资源？什么是人力资源？它有哪些组成部分？如果你是公司管理者，你如何看待和解决以上问题？请进入本任务。

一、资源的含义

在经济学中，“资源”是指为了创造物质财富而投入生产活动中的一切要素。资源的具体种类繁多，有自然资源、资本资源、人力资源、信息资源、技术资源、关系资源、品牌资源等。

二、人力资源的含义

“人力资源”这一概念由美国管理学家彼得·德鲁克于1954年在《管理的实践》一书中最早提出并进行了界定。他指出，与其他资源相比，人力资源是一种特殊的资源，它必须通过有效开发和激励才能充分发挥作用，并为组织带来经济价值。

微课

什么是人力资源

目前，学术界对于人力资源的定义有不同的认识和看法，主要有两种观点：一种是从人的角度进行界定，认为人力资源是指能够推动经济和社会发展的具有体力和智力劳动能力的人的总称；另一种是从能力的角度进行界定，认为人力资源是指人类进行生产或提供服务，推动整个经济和社会发展的劳动者的各种能力的总称。

我们认为，从能力角度来理解人力资源的含义更接近它的本质。同时，人是人力资源的载体。因此，可以将人力资源定义为：一个社会或一个组织中所有能够创造财富、推动经济和社会发展的人的能力的总和。在这里，“人的能力”主要包括人的体能、智力、知识和技能等要素。其中，体能和智力构成人力资源的基础，知识和技能则决定了人力资源的质量。

三、人力资源的构成

作为一种资源，人力资源也同样具有量和质的规定性。

课堂讨论

课堂人力资源的数量和质量的构成是怎样的？

（一）人力资源的数量

人力资源的数量一般包括：劳动力的数量、人力资源的绝对量和相对量。

1. 劳动力的数量

劳动力的数量是指一个国家或地区中具有劳动能力的人的总和。

2. 人力资源的绝对量

人力资源的绝对量是指一个国家或地区拥有的具有劳动能力的人口资源，即劳动力人口的数量。它包含在法定年龄人口中具有劳动能力和在法定年龄以外进行劳动的人口，具体包括以下几个方面：（1）适龄就业人口；（2）未成年就业人口；（3）老年就业人口；（4）待业人口；（5）求学人口；（6）服役人口；（7）家务劳动人口；（8）其他人口。

前三部分构成就业人口的总体，以往被称为劳动力人口。前四部分是现实的社会劳动力供给，是直接的、现实的人力资源。后四部分并未构成现实的社会劳动力供给，是间接的、潜在的人力资源。人力资源的构成如表 0-1 所示。

表0-1　人力资源构成

<table>
<tr><td>（2）未成年就业人口</td><td colspan="4">（1）适龄就业人口</td><td>（3）老年就业人口</td></tr>
<tr><td rowspan="3">少年人口</td><td colspan="4">（4）待业人口</td><td rowspan="3">老年人口</td></tr>
<tr><td>（5）求学人口</td><td>（6）服役人口</td><td>（7）家务劳动人口</td><td>（8）其他人口</td></tr>
<tr><td colspan="4">病残人口</td></tr>
</table>

3. 人力资源的相对量

人力资源的相对量是指人力资源的绝对量在总人口中所占的比例，统计中用人力资源率表示。

人力资源绝对量是反映一个国家国力的重要指标。人力资源相对量则表明一个国家人均人力资源拥有量，是反映一个国家经济实力的重要指标。一个国家的人力资源相对量越高，表明该国家的经济越具有优势。用这些指标与其他国家进行比较，可以反映出一个国家的发展程度等许多深层次的社会经济特征。

（二）人力资源的质量

人力资源的质量是指人力资源所具有的体质、智力、知识和技能水平，以及劳动者的劳动态度等，主要包括五个方面，如图 0-1 所示。

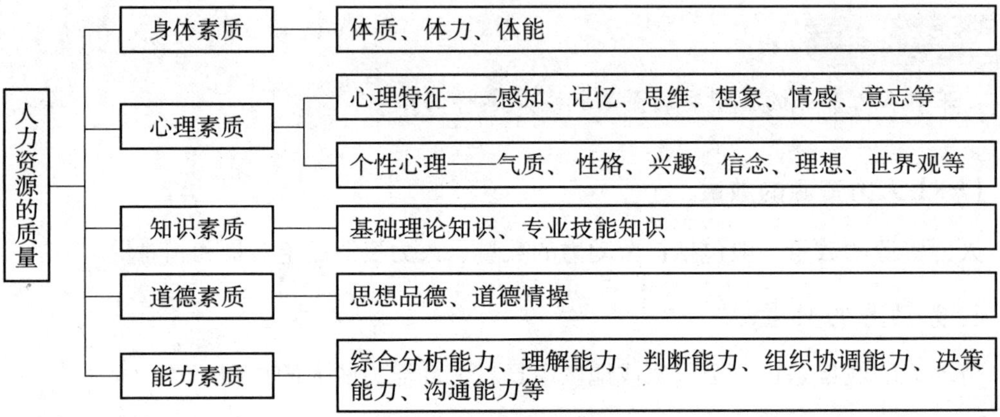

图0-1 人力资源的质量

在统计与使用中，可以用平均寿命、婴儿死亡率、每万人中医务人员数量等指标来衡量健康卫生状况；用劳动者的人均受教育年限、每万人中大学生数量、大中小学入学比例等指标来衡量教育发展程度；用劳动者技术职称等级比例、每万人中高级职称人员所占比例等指标来衡量劳动者的技术状况；用对工作满意程度、工作努力程度、工作负荷程度、与他人的合作性等指标来衡量劳动态度。

人力资源的数量和质量是相互统一的。数量是基础，质量是关键和核心。人口过多会引发很多社会问题，影响社会发展。

四、人力资源的相关概念

人力资源部分概念的关系如图 0-2 所示。

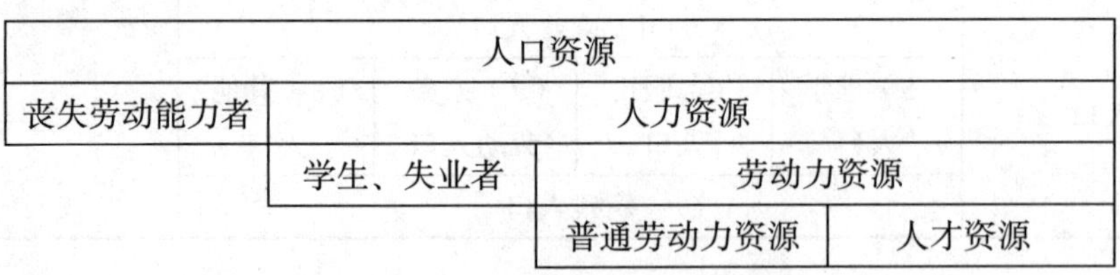

图0-2 人力资源部分概念的关系

（一）人口资源

人口资源是指一个国家或地区拥有的人口总量，主要表现为人口的数量，是构成人力资源的基础。人口资源中具备智力和体力的那部分人才是人力资源。

（二）人力资源

人力资源是指能为社会创造物质财富和精神财富的劳动人口的总和。

（三）劳动力资源

劳动力资源是指能够从事各类工作的劳动力人口。劳动力资源是人力资源的一部分，人力资源还包括尚未成为劳动力（主要指未达到劳动年龄的未成年人），但未来能够成为劳动力的人口。

（四）人才资源

人才资源是指在某些工作领域中已经或未来有很大可能作出较大贡献的人所组成的人力资源。人力资源与人才资源的区别主要体现在质量层次上。人才资源是一个国家或地区人力资源中较为杰出的那部分。

（五）天才资源

天才资源是指在某一领域有特殊才华的人才资源。

（六）人力资本

人力资本是通过对人的教育、训练和卫生保健等方面的投资而形成的资本。它凝结于劳动者身上，体现为知识、智慧、技能与健康等方面。人力资源将“人”作为一种资源财富，人力资本将“人力”作为一种投资对象。人力资源包括自然性人力资源和资本性人力资源，而人力资本强调的是人力资源在生产过程中的使用。当人力资源被作为赚取利润的手段时，就被赋予了人力资本的内涵。

任务二 明确人力资源的特征

任务提示

完成以上任务后，你已基本把握了人力资源的含义。那么，人力资源有哪些特征呢？请进入本任务。

微课

人力资源的特征

人力资源是进行社会化生产最重要的资源之一，与其他资源一样具有有用性、有限性、物质性、稀缺性等性质。各种资源的有效结合可以创造社会财富，推动社会发展和人类进步。但是，作为社会中最基本、最重要的资源之一，人力资源与其他物质资源相比，具有如下几个突出的特征：

一、生物性

人力资源存在于人体中，与人体的自然生理特征相联系，这是人力资源最基本的特征。基于这个特征，人力资源的生产和使用要受到自然生理特征的限制，如智力水平、身体条件等，必须遵循生命规律。

二、可再生性

人力资源基于人口的再生产和劳动力的再生产，通过人口总体内个体的不断更替的过程得以实现。人本身、人的体能与智能都是可以再生的，这种再生过程除了要遵循生物学规律外，还受人类意识的支配和人类活动的影响。

三、能动性

人力资源是诸多生产要素中唯一具有主观能动性的生产要素。人通过主观愿望、意念和思想来支配其他要素，并通过人的劳动过程来创造财富。在改造世界的过程中，人们通过意识对所采取的行为、手段及结果进行分析、判断及预测。人的创新精神、创造能力始终是人力资源的精髓。

四、社会性

在现代社会高度社会化大生产的条件下，个体要通过一定的群体来发挥作用，合理的群体组织结构有助于个体的成长及高效地发挥作用，反之则会对个体造成压制。群体组织结构在很大程度上取决于社会环境，取决于社会的政治、经济、科技、教育等管理体制。人力资源管理既要注重人与人、人与团体、人与社会关系的协调，又要注重组织中的团队建设。社会性也是人力资源的基本特征。

五、时效性

人力资源的形成、开发、使用都要受生命周期的限制。从个体角度看，人的生命周期有发育成长期、成年期、老年期，各阶段的劳动能力各不相同；从社会角度看，人才的培养和使用有培训期、成长期、成熟期和衰退期，必须在成年时期进行有效开发和利用，最大限度地保证人力资源的产出，延长人力资源的作用时期。

六、增值性

与其他资源相比，人力资源具有明显的增值性，因此投资收益更大。对人体而言，体力和脑力在合理限度内使用非但不会退化或消失，反而会不断增强。当受到有效激励时，人会主动积极地劳动，尽可能发挥自己的聪明才智，这样人力资源的价值就能得到充分发挥。另外，人力资源因其可再生性而具有无限开发的潜能与价值，而且由于人力资源开发具有投入少、产出大的特点，加上人力资源的合理使用也是其开发方式之一，因此人力资源可以持续不断地开发和增值。

阅读材料

人力资源的增值性

早在19世纪，罗伯特·欧文就声称：如果把钱用来改善劳动的话，那么这笔钱给你带来的利润将不是整个投资的5%、10%或者15%，而是50%，在许多情况下甚至会是100%。

1900年到1995年，挪威的统计测算表明，对固定资产、普通劳动者和智力投资的额度分别每增加1%，则与其相对应的社会生产量分别增加0.2%、0.76%和1.8%。

现在，越来越多的企业已经意识到人力资源的投入产出比是惊人的。人力资源的投资收益率，超过其他一切形态资本的投资收益率，各国的经济发展均证明了这一点。

据美国经济学家舒尔茨计算，1929—1957年美国的教育投资对经济增长的贡献比例高达33%。一些实物资本在战争中遭到巨大破坏的国家（如德国、日本等），都奇迹般迅速恢复和发展。一些资源条件很差的国家和地区，也获得了经济腾飞。

任务三 掌握人力资源管理的含义和内容

任务提示

完成以上任务后，你已基本把握了人力资源的含义、构成、相关概念和特征。那么，人力资源管理的含义是什么？人力资源管理的任务有哪些？人力资源管理的内容体系是怎样的？人力资源管理的职能是什么？人力资源管理与传统人事管理有什么区别？请进入本任务。

一、人力资源管理的含义

人力资源管理是指组织为实现既定的目标，运用科学系统的理念和方法，对人力资源进行获取、使用、开发、保持和整合等一系列管理的活动。

人力资源管理作为组织的一项基本管理制度，其实质是站在组织的角度，通过一系列的管理工作，把组织的目标与组织成员的目标有效地加以整合，以更好地达成组织的目标。

人力资源管理是现代人事管理，是研究组织中人与人关系的调整、人与事的配合，以充分开发人力资源，挖掘人的潜力，调动人的积极性，提高工作效率，达成组织目标的理论、方法、工具和技术。

二、人力资源管理的目标和任务

任何管理的根本目的都是运用有限的资源去实现整体效益的最大化。人力资源管理也不例外，其目标和任务同样是要用最少的投入获取最大的产出，以达成组织目标。

（一）人力资源管理的目标

人力资源管理之所以重要，是因为通过它可以吸引、留住和激励员工。然而，人力资源管理的重要性不仅仅表现在这些方面，更重要的是对员工的工作生活质量改善、生产率改进以及企业竞争力提高等方面产生深远的影响。

1. 改善工作生活质量

工作生活质量关注的是人为什么工作，其背后真正的原因是什么。它是指员工比以往更多地参与管理，希望更多地沟通、自主地工作，产生更多的工作满意度与成就感。简单地说，它是指在工作中，员工所产生的心理与生理健康的感觉。工作生活质量的降低会使缺勤率和离职率上升，它与人力资源管理有着密切的关系。企业要通过了解员工需求、实施民主管理、疏通信息渠道等途径来提高员工的工作生活质量。

阅读材料

工作生活质量的 11 个方面

（1）劳动报酬
（2）人际沟通
（3）工作的安全性
（4）工作时间
（5）工作紧张程度
（6）参与有关决策的程度
（7）工作的民主性
（8）利润分享
（9）退休金权利
（10）员工福利改善计划
（11）工作环境优化

2. 提高生产率

生产率是任何一个组织的重要目标，人力资源可以对提高生产率作出很大贡献。研究表明：高生产率组织与低生产率组织之间的区别在于两者对人力资源管理的作用认识不同。人力资源管理主要从组织设计和工作设计两方面提高生产率。

3. 获取竞争优势

竞争优势是指组织必须获得和维持某种对其竞争者的优势。一个企业有效的人力资源管理实践是竞争优势的重要源泉。斯坦福大学教授杰夫瑞·菲弗认为有 16 种提高企业竞争优势的人力资源管理实践活动。

（二）人力资源管理的任务

人力资源管理的根本任务就是根据企业发展战略的要求，通过有计划地对人力资源进行合理配置，做好企业员工的培训与人力资源的开发，采取各种措施，激发员工的积极性，充分发挥他们的潜能，做到人尽其才、才尽其用，以更好地促进生产效率、工作效率和经济效益的提高，进而推动整个企业各项工作的开展，确保企业战略目标的达成。

具体地讲，现代企业人力资源管理的任务主要有以下几个方面：

（1）通过规划、组织、调配和招聘等方式，保证以一定数量、质量的劳动力和各种专业人员加入并配置到企业生产经营活动中，满足企业发展的需要。

（2）通过各种方式和途径，有计划地加强对现有员工的培训，不断提高他们的文化知识水平和业务技术水平。

（3）结合每一个员工具体的职业生涯发展目标，做好员工的选拔、使用、考核和奖惩工作，做到能发现人才、合理使用人才和充分发挥人才的作用。

（4）采取各种措施，包括思想教育、安排劳动和工作、关心员工的生活和物质利益等，激发员工的工作积极性。

（5）根据现代企业制度的要求，做好薪酬、福利管理等工作，协调劳资关系。

阅读材料

良好人力资源管理的标志

（1）确立人事相宜的人员配置体系。

（2）培育以人为本、尊重个性的企业文化。

（3）有科学的机构、岗位、编制和职能划分。

（4）建立、健全有效的激励机制、监督机制和新陈代谢机制。

（5）高效率、高满意度、高成就感、合理的人力资源成本。

三、人力资源管理的内容体系

微课　人力资源管理的内容体系

人力资源管理的内容体系包括以下几个方面，如图 0-3 所示：

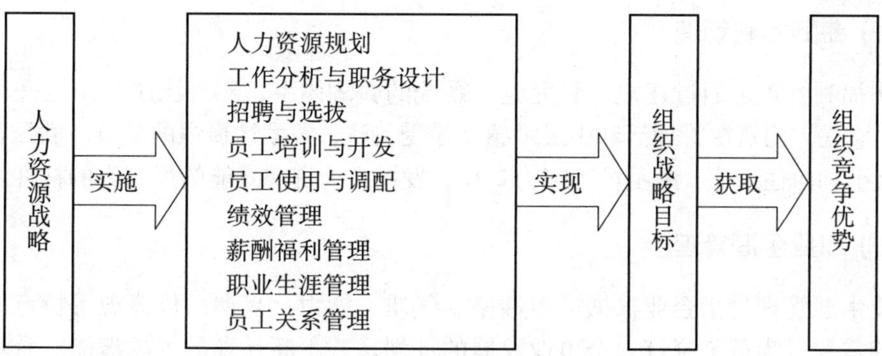

图0-3　人力资源管理的内容体系

（一）人力资源规划

通过制定这一规划，一方面保证人力资源管理活动与企业的战略方向和目标一致；另一方面保证人力资源管理活动的各个环节相互协调，避免相互冲突。同时，在实施此规划时还必须创造一种公平的就业机会。

（二）工作分析与职务设计

工作分析与职务设计是人力资源管理的基础性工作。通过对工作任务的分析，根据不同的工作内容，设计不同的职务，规定每个职务应承担的职责和工作条件、工作任务等，可使企业吸引和留住合格的员工。

（三）招聘与选拔

要达成组织的目标，企业就必须用招聘来定位和吸引申请具体职位的人。招聘的目标在于迅速、合法和有效地找到适合企业需要的求职者。在这个过程中，企业需要用科学的方法和手段对所需要的人员进行测评和选拔。

（四）员工培训与开发

通过培训提高员工个人、群体和整个企业的知识、能力、工作态度和工作绩效，进一步开发员工的智力潜能。

（五）员工使用与调配

要做到科学地使用员工，人力资源管理部门就必须清楚地了解和掌握每位员工的基本情况和特点，熟悉每个工作岗位的任职要求，并把两者有机地结合起来。

（六）绩效管理

绩效管理是管理者与员工就工作目标和如何达成工作目标进行协调并达成共识的过程，它包括绩效计划、绩效实施、绩效评估、绩效反馈和绩效评估结果的应用五个环节。人力资源管理部门通过绩效管理，考核员工工作绩效，及时作出信息反馈，奖优罚劣，进一步提高和改善员工的工作绩效。

（七）薪酬福利管理

薪酬福利管理是通过建立一套完整、系统的薪酬体系，实现激励员工这一目的的管理活动。它是人力资源管理活动中最敏感、最受关注、技术性最强的部分。薪酬福利管理是组织吸引和留住人才、激励员工努力工作、发挥人力资源效能的最有力的杠杆之一。

（八）职业生涯管理

职业生涯管理是指企业根据员工性格、气质、能力、兴趣、价值观等特点，同时结合企业的需要，为员工制订一个事业发展的计划，并不断开发员工的潜能。企业把员工个人职业生涯发展目标与企业发展目标统一起来，使员工不断获得成长，产生强烈的归属感、忠诚感和责任心，从而最大限度地激发他们的工作积极性。

（九）员工关系管理

为了使员工努力工作，企业应创造一种积极的工作环境，即员工关系良好的环境。企业必须保证员工健康和安全等，通过建立有效的预防措施以保证员工身体健康和心理健康，并在企业中建立有效的沟通渠道。

四、人力资源管理的职能

从人力资源管理的内容，我们可以总结出人力资源管理的五项基本职能。

（一）获取职能

获取职能是人力资源管理的首要职能，主要包括工作分析、人力资源规划、招聘、选拔与录用等活动，主要任务是根据组织目标确定所需员工的资格条件，通过规划、招聘、测评、选拔等获取所需员工。

（二）开发职能

开发职能是指通过员工培训、工作丰富化、职业生涯开发等方式，促进员工的知识、技能和其他方面素质的提高，使其能力得到增强和发挥，最大限度地实现个人价值和对组织的贡献率，达到员工个人和组织共同发展的目的。

（三）评价与控制职能

评价与控制职能包括岗位评价、绩效评估、满意度调查及相应的奖惩、晋升、调动和解雇等决策。其中，绩效评估是核心，它是奖惩、晋升等人事决策的依据。

（四）保持与激励职能

保持与激励职能包括两个方面的活动：一是保持员工的工作积极性和主动性，如公平的报酬、有效的沟通与参与、融洽的劳资关系等；二是保持健康安全的工作环境，如福利及服务、卫生保健及事故预防等。

（五）整合职能

整合职能是指通过组织文化、信息沟通、人际关系协调、矛盾冲突化解、劳资关系改善等有效整合手段，增进员工对组织的宗旨与价值观的了解，并使之内化为员工的价值观，让员工真正接受并遵从，从而建立和加强对组织的认同感与责任感，最终使组织内部的个体和群体的目标、行为、态度趋向组织的要求和理念，进而形成高度的合作与协调，发挥集体优势，提高组织的生产力和效益。

上述五项基本职能的关系是相辅相成、彼此配合的。例如：获取职能是其他职能的共同前提；保持与激励职能使员工对工作满意、对组织依恋，从而有利于整合职能的发挥；开发职能使员工看到自己在组织中的前程，从而更加积极和安心。这五项职能又都是以工作分析为基础的，工作分析能确定组织中每一岗位的权责和资格要求，从而使人力资源的获取具有明确的要求，并按照工作分析结果为激励设定目标、为评价提供标准、为开发提供依据等。

五、人力资源管理与传统人事管理的区别

传统的人事管理是以“事”为中心，注重的是控制与管理人，属于行政事务式的管理方式。而现代人力资源管理以“人”为核心，是把人作为活的资源来加以开发，人力资源被提到战略高度。人力资源管理注重人的心理与行为特征，强调人与事相宜、事与职相匹配，使人、事、职取得最大化的效益。人力资源管理与传统人事管理的区别如表 0-2 所示。

表0-2　人力资源管理与传统人事管理的区别

比较项目	人力资源管理	传统人事管理
管理视角	视员工为第一资源、资产	视员工为负担、成本
管理目的	组织和员工利益的共同实现	组织短期目标的达成
管理活动	重视员工培训与开发	重使用、轻开发
管理内容	非常丰富	简单的事务管理
管理地位	战略层、决策层	操作层、执行层
部门性质	生产与效益中心	单纯的成本中心
管理模式	以人为中心	以事为中心
管理方式	民主式、参与式	命令式、控制式
管理性质	战略性、整体性	战术性、分散性

课堂讨论

为什么说现代人力资源管理是由传统人事管理发展而来的？它在哪些方面突破了传统人事管理的局限性？

六、人力资源管理者的角色定位

20 世纪 90 年代以来，现代人力资源管理发生了深刻的变化，逐步从传统的强调专业技能角色的人力资源管理向战略导向的人力资源管理转变。要实现这种转变，不仅要在理论、技术和方法上解决人力资源管理如何支撑组织的战略，还要对人力资源管理在组织中的角色进行重新定位，对人力资源管理在组织日常经营活动中的战略职能进行强化，提升它在整个运作体系中的地位。

国内学者在对本土人力资源管理进行研究的过程中发现，要提高人力资源管理的战略地位，实现人力资源管理与组织经营管理系统的全面对接，人力资源管理者在组织中就必须扮演四种角色：战略伙伴、专家（顾问）、员工服务者和变革推动者。每种角色对应的行为和结果如表 0-3 所示。人力资源管理者的这种角色定位，能够有效支撑组织

的核心能力，帮助组织在激烈的竞争中获得竞争优势。

表0-3　人力资源管理者的四种角色

角色	行为	结果
战略伙伴	组织战略决策的参与者，提供基于战略的人力资源规划及系统解决方案	将人力资源纳入组织战略与经营管理活动，使人力资源与组织战略相结合
专家（顾问）	运用专业知识和技能，研究与开发组织人力资源产品与服务，为组织人力资源问题的解决提供咨询	提高组织人力资源开发与管理的有效性
员工服务者	与员工沟通，及时了解员工的需求，及时为员工提供支持	提高员工的满意度，增强员工的忠诚度
变革推动者	参与变革与创新、组织变革（并购与重组、组织裁员、业务流程再造等）过程中的人力资源管理实践	提高员工对组织变革的适应能力，妥善处理组织变革过程中的各种人力资源问题，推动组织变革进程

任务小结

人力资源作为“第一资源”，具有生物性、可再生性、能动性、社会性、时效性和增值性等特征。与人力资源相关的概念包括人口资源、劳动力资源、人才资源、天才资源、人力资本等。

人力资源管理的目标是改善工作生活质量、提高生产率、获取竞争优势。其内容体系有人力资源规划、工作分析与职务设计、招聘与选拔、员工培训与开发、员工使用与调配、绩效管理、薪酬福利管理、职业生涯管理、员工关系管理等。人力资源管理的五项基本职能是获取职能、开发职能、评价与控制职能、保持与激励职能、整合职能。

人力资源管理者在企业中必须扮演四种角色：战略伙伴、专家（顾问）、员工服务者和变革推动者。

关键术语

资源　人力资源　劳动力资源　人才资源　人力资本　人力资源管理

技能自测

一　单项选择题

1. 下面的（　　）选项对“人力资源总量”的表述是正确的。

A. 人力资源的数量　　　　B. 人力资源数量 × 质量

C. 总人口－非就业人口　　D. 国内人力资源＋驻外人员＋海外留学生

2. 人力资源的基本特征包括（　　）。

A. 生物性和智能性　　B. 智能性和社会性

C. 生物性和社会性　　D. 动力性和社会性

3. 人力资源管理的基础是（　　）。

A. 人力资源规划　　B. 人员培训

C. 劳动定员定额　　D. 工作分析与职务设计

二　多项选择题

1. 人力资源作为“第一资源”，具有（　　）和增值性等特征。

A. 生物性　　B. 可再生性　　C. 能动性

D. 社会性　　E. 时效性

2. 人力资源管理的目标是（　　）。

A. 改善工作生活质量　　B. 提高生产率　　C. 进行职务设计

D. 进行员工关系管理　　E. 获取竞争优势

三　判断题

1. 人力资源作为诸多生产要素的一种，具有主动性的特点。（　　）

2. 无论是过去还是现在，从人力资源的角度来看，员工总是被动的。（　　）

3. 一个国家或地区的人力资源相对量越高，表明该国家或地区的经济越具有优势。（　　）

4. 人力资源的数量和质量是相互统一的。数量是关键和核心，质量是基础。（　　）

四　分析题

1. 请你结合实际分析人力资源管理与传统人事管理的区别。

2. 人力资源管理的目标是什么？人力资源管理的内容有哪些？

案例分析

比肖夫的工作经历

1951年，具有心理学学士学位和人际关系学士学位的查尔斯·比肖夫四处寻找工作。不久，他找到了一家叫包兰亭·索恩斯的酿造公司，做起了人事面试工作。后来，他又到了一家糖加工公司和美孚公司干了一段时间。1963年，比肖夫来到从事纤维、塑料生产及能源开发的联合公司。后来，他成为这家公司的人事经理。

当有人问比肖夫这些年作为人事经理都干了些什么时，他微笑着并以自嘲的口吻回答：“保证每人在生日时得到一张生日卡，在感恩节时得到一只火鸡。”他还说：“人事部对那些不能忍受这种工作方式的人来说，简直就是一个堆破烂的地方。”

确实，退回去许多年来看，人事工作除了雇用工人就再没有别的内容。这大概还是从过去的工头那里传下来的吧。以前的工头总是习惯于走出工厂，从长长的求职队伍中挑选工人。他们根本不用什么简历表，而是用他们的手随便点，“你，你，还有你”。后来，这些工头也实在腾不出时间来干这类事情了，于是就有了人事工作。

除了干些招收新工人和发薪水之类的工作，人事经理负责诸多这样的事情，即教人鞠躬时如何抬臂，教人如何打扫公司的停车场等。这确实产生了著名管理学家彼得·德鲁克所指出的情形：“所有做人事工作的人无不忧虑，何以证明他们也在对企业作出贡献。”

不过如今，比肖夫再也不谈什么生日卡、火鸡之类的事儿了。“电话随时都在嘟嘟响”，比肖夫在办公桌旁挥了一下手说道，“嘿，那准是董事会主席又叫我去他办公室了。”

是的，人事经理一蹶不振的时代已经成为过去。由人事部门负责人给公司各部门分西瓜已经是过去的事了。而事实上“人事经理”这一称呼在公司的惯用语中已经销声匿迹了，取而代之的是另一种很有影响力的称呼，即“人力资源经理”。

思考：

请你谈谈比肖夫的工作经历给你的启示。

项目一　工作分析与职务设计

学习目标

◆ **知识目标**

理解工作分析与职务设计的含义

掌握工作分析的方法

掌握编制职位说明书的原则和要求

◆ **技能目标**

能够灵活运用工作分析的方法进行工作分析

能够编制职位说明书

◆ **职业素质和态度目标**

能用礼貌、灵活的口头表达和文字措辞进行调查

亲和力强，待人热情，业务熟练

耐心细致、严谨务实地做好搜集信息和编制职位说明书的工作

任务导入

忽视工作分析的作用导致企业用人的重大失败

某上市公司2022年高薪招聘80名本科及以上技术型人才。招聘时人力资源部承诺提供良好的工作环境、优越的工作条件和有竞争力的薪水。

工作不到一年，有人抱怨专业不对口，技术优势无法发挥；有人认为自己的才能远远超过岗位的要求；有人反映工作条件不能满足岗位的需要。一次偶然的技术事故后，当事人以职位说明书未注明工作风险的可能性为由，推脱责任。不满情绪和换岗要求增加，几个优秀员工离开了公司。

后来经调查发现，公司存在以下三个方面的问题：（1）招聘时没有进行以工作分析为基础的人才测试，仅仅注重学历要求和技术背景；（2）安排工作时未充分考虑任职者的现实能力和岗位要求的匹配度；（3）工作过程中没有实施以工作分析为基础的培训和绩效评估。

任务分析：工作分析与职务设计是现代人力资源管理的职能，是人力资源获取、开发、评价与控制、保持与激励、整合等职能工作的基础和前提。只有做好了工作分析与职务设计，才能完成企业人力资源规划、招聘与选拔、员工培训与开发、员工使用与调配、绩效管理、薪酬福利管理、职业生涯管理、员工关系管理等工作。有的人力资源管理者忽视或低估工作分析与职务设计的作用，使得绩效评估时无现成依据、确定薪酬时有失公平、目标管理责任制没有完全落实，进而导致挫伤员工工作积极性和影响企业效益的现象时有发生。

任务一　熟悉工作分析与职务设计

任务提示

在人力资源管理中经常会遇到这样的问题：市场部经理的职责和权限是什么？财务部经理的职责和权限是什么？这两个职位怎样在权限上做界定和衔接？具备什么样素质的人才能担任某一特定职位的工作？请进入本任务。

一、工作分析的含义

人力资源管理的主要目的在于，为组织提供与岗位匹配的员工，激发在岗员工个人潜力，不断完善工作关系和工作条件。工作分析是整个人力资源管理的基础性工作。缺乏对岗位的工作分析与了解，会造成组织各种资源的浪费，从而降低工作效率，削弱组织的竞争力，对不适合岗位或工作内容不明确的员工来说也是一种煎熬。完善的工作分析可以促使员工最大限度地发挥自我潜力，帮助组织实现人、财、物的合理配置与利用。

微课

怎样进行工作分析

工作分析（Job Analysis）又称职位分析、岗位分析或职务分析，是指采用科学的方法对组织中各项工作职务的特征、规范、要求、流程以及对完成此项工作的员工的素质、知识、技能要求进行描述的过程，它的结果是产生工作描述和任职资格。

工作分析实质上就是确定某一特定工作本身以及完成这一工作所需人员应具备的素质、知识、技能，以及职责等基本要素的系统性过程。

为了达成这一目标，外国心理学家从人力资源管理的角度，提出了工作分析的公式，即用谁做（Who）、做什么（What）、何时做（When）、在哪里做（Where）、如何做（How）、为什么做（Why）、为谁做（For Whom）。

二、工作分析的内容

阅读材料

杰克·韦尔奇的“管人”奇招

美国通用电气（GE）公司前董事长兼CEO杰克·韦尔奇自1981年上任后的20年时间里，使GE的股票升值40倍，企业价值提升25倍，他本人也被称为“美国头号经理”“世界头号企业家”。那么，韦尔奇在“管人”上有什么奇招妙法？他又是怎样调动员工的工作积极性的呢？韦尔奇的回答十分简洁——调动员工积极性的方法，就是让每个人对自己的作用、责任和奖励都一清二楚。

工作分析的内容取决于工作分析的目的和用途。不同的组织有各自的特点和亟待解决的问题：有的是为了制定切合实际的奖励制度，调动员工的积极性；有的是为了根据工作要求改善工作环境，提高安全性。因此，这些组织所要进行的工作分析的侧重点就不一样。一般来说，工作分析主要包括两方面的内容：一是工作描述，二是任职资格。

简单地说，工作分析实质上是回答两个问题：“该职位是做什么事情的？”“什么样的人来做这些事情最合适？”

（一）工作描述

工作描述又称工作说明，就是确定工作的具体特征，包括以下几个方面的内容：

（1）工作名称。在进行工作描述时应有其特定的名称，便于记载活动及搜集资料。

（2）工作活动和程序。此项包括所要完成的工作任务，工作职责，完成工作所需资料、机器设备与材料，工作流程，工作中与其他工作人员的正式联系等。

（3）工作条件和工作环境。此项包括正常的温度、适当的光照度、通风设备、安全措施、建筑条件，乃至工作的地理位置等。

（4）社会环境。此项包括工作团体的情况、社会心理气氛、同事的特征及相互关系、各部门之间的关系等；还应该说明组织内以及附近的文化和生活设施。

（5）职业条件。此项包括对工作的各方面特点的说明：工资报酬、奖金制度、工作时间、工作季节性、晋升机会、进修和提高的机会、该工作在本组织中的地位以及与其他工作的关系等。

工作描述是一份提供有关任务、职责信息的文件（重点在于描述工作的内容是什么）。有关工作描述的具体内容在任务三“编制职位说明书”中有更为详细的叙述。

（二）任职资格

任职资格又称工作规范或工作要求，主要包括有关的工作程序和技术的要求、工作技能、独立判断与思考能力、记忆力、注意力、知觉能力、警觉性、操作能力（速度、准确性和协调性等）、工作态度和各种特殊能力要求等。任职资格还包括文化程度、工作经历和健康状况等。任职资格包含一个人完成某项工作所必备的基本素质和条件（重点在于雇用什么样的人来从事这一工作）。有关任职资格的具体内容在任务三“编制职位说明书”中有更为详细的描述。

（三）工作分析的其余三个问题

工作分析除了回答“该职位是做什么事情的？”“什么样的人来做这些事情最合适？”这两个问题外，还要回答三个问题。

（1）谁最适合这个工作？有某些经历、专业、资格和受过某些培训的人可以优先。

（2）谁来做工作分析？人力资源管理专家负责总体策划和审定；主管人员结合企业实践，参与或组织人员编写；在岗员工结合个人实践提供经验资料；人力资源部门作出规范、完整、系统的工作分析。

（3）何时做工作分析？1）在组织创立时，首次进行工作分析；2）企业新增工作岗位时，要进行工作分析；3）新技术、新方法、新工艺、新系统的使用导致岗位工作内容变动时，也应进行工作分析。

课堂讨论

工作分析主要包括哪些方面的内容？

三、工作分析的目的和作用

（一）工作分析的目的

在人力资源管理领域内，工作分析的主要目的有两个：

（1）工作分析所得到的关于工作人员的技术、知识、能力等方面的要求资料可以作为人员选拔的依据，从而达到人与工作的最佳匹配。

（2）工作分析中所得到的工作规范的资料可以作为绩效评估的依据，通过评估决定奖惩，并通过奖惩等激励手段调动工作人员的工作积极性，从而产生最佳的组织行为，使组织的效能得到最大限度的发挥，最有效地达成组织目标。

（二）工作分析的作用

工作分析是人力资源管理的基础性工作，其基础地位如图 1–1 所示。

工作分析对于人力资源管理有很重要的作用。具体地讲，工作分析有以下七个方面的作用：

（1）选拔和任用合格的人员。

（2）制订有效的人事预测和人事计划。

（3）设计积极的人员培训和开发方案。

（4）提供考核、晋升和作业标准。

（5）提高工作和生产效率。

（6）建立先进、合理的工作定额和薪酬制度。

（7）加强职业咨询和职业指导。

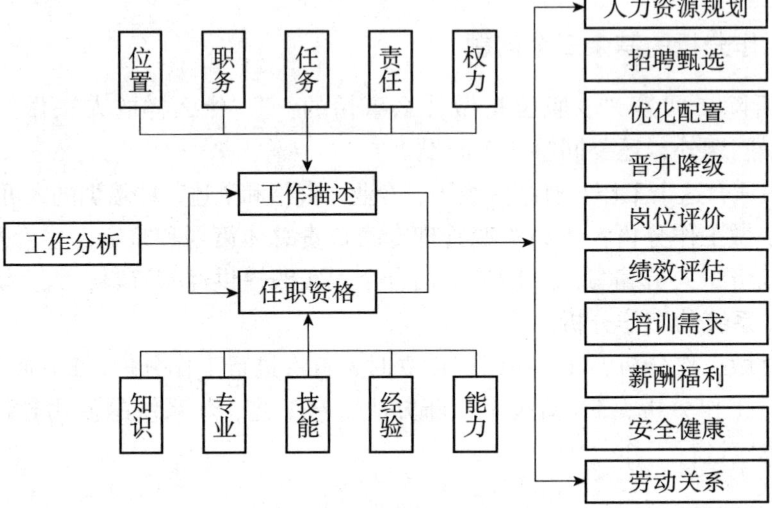

图1-1　工作分析在人力资源管理中的基础地位

课堂讨论

结合实际谈谈为什么说工作分析在人力资源管理中处于基础地位。

四、工作分析的程序

工作分析是现代企业实行科学管理的重要手段之一，是人力资源管理工作者必须掌握的一门专业技术。工作分析是一个全面系统的过程，主要包括以下几个阶段。

（一）准备工作阶段

准备工作阶段的任务是熟悉情况、建立联系和确定工作分析的样本。这一阶段主要完成的工作有：

（1）对所分析的工作职务类型、基础资料和工作环境等进行初步了解。

（2）向与工作职务直接有关的管理人员、员工解释与说明工作分析的目的、作用及意义，学习和熟悉职务方面的关键术语，并建立友好合作关系，使管理人员、员工对工作分析有良好的心理准备。

（3）确定调查和分析对象的样本。既要考虑人员、设备和工作任务的种类等，又要把工作任务和程序合理地分解成若干工作元素和环节，确定职务的基本维度，以便作具体而深入的调查。

（二）信息搜集阶段

信息搜集阶段的任务是根据调查方案，对组织各个职位进行全方位的了解，搜集有关工作活动、职责、工作特征、环境和任职要求等方面的信息，为正确编写职位说明书提供依据。这一阶段主要完成的工作有：

（1）编制调查问卷与提纲。

（2）灵活运用访谈、问卷、实地观察等方法来获取有关职位、工作的各种数据资料。

（3）要求被调查者对各种工作特征和人员特征的重要性进行权重评定。

（4）在调查过程中应保持严谨客观的态度，科学地选取有代表性的样本，并控制工作信息的准确性。

（三）分析整理阶段

分析整理阶段的任务是整理调查结果并对结果进行分析，以便进行人事决策。这一阶段主要完成的工作有：

（1）整理并剔除无效的访谈结果和调查问卷，按照编写职位说明书的要求对各个职位的工作信息进行分类。

（2）让在职人员及他们的直接主管对初步整理的信息进行核对，以减少可能出现的偏差，同时帮助员工理解和接受工作分析结果。

（3）修改并最终确定所搜集的工作信息的准确性和全面性，以此作为编写职位说明书的基础。

（4）运用科学的方法创造性地揭示各职位的主要内容和关键因素。

（5）归纳总结出工作分析的必需材料和要素。

（四）完成报告阶段

完成报告阶段的任务是解决如何以书面文件的形式表达分析结果的问题。分析结果的主要表达形式是职位说明书，它由工作识别信息、工作描述、工作规范和工作环境四个部分组成。

五、职务设计及其方法

职务设计（Job Design）又称工作设计，是指对工作完成的方式以及某种特定工作所要求完成的任务进行界定的过程。职务设计可以运用工作专业化、工作轮换、工作扩大化、工作丰富化和弹性工作时间五种设计方法。

（一）工作专业化

通过动作和时间研究，把工作分解为许多很小的单一化、标准化和专业化的操作内容和操作程序，并对工人进行培训和激励，使工作保持高效率。这种传统的工作设计方法广泛应用于流水线生产。

（二）工作轮换

在不同的时间阶段，让员工承担不同但在内容上很相似的工作，同时必须保证工作流程不受影响。这种方法非但不改变工作设计本身，还会使员工具有更强的适应能力，激励员工努力工作。

（三）工作扩大化

通过增加工作的内容和职责，要求更多的知识和技能，从而提高员工的工作兴趣。工作扩大化是一种工作内容的横向延伸，提高工作量的同时相应地提高待遇，让员工感到更加充实。

（四）工作丰富化

工作丰富化也称工作纵向延伸，是指通过增加更多有意义的任务和增强工作的挑战性，员工可以得到工作本身的激励和成就感，增强自主性和责任心，从而提高工作的价值。

（五）弹性工作时间

弹性工作时间主要包括两种方法——缩短工作周和弹性工作制。缩短工作周可以将5天8小时工作制调整为4天10小时工作制。弹性工作制要求员工在核心时间工作，并在每周工作满一定工时的基础上自由决定上下班时间。

任务二 掌握工作分析的方法

任务提示

通过学习，我们掌握了如何界定工作岗位的职责和权限以及任职资格要求，认识到工作分析在人力资源管理中的基础地位。我们知道，要想得到系统、完善的工作分析资料，最好对这项工作进行实际的调查研究。那么，搜集信息的调查方法有哪些呢？怎样灵活地运用这些方法呢？请进入本任务。

微课

工作分析的方法

一、访谈法

访谈法（Interview Survey）又称面谈法，是工作分析人员与相关人员进行面对面的交流，请他们讲述自己的工作目标、工作内容、工作性质与范围及工作职责等。

（一）对访谈者的要求

为在访谈时得到被访谈者的充分合作，避免被访谈者的猜忌，访谈者必须受过面谈技巧训练，以便与被访谈者建立和谐的关系；能极简要地向被访谈者说明访谈的目的，消除他们的抗拒心理和防御行为。

（二）做好访谈工作

（1）设计访谈提纲。访谈前，访谈者要先查阅和整理有关资料，并准备好详细的访谈提纲，这样才能有的放矢。

（2）做好访谈记录（包括录音或录像）。从访谈中获得的信息是很有帮助的，访谈者可以采用标准的格式进行记录。

（3）注意修正偏差。被访谈者有时会有意无意地歪曲其职位情况，如把一件容易的工作说得很难或把一件很难的工作说得比较容易。这需要将多个同职者的访谈资料进行对比来加以校正。

（三）访谈法的类型

按照被访谈者的数量和等级，可以将访谈法分为个别访谈法、集体访谈法和主管访谈法三种类型。

1. 个别访谈法

个别访谈法（Individual Interview）是访谈者单独与被访谈者进行访谈活动的方法，具有保密性强、访谈形式灵活、调查结果准确、访谈表回收率高等优点。本方法适用于员工的工作有明显差异、工作分析的时间又比较充分的情况。

2. 集体访谈法

集体访谈法（Group Interview）是类似于公众座谈会的一种集中搜集信息的方法。其优点在于了解情况快、工作效率高、经费投入少，其缺点在于对访谈者组织会议能力的要求很高。本方法不适用于调查某些涉及保密、隐私、敏感性的问题，只适用于多名员工从事同种工作的情况。

3. 主管访谈法

主管访谈法（Supervisor Interview）是同一个或多个主管面谈，了解所要分析的职务的情况的方法。主管对于工作内容一般都有较全面的了解，与主管面谈可以节省工作分析的时间。

二、观察法

微课

直接观察法

观察法（Observational Survey）是工作写实法之一，是由工作分析人员直接观察所需分析的工作，记录某一时期该职位工作的内容、形式、过程和方法，并在此基础上进行分析的方法。观察法主要用来搜集强调人工技能的那些工作信息，适用于短期和重复的工作，如门卫、流水线上的作业工人等。

观察法通常与访谈法结合使用，观察前先进行访谈将有利于观察工作的进行：一方面有利于把握观察的大体框架；另一方面使双方相互有所了解，建立一定的合作关系，使随后的观察更加自然、顺利。

在观察过程中，要注意几点：（1）观察多个在职者的工作情形，以纠正观察单个在职者可能造成的偏差；（2）要在不同的时间进行观察，把诸如疲劳等因素考虑进去（如有些人上午的工作效率高）；（3）尽量不引人注目，否则在职者的行为可能会与平时不同，有些人喜好炫耀，有些人则异常紧张，多数人会表现得比平时更努力工作；（4）观察前要有详细的观察提纲，这样观察才能及时、准确。

三、工作实践法

工作实践法（Work Practices Survey）又称工作参与法，是由工作分析人员到被分析的岗位中实际体验岗位的工作特点，获得岗位信息的一种方法。这种方法由工作分析人员亲自参加工作活动，体验工作的整个过程，从中获得工作分析的资料。就获得工作分析资料的质量而言，这种方法效果较好，具体表现在：（1）可以准确了解工作；（2）适用于短期内可掌握的工作。但由于现代社会和生产中的工作职务日益专门化，要求工作分析人员具备从事各项工作的技能和知识有相当的难度，因此它又有一定的局限性，具体表现在：（1）代价较大；（2）不适用于操作技术难度大、工作频率高、质量要求高及危险性大的工作。

四、问卷调查法

问卷调查法（Questionnaire Survey）简称问卷法，是调查者运用统一设计的问卷向被选取的调查对象了解情况或征询意见的调查方法。

（一）问卷调查法的类型

问卷调查法可以分为职务定向和人员定向两种。职务定向问卷比较强调工作本身的条件和结果，人员定向问卷则集中于工作人员的工作行为。

研究表明，人员定向问卷对人员行为模式的描述更具有普遍性，而且不大受特定职务在技术方面的限制。因此，用这种问卷获得的数据更适用于设计人员培训方案或作为员工工作绩效测评的信息反馈。同时，人员定向问卷比职务定向问卷更为灵活，可适用于不同的工作职务。

（二）问卷调查法的形式

（1）结构型问卷。结构型问卷又称封闭式问卷，是指答案已经确定，由被调查者从中选择答案的调查问卷。结构型问卷的优点是便于综合，缺点是有时答案可能不全。因此，使用结构型问卷时，必须把答案给全。

（2）非结构型问卷。非结构型问卷又称开放式问卷，是指由问卷设计者提供问题，被调查者自行构思、自由发挥，从而按自己的意愿回答问题的调查问卷，以问答题型为主。

（3）半结构型问卷。半结构型问卷又称混合型问卷，是结构型问卷与非结构型问卷的结合，它实质上是半封闭、半开放的问卷。

五、工作日志法

工作日志法（Daily Log Survey）也是工作写实法之一，是指任职者按照时间顺序详细记录下自己在一段时间内的工作内容和工作过程，然后归纳提炼所需工作信息的一种方法。这种方法是让任职者用工作日志的方式记录每天的工作活动，作为工作分析资料。如果记得很详细，那么任职者经常会记录下一些用其他方法无法获得或者观察不到的细节。

阅读材料

工作日志法示例

工作日志

姓名：

年龄：

岗位名称：

所属部门：

直接上级：

从事本业务工龄：

填写日期：自　　月　　日至　　月　　日

说明：

1. 按工作活动发生的时间顺序及时填写。
2. 严格按要求填写，不要遗漏。
3. 提供真实的信息。
4. 注意保管，防止遗失。

5 月 29 日　工作开始时间：8:30　工作结束时间：17:30

序号	工作活动名称	工作活动内容	工作活动结果	时间消耗	备注
1	复印	协议文件	4 页	6 分钟	存档
2	起草文书	贸易代理委托书	8 页	1 小时 15 分钟	报批
3	贸易洽谈	玩具出口	1 次	40 分钟	承办
4	布置工作	对日出口业务	1 次	20 分钟	指示
5	会议	讨论东欧贸易	1 次	1 小时 30 分钟	参与
……	……	……	……	……	……
16	请示	货代数额	1 次	20 分钟	报批
17	计算机录入	经营数据	2 屏	1 小时	承办
18	接待	参观	3 人	35 分钟	承办

六、工作抽样法

工作抽样法（Work Sampling Method），是统计抽样法在工作分析中的具体应用，它是根据概率和数理统计学的原理，对工作岗位随机地进行抽样调查，利用抽样调查得到的数据资料对总体状况作出推断的一种方法。与其他的工作分析方法相比，工作抽样法的特点是调查时间短、次数多，测试人员不必整天连续待在工作现场观察，但需要一个较长的时间周期来完成整个抽样工作。

工作抽样法和其他工作分析方法一样，只要遵守随机性的原则，且保证有足够的抽样观察次数，抽样的结果就能具有较高的可靠性和精确度。要注意随机抽样及季节性因素，必须由对观察与记录的方法和工作内容有相当了解的人来执行。

七、关键事件法

关键事件法（Critical Incident Method）又称关键事件技术（Critical Incident Technique），是由调查人员、任职员工或与分析职位有关的员工，将工作过程中的关键事件详细地加以记录，在搜集大量信息之后，对工作职位的特征和要求进行分析的方法。所谓关键事件，是指工作成功或失败的行为特征或事件（如成功与失败、盈利与亏损、高效与低产等）。关键事件记录应该包括以下几个方面：（1）事件发生的原因和背景；（2）员工的特别有效或多余的行为；（3）关键行为的后果；（4）员工自己能否支配或控制上述后果。

关键事件法的程序如图 1-2 所示。

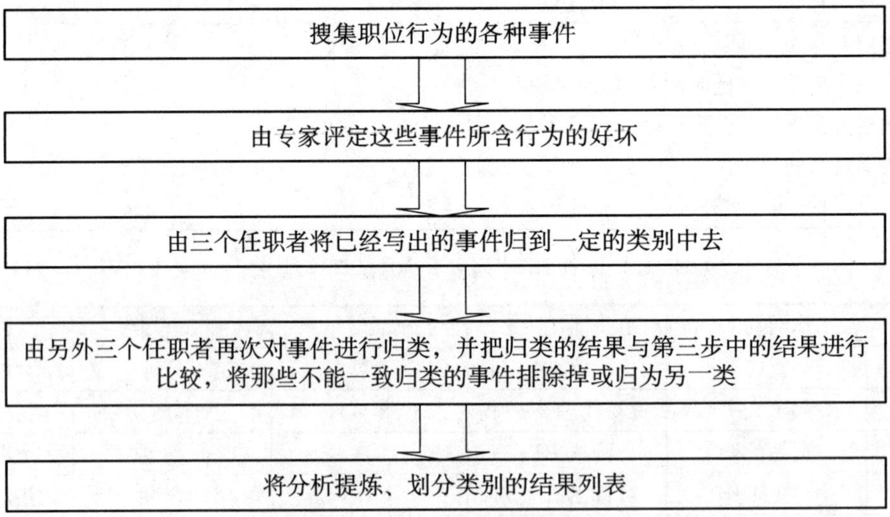

图1-2　关键事件法的程序

关键事件法的优点是：直接描述员工在工作中的具体活动，揭示工作的动态性质。其缺点是：搜集归纳关键事件并对其进行分类需要耗费大量的时间；由于关键事件法描述的是关键事件，因此很难对常规的工作行为形成总体概念，而后者才是工作分析的主要目的。

阅读材料

撰写关键事件示例

晚上7时，飞机起降非常繁忙。一位乘客汗流浃背地将2个大行李箱拖向办理登机手续的柜台。他向工作人员抱怨登机手续太复杂，而且效率低下。工作人员看也不看这位乘客，便说道：如果你想轻松而快速地办理登机手续，你应该去乘头等舱。这位乘客以及排在他后面的另两位乘客都非常气愤。片刻之后，这些乘客便和工作人员就其工作态度争论起来，办理登机手续也因这场争吵而中断了3分钟。

任务三　编制职位说明书

任务提示

通过以上学习，我们掌握了工作分析的内容与方法。那么，通过工作分析程序所获得的资料，经过归纳和整理会形成什么样的书面文件呢？这种书面文件的编写过程有没有固定模式？又有哪些条目和要求？请进入本任务。

微课

如何编制职位说明书

一、职位说明书的主要内容

通过工作分析程序所获得的资料经过归纳和整理，可撰写成职位说明书。职位说明书又称工作说明书、岗位说明书，是对工作的目的、职责、任务、权限、任职者基本条件等内容的书面描述，包括工作描述和任职资格两部分。职位说明书的编写没有固定的模式，需要根据工作分析的特点、目的与要求确定编写的条目。

（一）工作描述

工作描述又称职务描述、工作说明，是指将工作分析的结果用书面形式对组织中的各种岗位的工作性质、工作任务、工作职责与工作环境等作的统一要求。它说明了任职者应该做些什么、如何去做、履行什么职责，目的是让任职者了解工作概要，建立工作程序与工作标准，阐明工作任务、责任与职权，有助于任职者的聘用、考核和培训等。

工作描述的主要内容一般包括工作识别、工作编号、工作概要、工作关系、工作职责和工作环境等。

1. 工作识别

工作识别又称工作标识、工作认定，用来区分该工作与组织中的其他工作，内容包括：（1）工作名称，如“环境工程师”“产品检验员”“销售主管”等。（2）工作地点，如“生产技术部”“物流配送中心”“研究开发小组”等。（3）工作身份又称工作地位，一般在工作名称之后，包括所属工作部门、直接上级职位、工作等级、工资水平、所辖人数、定员人数、工作时间等。

2. 工作编号

工作编号又称工作代码，一般按工作分析的结果对工作进行编号，组织中的每一种工作都应有一个编号，目的在于快速查找所有的工作。

3. 工作概要

工作概要又称职务概要、职位概述，是指用简练的语言文字阐述工作的总体性质、中心任务和要达成的工作目标。如人力资源部经理的工作概要为“制定、执行与认识活动相关各方面的政策与措施”。

4. 工作关系

工作关系又称工作联系，是指任职者与组织内外其他人之间的关系，包括该项工作受谁监督、监督谁、可晋升的职位、可转换的职位以及可迁移至此的职位等。

5. 工作职责

工作职责又称工作任务，是工作描述的主体，逐条指明工作的主要职责、工作任务、工作权限（即工作人员行为的界限）等，因此它比工作概要具体，并指出了每项任务的分量或价值。

6. 工作环境

工作环境是指工作的物理环境和心理环境，通常是指物理环境，重点关注对劳动环境中各种有害因素和不良环境条件的测定，包括噪声、粉尘、异味、污秽、放射、腐蚀等有害因素和高空、野外、水下等特殊工作环境。

阅读材料

销售部经理工作描述

工作名称：销售部经理　　　　所属部门：销售部

工作编号：XL-××-×××

直接上级：营销副总经理

工作概要：领导销售部销售公司自有和代理产品

工作要求：认真负责、积极主动、善于团结下属工作职责与任务：

（1）对外沟通、展示、讲演。

（2）配合技术人员进行售前技术咨询。

（3）完成个人的销售业绩。

（4）完成本部门的销售业绩。

车间技术员工作描述

工作名称：实验车间技术员　　所属部门：技术开发部

职务编号：12016　　职务等级：9

直接上级：实验车间主任

工作概要：从事实验工作，包括零部件的设计、加工、装配和改造

工作职责与任务：

（1）根据图纸或工程师的口头指示，运用各种机械工具或安装设备，加工、改造产品。

（2）与工程师及车间主任共同改进生产工艺。

（3）操作机床，使用焊枪并从事钳工的工作。

（4）阅读有关图纸及说明。

（5）指导本车间工人操作机器。

（二）任职资格

任职资格又称工作规范或岗位规范、工作要求或岗位要求，是指任职者要胜任该项工作必须具备的资格和条件，它指出了一项工作对任职者在受教育程度、工作经验、知识、技能和个性特征方面的最低要求，主要包括身体素质、受教育程度、工作经验和技能、心理素质和职业道德等。

1. 身体素质

身体素质包括身高、体型、力量、耐力以及身体健康状况等。

2. 受教育程度

受教育程度是指从业人员胜任本岗位工作所应具有的知识结构、水平和文化修养，包括最低学历、专业知识、管理知识、外语水平等。

3. 工作经验和技能

工作经验是指从业人员胜任本岗位工作所应具有的工作经历，包括低一级岗位的工作经历和与之相关的岗位工作经历。工作技能是指对与工作相关的工具、技术和方法的应用。

4. 心理素质

心理素质包括视觉、听觉等各种感觉知觉，如辨别颜色、明暗、距离的能力和辨

别音调、音色、语调的能力，记忆力、思维能力、语言能力、操作能力、应变能力，兴趣、爱好、性格类型等个性特征。

5. 职业道德

职业道德是指从业人员应具有的职业伦理，如教师要爱护学生、教书育人，财务人员要公私分明，非己之物分毫不沾。

阅读材料

招聘专员的任职资格

职务名称：招聘专员　　所属部门：人力资源部

职务代码：XL-HR-021　工资等级：9 ～ 13

直接上级职务：人力资源部经理

一、知识和技能要求

1. 学历要求：本科及以上。

……

二、特殊才能要求

1. 语言表达能力：能够准确、清晰、生动地向应聘者介绍企业情况，准确、巧妙地解答应聘者提出的各种问题。

……

三、综合素质

1. 有良好的职业道德，能够保守企业人事秘密。

……

四、其他要求

1. 能够随时出差。

2. 假期一般不超过一个月。

……

二、职位说明书的编写原则

（一）对岗不对人

工作分析的对象是岗位，不是员工。工作分析不是对现职人员工作情况的描述，不是对个人性格的分析，也不是对工作绩效的分析，而是从岗位本身出发，分析岗位的职责权限、主要工作内容、需要何种知识和技能才能高效履行岗位职责等符合该工作客观实际的信息。

（二）对事不对人

工作分析要以“事”为出发点，严格依照岗位要求编写职位说明书，确保无论谁在这个岗位上，所要做的事都一样。工作分析中的沟通环节也要力求对事不对人，使沟通双方畅谈工作，表达一些真实想法。

（三）对当前不对未来

职位说明书应该反映当前的工作职责、工作关系等，不是对过去的回顾，也不是对未来的展望。不过，当一项工作被创建或遇到巨大变革时，工作分析就要基于组织战略，针对“未来的岗位”进行。

（四）对职责不对待遇

职位说明书分析了各岗位的主要职责，可以提供该岗位对组织创建价值贡献大小和重要性的相关信息。但是，工作分析只能提供薪酬要素的部分信息，是岗位评价的依据，而不是岗位评价本身，因而不能根据工作分析直接得出岗位等级和薪酬等级。在描述绩效标准时，不要涉及奖惩处理的内容。

三、职位说明书的编写要求

职位说明书在组织管理中的地位极为重要，是人员招聘和绩效评估等重要决策的参考依据。优秀的职位说明书必须符合以下要求：

（一）清晰

对当前工作的描述应浅显易懂、言简意赅，尽量避免使用生僻或专业性过强的术语，使任职者可以准确地理解工作内容、工作程序、工作要求等，无须询问他人或查看其他资料。

（二）具体

编制内容尽量具体，但各项描述不交叉重叠，指出工作的种类、复杂程度、任职者需要具备的具体技能及承担的责任等。职位说明书中的工作职责，应该能成为绩效指标的基础；任职资格的描述，更应该能成为招聘的依据。职位说明书应该具有实用性，即任务明确好上岗、职务明确易考核、资格明确好培训、层次清晰能评价。

（三）简洁

职位说明书必须简明扼要，在描述岗位职责时，应选取主要职责进行描述，最好不要超过八项。

（四）规范

职位说明书既可以采用表格形式，也可以用文字叙述，格式可以多种多样。但在一个企业里，各个岗位的职位说明书应使用统一的格式，注重整体协调，形成规范、准确、使用方便的管理文件，还必须保证一个岗位使用一个职位说明书。

阅读材料

职位说明书格式示例

一、基本资料

（1）职务名称；（2）直接上级职位；（3）所属部门；（4）工资等级；（5）工资水平；（6）所辖人员；（7）定员人数；（8）工作性质。

二、工作描述（工作说明）

（1）工作概要；（2）工作内容；（3）工作职责；（4）工作结果；（5）工作关系；（6）工作人员运用设备和信息说明。

三、任职资格（工作规范）

（1）最低学历；（2）所需培训的时间和科目；（3）从事本职工作和其他相关工作的年限和经验；（4）一般能力；（5）兴趣爱好；（6）个性特征；（7）性别、年龄特征；（8）体能要求。

四、工作环境

（1）工作场所；（2）工作环境的危险性；（3）职业病；（4）工作时间特征；（5）工作的均衡性；（6）工作环境的舒适程度。

发展规划部经理职位说明书

<table>
<tr><td>岗位目的</td><td colspan="3">前瞻性地研究集团未来发展方向，为集团未来发展决策提供依据，并协助实施集团发展战略的规划项目</td></tr>
<tr><td>岗位职责</td><td colspan="3">（1）负责集团相关的行业研究、政策研究
（2）负责集团发展战略的制定和具体的发展目标的规划
（3）协助设定集团年度的经营目标
……</td></tr>
<tr><td rowspan="4">关键业绩指标</td><td>指标项目</td><td>量化指标</td><td>指标权重</td></tr>
<tr><td>……</td><td>……</td><td>……</td></tr>
<tr><td>……</td><td>……</td><td>……</td></tr>
<tr><td>……</td><td>……</td><td>……</td></tr>
<tr><td>岗位技能要求</td><td colspan="3">（1）深厚的专业技术基础
（2）丰富的财务、金融、税法等政策法规方面的知识
……</td></tr>
<tr><td>岗位资格要求</td><td colspan="3">（1）经济管理类本科以上学历，MBA 尤佳
（2）5 年以上工作经验
……</td></tr>
</table>

任务小结

工作分析是人力资源管理的重要基础性工作。一般来说，工作分析主要包括两方面的内容：一是工作描述，二是任职资格。工作分析主要包括准备工作阶段、信息搜集阶段、分析整理阶段和完成报告阶段四个阶段。

工作分析的方法主要包括访谈法、观察法、工作实践法、问卷调查法、工作日志法、工作抽样法、关键事件法等。

职务设计的方法包括工作专业化、工作轮换、工作扩大化、工作丰富化和弹性工作时间。

工作分析所获得的资料，经过归纳和整理，可撰写成职位说明书。职位说明书主要包括工作描述和任职资格两部分。

职位说明书的编写原则主要是对岗不对人、对事不对人、对当前不对未来、对职责不对待遇。优秀的职位说明书必须符合清晰、具体、简洁、规范等要求。

关键术语

工作分析　工作描述　任职资格　访谈法　观察法　工作实践法　问卷调查法　工作日志法　工作抽样法　关键事件法　职务设计　工作专业化　工作轮换　工作扩大化　工作丰富化　弹性工作时间　职位说明书

技能自测

一　单项选择题

1. 采用科学的方法对组织中各项工作职务的特征、规范、要求、流程以及对完成此工作员工的素质、知识、技能要求进行描述的过程称为（　　）。

A. 工作描述　B. 工作规范　C. 工作分析　D. 工作能力

2. 由工作分析人员到被分析的岗位中实际体验岗位的工作特点，获得岗位信息的一种方法是（　　）。

A. 工作实践法　B. 问卷调查法　C. 工作日志法　D. 工作抽样法

3. 所属工作部门属于工作描述的主要内容中的（　　）。

A. 工作身份　B. 工作概要　C. 工作名称　D. 工作地点

二　多项选择题

1. 工作描述的主要内容中的工作识别包括（　　）等内容。

A. 工作名称　B. 工作编号　C. 工作地点

D. 工作身份　E. 工作概要

2. 任职资格主要包括（　　）。

A. 身体素质　B. 受教育程度　C. 工作经验和技能

D. 心理素质　E. 职业道德

三 判断题

1. 工作分析在人力资源管理中处于基础地位。（ ）

2. 任职资格是指任职者要胜任该项工作必须具备的资格和条件，它指出了一项工作对任职者在受教育程度、工作经验、知识、技能和个性特征方面的较高要求。（ ）

四 分析题

1. 运用适当的工作分析方法，对当地一家大中型企业的某个岗位进行工作分析。

2. 结合实际，对工作分析在人力资源管理中的基础地位进行分析。

案例分析

工作分析与职位说明书

“小刘，我真不知道你到底需要怎样的机械操作工。”高尔夫机械制造有限公司人力资源部经理小王说道，“我已经送去了四个人给你面试，并且这四个人看上去都大致符合职位说明书的要求，可你却将他们全部拒之门外。”

“符合职位说明书的要求？”小刘颇为惊讶地回答道，“可我所要找的却是那种一录用就能够直接上手做事的人；而你送给我的人都不能够胜任实际操作工作，并不是我所要找的人。再者，我根本就没瞧见你所说的什么职位说明书。”

闻听此言，小王二话没说地为小刘拿来职位说明书的复印件。当他们将职位说明书与现实所需岗位逐条加以对照时，才发现问题所在：原来这些职位说明书已经严重地脱离实际，也就是说，实际工作中的变动没有被写进职位说明书。例如：职位说明书要求从业人员具备操作旧式钻探机的工作经验，而实际工作却已经采用了数控机床的最新技术。因此，工人们要更有效率地使用新机器，必须具备更多的数学知识。

在听完小刘描述机械操作工所需的技能及需要履行的职责后，小王喜形于色地说道：“我想我们现在能够写出一份准确描述该项工作的职位说明书了，并且以这份职位说明书作为指导，一定能够找到你所需要的合适人选。我坚信，只要我们的工作更加紧密地配合，之前那种不愉快的事情绝不会再发生了。”

思考：

从这个案例中，你得到了什么启示？

实训操作

［实训名称］编制职位说明书。

［实训内容］调查本市一家中大型企业与本专业相关的某一工作岗位，结合所学工作分析方法，科学地进行工作分析，并编制该岗位的职位说明书。

［实训目标］进一步体会职位说明书的作用，熟悉职位说明书的内容，掌握并运用编制职位说明书的方法，达到能够根据不同岗位要求编制职位说明书的目的。

［实训组织］每 5 ～ 6 名学生分为一组，每组设组长一名，选择本市一家中大型企业与本专业相关的某一工作岗位，如营销总监、财务总监、采购经理等，进行工作分析。

［实训要求］各组对任务进行分工。小组成员应做到既要分工又要协作，按计划步骤完成项目作业，即撰写一份该岗位的职位说明书。

［实训成果及评价］各组上交实训报告，教师讲评。按实训目标完成本任务，调查较认真、工作分析基本到位、方法较为得当、条理基本清晰、语言较为流畅的小组为良好；除完成实训任务外，调查认真、工作分析到位、方法得当、条理清晰、富有逻辑性、理由充分、语言流畅的小组为优秀。

项目二 人力资源规划

学习目标

◆ **知识目标**

了解人力资源规划体系
掌握人力资源需求预测方法
掌握人力资源供给预测技术
掌握人力资源供需平衡方法

◆ **技能目标**

能灵活运用人力资源需求预测方法与供给预测的技术
能初步制定企业人力资源规划

◆ **职业素质和态度目标**

具有与时俱进的经营思想和经营理念
具备创新能力和数字化思维，用发展的眼光看问题，坚定“四个自信”

任务导入

五金制品公司的人力资源规划

老冯几天前才调到五金制品公司的人力资源部当助理，就接受了一项紧迫的任务——在10天内提交一份本公司未来5年的人力资源规划。虽然老冯从事人力资源管理工作已经多年，但面对桌上那一大堆文件、报表，不免一筹莫展。经过几天的整理和苦思，他觉得要编制好这个规划，必须考虑下列各项关键因素：

首先是本公司现状。公司共有生产与维修工人825人，行政和文秘性白领职员143人，基层与中层管理干部79人，工作技术人员38人，销售员23人。其次，据统计，近5年来职工的平均离职率为4%，预计不会有什么改变。不过，不同类别的职工的离职率并不一样，生产工人离职率高达8%，而技术人员和管理干部则只有3%。再者，按照既定的扩产计划，白领职员和销售员要新增10%～15%，工程技术人员要增5%～6%，中、基层干部不增也不减，而生产与维修的蓝领工人要增加5%。有一点特殊情况要考虑：最近本地政府颁布了一项政策，要求当地企业招收新职工时，要优先照顾女性和下岗职工。本公司一直未曾有意排斥女性或下岗职工，只要他们来申请，就会按同一种标准进行选拔，并无歧视，但也未予特殊照顾。现实却是，销售员除1人是女性外，其余全是男性；中、基层管理干部除两人是女性外，其余也都是男性；工程师里只有3人是女性；蓝领工人中约有11%是女性或下岗职工，而且都集中在底层的劳动岗位上。

老冯还有5天就得交出计划，其中包括各类干部和职工的人数、从外界招收的各类人员的人数以及如何贯彻市政府关于照顾女性与下岗人员政策的计划。此外，公司刚开发出几种有吸引力的新产品，所以预计销售额5年内会翻一番，老冯还得提出一项应变计划以备应付这类快速增长。

老冯在编制人力资源规划时要考虑哪些情况和因素？

任务分析：在编制人力资源规划时应结合企业发展战略，考虑人力资源规划的基本内容与基本要求。企业发展战略是企业发展愿景的体现，企业人力资源规划是企业人力资源发展目标的体现，后者是对前者的一个重要支撑。人力资源管理战略地位的保证是人力资源规划的制定与实施，有效的人力资源规划可以使组织精简高效，使企业资源的配置达到最优化。

任务一　了解人力资源规划体系

任务提示

在当今充满竞争的环境中，必须认识到人力资源规划的必要性。我国很多企业只考虑经营计划，没有科学的人力资源规划，等到用人时再去招人，结果不是成本太高就是招来的人不符合岗位要求。因此，完成企业经营计划，未雨绸缪，方显人力的价值。那么，什么是人力资源规划？人力资源规划体系是怎样的？人力资源规划的内容和程序是什么？请进入本任务。

一、什么是人力资源规划

（一）人力资源规划的含义

人力资源规划（Human Resources Planning，HRP）又称人力资源计划，是指组织根据战略发展目标与任务要求，科学地预测、分析自身在变化环境中的人力资源的需求和供给情况，制定必要的政策与措施，以确保组织在需要的时间和需要的岗位上获得各种需要的人才的过程。人力资源规划是企业发展战略的重要组成部分，也是企业各项人力资源管理工作的基础。人力资源规划在企业经营管理中占据极为重要的地位，如图 2-1 所示。

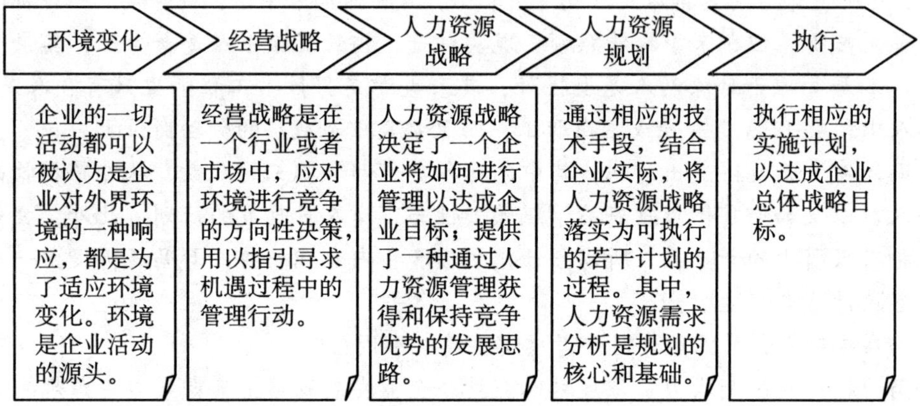

图2-1　人力资源规划在企业经营管理中的地位

（二）人力资源规划的类型

在实践中，人力资源规划存在不同的形式，对这些形式的区分有助于人们更加深入地把握人力资源规划的内容。

1. 按照规划的性质划分

人力资源规划按照规划的性质可分为战略性人力资源规划和战术性人力资源规划。战略性人力资源规划主要是指根据企业战略确定的人力资源管理的总体目标和配套政策，一般在三年以上，较多地关注宏观影响因素。战术性人力资源规划一般是指三年以内，较多地考虑微观影响因素，主要是为了企业当前的发展，为了达到企业的战术目标而制定的人力资源规划。

2. 按照规划的范围划分

人力资源规划按照规划的范围可分为整体人力资源规划、部门人力资源规划和某项任务或工作的人力资源规划。整体人力资源规划把企业所有部门都纳入规划范围内，部门人力资源规划是指某个部门或某几个部门范围内的规划。它们没有从属关系，有时企业可能只进行部门人力资源规划而不进行整体人力资源规划。对某些重要的任务或工作，企业会制定该任务或工作的人力资源规划。

3. 按照规划的期限划分

人力资源规划按照规划的期限可分为短期人力资源规划、中期人力资源规划和长期人力资源规划。短期人力资源规划是指一年或一年以内的规划，相对而言，时间较短、目标明确、内容具体、更多地体现为操作性的东西；中期人力资源规划一般是指一年以上五年以内的规划；长期人力资源规划是指五年或五年以上的规划，时间较长，是指导性、战略性的规划。中期规划对短期规划具有一定的指导性，同时是长期规划的具体落实。

（三）人力资源规划的作用

1. 有助于企业制定长远的战略目标、发展规划和整体布局

人力资源规划要以企业的战略目标、发展规划和整体布局为依据；反过来，人力资源规划又有利于战略目标、发展规划和整体布局的制定，并可以促进其顺利实现。

2. 有助于管理人员预测员工短缺或过剩的情况

一方面，人力资源规划对目前人力现状予以分析，了解人事动态；另一方面，人力资源规划对未来人力需求作出预测，以便对组织人力的增减进行通盘考虑，再据此制订人员增补与培训计划，确保企业在生存发展过程中对人力资源的需求。

3. 有助于人力资源管理活动的有序化

人力资源规划是企业人力资源管理的基础，它由总体规划和各项执行规划构成，为管理活动，如确定需求量、供给量、调整职务和任务、培训等，提供了可靠的信息和依据，以保证管理活动的有序化。

4. 有助于降低用人成本

企业的人工成本中最大的支出是工资，而工资总额在很大程度上取决于企业中的人员分布情况。根据人力资源规划预测未来企业发展，可以有计划地调整人员分布，把人工成本控制在合理范围内。

5. 有助于员工提高生产力，达成企业目标

人力资源规划让员工充分了解企业内部未来的发展机会，有助于满足员工需求，调动员工工作积极性；有助于员工改进个人的工作技巧，发挥潜力，获得个人成就感；有助于准确评估每个员工的工作能力，避免冗员。

二、人力资源规划体系

总的来说，人力资源规划的最终目标是最有效地使用现有和潜在的人力资源以实现个体和组织的共同利益。一般来说，人力资源规划包含以下几部分：

（1）人力资源现状评估，即评估现有人力资源的情况（员工技能、能力和潜能），并分析使用情况。

（2）需求和供给预测，即预测未来人力资源的需求和供给（在数量和质量上的要求，内部和外部的劳动力供给情况）。

（3）行动计划，即通过人力资源管理各环节的实施获得符合组织要求的员工。

（4）控制和评估，即对现有人力资源规划进行评估和反馈，并监控人力资源目标的

完成情况。

人力资源规划是一个整合的体系，如图2-2所示。组织战略是人力资源战略的基础。在人力资源战略、人力资源现状与人员供需预测的共同作用下，实际的劳动力需求产生了。同时，人力资源市场影响人员的供给和需求，市场供给充足，人员供大于求，失业率高，离职率下降；反之，人员的流动性上升。通过对未来人员的供给和需求的预测，组织可以了解未来人力资源的净需求，从而通过制订和实施行动计划来修正可能出现的问题，还可以通过控制和评估程序给人力资源规划各方面提供反馈。

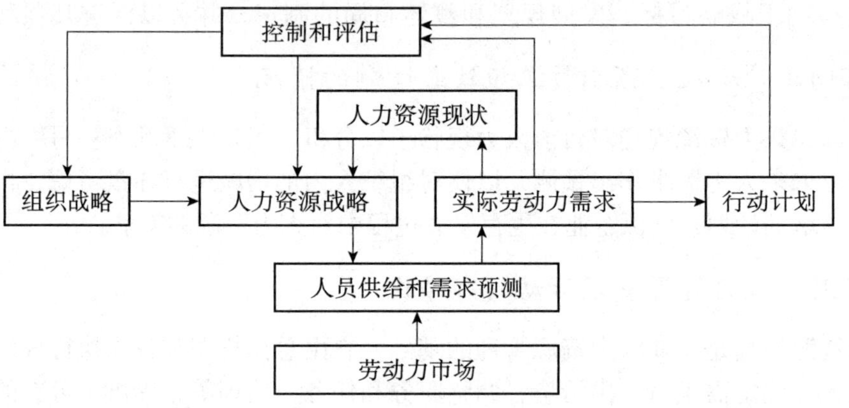

图2-2　人力资源规划体系

三、人力资源规划的内容及程序

（一）人力资源规划的内容

人力资源规划的结果就是人力资源规划的内容，它通常包括人力资源总体规划和业务规划两个方面。

1. 人力资源总体规划

人力资源总体规划是有关计划期内人力资源开发利用的总目标、总政策、实施步骤及总预算的安排，具体包括人力资源数量规划、人力资源结构规划、人力资源素质规划三个方面的内容。

（1）人力资源数量规划是根据组织未来的业务模式、业务流程、组织结构等因素来确定组织的编制以及各职类、职种、职层人员的比例。

（2）人力资源结构规划是根据行业特点、企业规模、未来战略要求重点发展的业务及其模式，对组织人力资源进行分层分类，对各职类、职种、职层的功能、责任、权限进行设计与定义，从而理顺它们各自在企业发展中的地位与作用。

（3）人力资源素质规划是根据企业战略、业务流程（模式）和组织对员工行为的要求，设计各职类、职种、职层人员的任职资格要求，包括人员素质要求、行为能力要求及标准等。该规划是企业选人、用人、育人、留人等人力资源管理功能顺利实现的基础和前提。

2. 人力资源业务规划

人力资源业务规划是总体规划的展开与具体化，是保证总体规划目标实现的具体措施。它一般包括人员补充规划、人员配置规划、人员接替和晋升规划、人员培训与开发规划、薪酬激励规划、员工关系规划、退休解聘规划等内容，具体如表 2-1 所示。这些业务规划之间是相互联系、相互支撑的，同时每项规划要有各自的目标、政策措施、实施步骤和预算。

表2-1　人力资源业务规划的内容

规划名称	目标	政策措施	实施步骤	预算
人员补充规划	满足总量、素质、专业结构的需要	人员标准、来源、起点标准	× 月 × 日拟订招聘标准、× 月广告宣传、× 月招聘、× 月签约	招聘费用 × 元
人员配置规划	部门编制、人力资源结构优化、职位匹配、职位轮换	任职条件、职位轮换的范围和时间	各部门提交岗位需求计划，审核计划，选择、审核人选，完成配置	根据使用规模、类别、人员状况决定
人员接替和晋升规划	后备人员数量保持、人员结构改善	选拔标准、晋升比例、未晋升人员安置	确定晋升方案，考核、试用、确定晋升对象	职位变动引起的工资变动
人员培训与开发规划	培训的数量和类型有保障、内部的供给有保障、工作效率有所提高	培训计划的安排、培训时间和效果的保证	员工评估、确定培训方案、组织开发	培训开发总成本
薪酬激励规划	劳动力供给增加、士气提高、绩效改善	工资政策、激励政策、激励方式	提交激励方案、审核方案、绩效评估，实施激励	增加工资的数额
员工关系规划	劳动效率提高、员工关系改善、离职率降低	民主管理、加强沟通	明确劳动关系，营造企业文化，加强沟通，提高员工满意度	法律诉讼费用
退休解聘规划	劳动力成本降低、生产率提高	退休政策及解聘程序	按企业解聘程序实施	安置费用

（二）人力资源规划的程序

为了达到预期的目的，在进行人力资源规划时需要按照一定的程序来进行，如图 2-3 所示。

人力资源规划一般包括四个阶段：准备阶段、预测阶段、实施阶段和评估阶段。

1. 准备阶段

影响企业人力资源供求的因素很多，为了能较准确地作出预测，必须搜集和调查有关的信息，包括企业的战略决策、企业的经营环境和企业现有人力资源等。

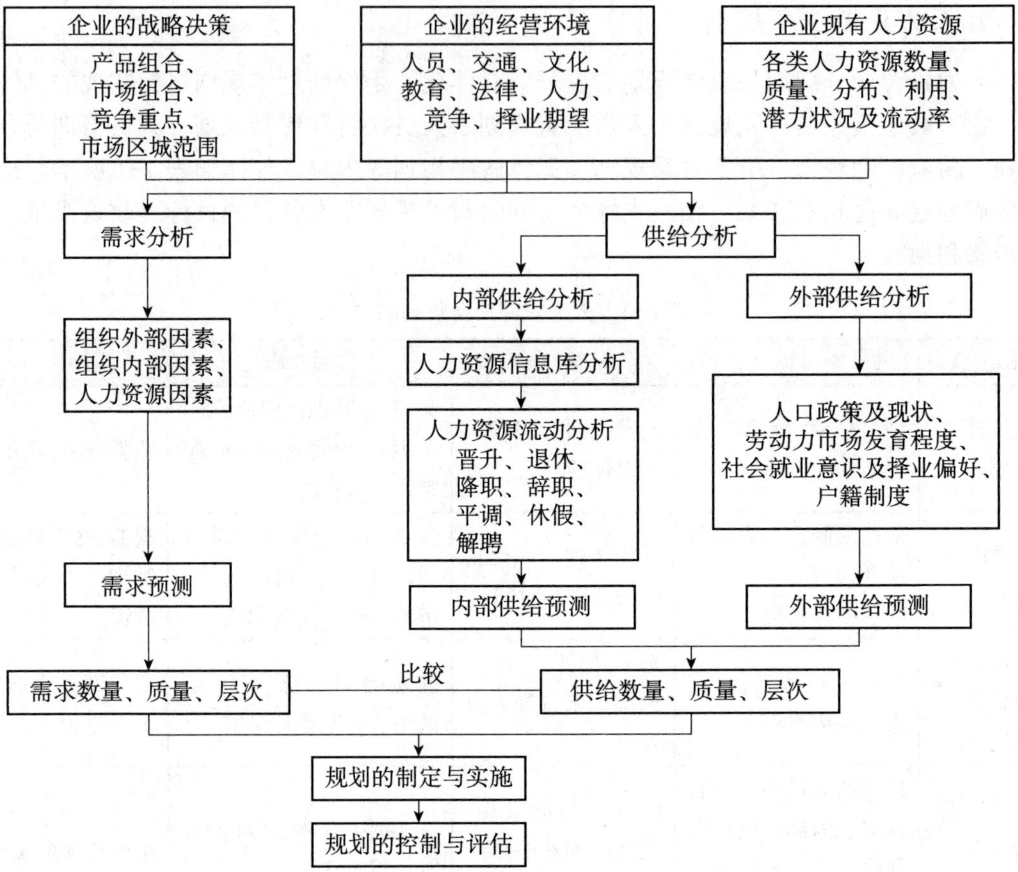

图2-3　人力资源规划的程序

2. 预测阶段

这一阶段的主要任务是在充分掌握信息的基础上，选择有效的预测方法，对企业未来某一时期的人力资源供给和需求作出预测，是整个人力资源规划中最关键的部分。

3. 实施阶段

比较供给和需求预测结果，通过人力资源总体规划和业务规划，制定并实施平衡供需的措施，同时要注意各项规划间的相互协调，如人员补充规划的实施要有相应的财务预算。使人力资源供需达到平衡是人力资源规划的最终目的。

4. 评估阶段

由于预测不可能做到完全准确，因此人力资源规划不是一成不变的，而是一个开放的动态系统。评估包含两层含义：一是在实施过程中，要随时根据内外部环境的变化来修正供给和需求的预测结果，并对平衡供需的措施作出调整；二是要对预测的结果以及制定的措施进行评估，衡量预测的准确性和措施的有效性，找出存在的问题和有益的经验，为以后的规划提供借鉴和帮助。

任务二　进行人力资源供需预测

任务提示

我们知道，人力资源规划最关键的是做好人力资源的供需预测和供需平衡。那么，如何进行人力资源的需求与供给预测？有哪些预测方法？怎样做才能达到人力资源的供需平衡？请进入本任务。

一、人力资源需求预测技术

预测是指利用预测对象本身历史和现状的信息，采用科学的方法和手段，对预测对象尚未发生的未来发展演变规律预先作出科学的判断。信息的不确定性注定了预测的困难。人力资源需求预测是指对企业未来某一特定时期内所需人力资源的数量、质量和结构进行估计。

（一）人力资源需求预测的步骤

人力资源需求预测分为现实人力资源需求预测、未来人力资源需求预测、未来流失人力资源需求预测。人力资源需求预测的步骤如图 2-4 所示。

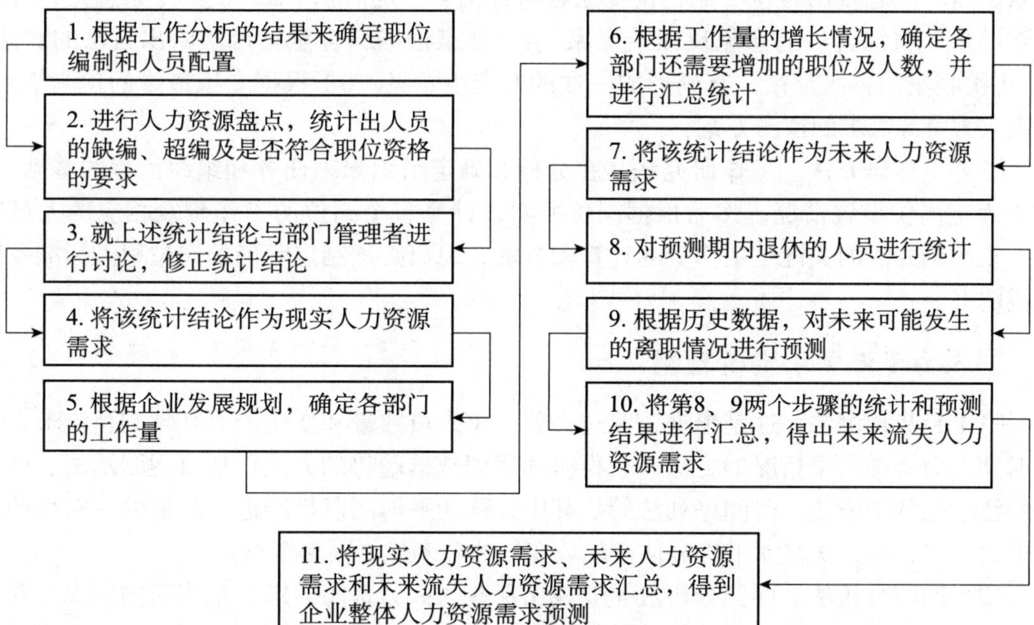

图2-4　人力资源需求预测的步骤

（二）人力资源需求预测的方法

根据方法的量化程度，人力资源需求预测可分为定性预测和定量预测。

1. 人力资源需求定性预测

（1）管理评价法。管理评价法又称经验判断法，是预测企业人力资源需求最常用的一种主观性方法。它是由高层管理者、部门经理和人力资源部专员等人员一起预测和判断企业在某段时间对人力资源的需求。管理评价法可以分为自下而上的下级估计法和自上而下的上级估计法两种。下级估计法是由基层管理者根据生产能力、员工流动等情况预测人员需求，再向上级主管部门汇报的方法。上级估计法是由高层管理者根据组织发展战略目标、经营环境等变化预测人员需求的方法。

利用管理评价法预测人员需求的主要依据是：企业目标、生产规模、市场需求、销售或者服务规模、人员配置及流动性等。这种方法适用于规模小、发展稳定的企业，其主要缺点是：具有较强的主观性，受判断依据以及判断者经验的影响较大。此方法通常用于短期预测，并且在预测中将下级估计法和上级估计法结合起来运用为好。

（2）德尔菲法。德尔菲法是 20 世纪 40 年代末在美国兰德公司的“思想库”中发展起来的，是用来听取专家关于处理和预测某重大技术性问题的一种方法，也常用来预测和规划技术的变革带来的对各种人才的需求。这里的专家是指对所研究的问题有深入了解的人员，人数一般建议为 10 ～ 15 人。

德尔菲法的操作步骤：1）选择具备人力资源预测知识或专长的专家组成预测小组。主持人事先要将人力资源需求预测设计成若干具体的问题。2）将人力资源需求预测的背景资料和问题发给各位专家，由专家各自提出自己的看法。3）收集专家意见，统计归纳结果，将综合后的意见反馈给专家。4）专家根据综合意见再次给出自己的看法。5）再次收集、再次反馈，直到形成一致的专家组意见。6）根据专家最终的预测结果，制定人力资源需求的预测方案。

（3）工作研究法。工作研究法是在分析和确定组织未来任务和组织流程的基础上，首先确定岗位设置情况，然后根据岗位职责，计算每个岗位的工作量及相应的人员数量。工作研究法的关键是工作量的计算和分解，因而必须制定明确的岗位用人标准及职位说明书。

2. 人力资源需求定量预测

（1）趋势预测法。这是根据企业过去若干年人员数量和变化趋势来预测企业未来某一时期人力资源需求情况的方法。获得时间序列数据趋势的方法包括直观图示法、移动平均法、指数平滑法、时间序列法等。其中，移动平均法以最接近实际值的一次移动平均值为起点，以二次移动平均值估计趋势变化的斜率建立预测模型。

（2）回归分析法。回归分析法是要找出那些与人力资源需求关系密切的因素，并依据过去的数据资料确定它们的数量关系，建立回归方程，然后根据这些因素的变化来预测未来人力资源需求。其公式为：

$$R=a_0+a_1x_1+a_2x_2+\cdots+a_{n-1}x_{n-1}+a_nx_n+\varepsilon$$

式中：R——预测的对象；

$x_1, x_2, x_3, \cdots, x_n$——$n$ 个与预测对象相关的变量；

$a_0, a_1, a_2, a_3, \cdots, a_n$——$n+1$ 个模型参数；

ε——随机干扰项。

如果 $n=1$，则为一元回归方程；如果 $n>1$，则为多元回归方程。代入 x 和 R 的观测值，运用最小二乘法，得到预测值 a 以及预测方程。根据预测方程可以预测未来人力资源需求。

（3）转换比率法。这是将企业的业务量转换为对人力资源的需求量，即业务量等于人力资源数量和人均生产率的乘积。企业业务量包括销售收入、产品数量、运行成本等。根据业务量和所需人员的比率关系，可以直接计算出所需人员的数量。转换比率法的操作过程如下：首先预测组织中关键岗位所需人员数量，然后根据关键岗位和其他岗位人数的比率关系，计算出其他岗位的人员需求数量，从而得出企业的人力资源总需求。

企业经营活动规模的计算方法是：

业务量=人均生产率×人力资源数量

销售收入=每位销售员的销售额×销售员的数量

产品数量=生产的小时数×单位小时产量

运行成本=每位员工的人工成本×员工的数量

采用转换比率法的前提是生产率保持不变，当生产率发生变化时，则需要将生产率的变化考虑进去。同时，企业需要对人均生产率和增长率以及企业的业务增长量都有精确的估计。另外，这种方法只能估算出人员需求的总量，无法说明不同类别人员的需求量。

（4）计算机模拟法。如果希望在预测时考虑更多的因素，得到更精确的结果，可以借助计算机进行运算，以获得人力资源需求的结果。其具体步骤是：1）寻找各类影响人力资源需求的因素；2）分析这些因素与人力资源需求之间的关系；3）借助计算机建立人力资源需求预测的模型；4）将各因素未来阶段的可能数值输入，模拟未来的环境，计算机即可直接输出人力资源需求的结果。在进行计算机模拟预测时，模型中所包含的因素较多，需要明确各种因素和人力资源需求的关系。另外，我们在建立数学模型时常因陷入追求完美数据的误区而忽视数据的真实意义。还需注意，当一些重要的关系发生变化时，应及时修改模型，从而获得准确结果。

课堂讨论

1. 讨论各种企业人力资源需求预测方法的实践应用。
2. 结合某一案例，讨论在预测企业人力资源需求时，能采用哪些预测方法。

二、人力资源供给预测技术

人力资源供给预测一般分为内部供给预测和外部供给预测。内部供给预测主要与组织中各类劳动力的年龄分布，离职、退休和新员工情况以及该组织内部条件有关。外部供给预测主要与人力资源市场上劳动力的供给数量和特点有关。

（一）内部供给预测

1. 技能清单法

技能清单法是通过对现有人力资源数量、质量的登记，对短期内人力资源供给作出预测。具体步骤是：（1）设计员工登记表，如表 2-2 所示；（2）在日常人力资源管理中做好记录；（3）定期核查人力资源状况；（4）预测未来人力资源内部供给。员工登记表应该记录与员工工作能力有关的特征，包括教育背景、培训背景、技能、持有证书等。运用技能清单法，可以预估员工调换工作的可能性，了解有哪些员工可以补充当前的空缺职位。

表2-2　员工登记表

<table>
<tr><td>姓名</td><td></td><td>部门</td><td></td><td>科室</td><td></td><td>工作地点</td><td></td><td>填表日期</td><td></td></tr>
<tr><td>到职日期</td><td colspan="2"></td><td>出生年月</td><td colspan="2"></td><td>婚姻状况</td><td></td><td>工作职称</td><td></td></tr>
<tr><td rowspan="5">教育背景</td><td colspan="2">类别</td><td colspan="2">学位种类</td><td colspan="2">学校</td><td colspan="2">毕业时间</td><td>主修科目</td></tr>
<tr><td colspan="2">高中</td><td colspan="2"></td><td colspan="2"></td><td colspan="2"></td><td></td></tr>
<tr><td colspan="2">本科</td><td colspan="2"></td><td colspan="2"></td><td colspan="2"></td><td></td></tr>
<tr><td colspan="2">硕士</td><td colspan="2"></td><td colspan="2"></td><td colspan="2"></td><td></td></tr>
<tr><td colspan="2">博士</td><td colspan="2"></td><td colspan="2"></td><td colspan="2"></td><td></td></tr>
<tr><td rowspan="4">培训背景</td><td colspan="4">培训主题</td><td colspan="4">培训机构</td><td>培训时间</td></tr>
<tr><td colspan="4"></td><td colspan="4"></td><td></td></tr>
<tr><td colspan="4"></td><td colspan="4"></td><td></td></tr>
<tr><td colspan="4"></td><td colspan="4"></td><td></td></tr>
<tr><td rowspan="5">技能</td><td colspan="4">技能种类</td><td colspan="5">证书</td></tr>
<tr><td colspan="4"></td><td colspan="5"></td></tr>
<tr><td colspan="4"></td><td colspan="5"></td></tr>
<tr><td colspan="4"></td><td colspan="5"></td></tr>
<tr><td colspan="4"></td><td colspan="5"></td></tr>
<tr><td rowspan="4">志向</td><td colspan="4">你是否愿意承担其他工作？</td><td colspan="3">是</td><td colspan="2">否</td></tr>
<tr><td colspan="4">你能够承担哪些其他工作？</td><td colspan="5"></td></tr>
<tr><td colspan="4">你是否接受工作调配？</td><td colspan="3">是</td><td colspan="2">否</td></tr>
<tr><td colspan="4">你愿意承担哪些工作？</td><td colspan="5"></td></tr>
<tr><td colspan="3">你认为自己最缺乏哪方面能力？</td><td colspan="7"></td></tr>
<tr><td colspan="3">你认为自己需要接受何种训练？</td><td colspan="7"></td></tr>
<tr><td colspan="3">你现在可以接受何种工作委派？</td><td colspan="7"></td></tr>
</table>

由于静态的方法不能反映未来的变化，因此技能清单法大多用于对短期人力资源供给的预测。另外，当企业规模不大、组织结构不复杂时，技能清单法操作起来比较容易；当企业规模较大、组织结构复杂时，应该结合人力资源信息系统，分析人员情况。

2. 人员置换图

人员置换图又称人员接替模型，是以组织结构图为框架，通过评价每个员工的当前绩效水平和提升潜质来预测可能的空缺职位和补充空缺职位的人力资源供给情况。具体制定过程是：首先确定所涉及工作岗位的范围，确定每个关键岗位上的接替人选，评价接替人员目前的工作绩效和是否达到晋升的要求、可能接任的时间等；其次由每一级的管理者向上级部门提交对接替人员的评价，最终形成整体的人员置换图，如图2-5所示。

人员置换图记录各个管理人员的工作绩效、晋升的可能性和所需要的训练等内容，由此来确定每个关键岗位的接替人选，评价接替人选目前的工作情况和是否达到晋升的要求，确定企业发展需要，并将个人的职业目标与组织目标相结合。

这种预测方法主要用于企业关键岗位的候选人挑选，可以利用人员置换图对每一个内部候选人进行跟踪记录。该方法的优点是：（1）可以激发员工的工作积极性，鼓舞士气，使其求得在组织中的职业发展；（2）内部补充可以降低招聘成本。

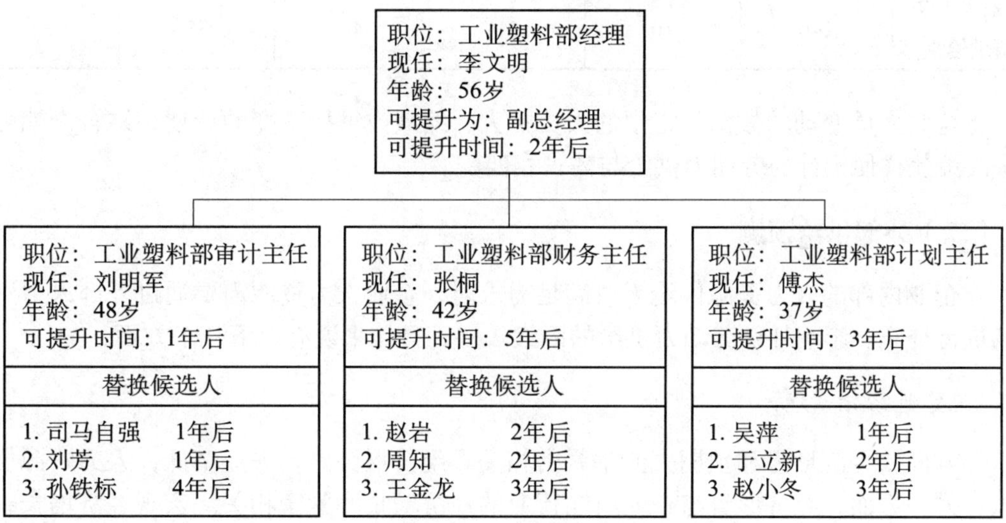

图2-5 人员置换图

3. 马尔可夫模型

马尔可夫模型的基本思路是：通过具体历史数据的搜集，找出组织过去人员变动的规律，由此推测未来的人员变动趋势。

微课

马尔可夫模型

下面以马尔可夫模型的一个实例加以说明。

第一步：做一个人员变动矩阵表，如表2-3所示。表中每一个因素表示从一个时期到另一个时期人员变动的历史平均百分比（人员变动概率），一般以5～10年为周期来估计年平均人员变动概率。

表2-3 不同层次管理人员变动矩阵

职位	期初人数	人员变动概率				
		高级经理	部门经理	业务主管	技术人员	离职
高级经理	10	0.7				0.3
部门经理	30	0.1	0.7			0.2
业务主管	50		0.2	0.6	0.1	0.1
技术人员	50			0.2	0.6	0.2

第二步：将计划期初每一种职位中人员数量与人员变动概率相乘，然后纵向相加，即得到企业内部未来人力资源净供给量，如表 2-4 所示。

表2-4 企业内部人力资源净供给量

职位	期初人数	高级经理	部门经理	业务主管	技术人员	离职
高级经理	10	7				3
部门经理	30	3	21			6
业务主管	50		10	30	5	5
技术人员	50			10	30	10
内部人力资源供给量	140	10	31	40	35	24

将这些人员变动的数据与正常的人员扩大、缩减或维持不变的计划相结合，就可以用来决策怎样使预计的劳动力供给与需求相匹配。

（二）外部供给预测

当企业内部的人力资源供给无法满足需求时，企业人力资源需要通过外部人力资源市场进行补充。影响外部劳动力供给的因素较多，具体来说有以下几个方面：

1. 宏观经济形势

一方面，经济形势和预期失业率紧密相关。经济形势好，失业率低，人力资源供给紧张。另一方面，经济形势与企业所在行业的经济增长率紧密相关。宏观经济增长，预计行业经济增长率提高，那么所在行业企业的人力资源需求将会增加，这又会导致外部的人力资源供给减少。

2. 技术的发展

科技的进步使企业对掌握高科技知识、具有创新能力的人力资源的需求量增加，第三产业的人力资源需求量逐渐增加。

3. 人力资源市场状况

人力资源市场状况包括企业所在地人力资源市场状况和行业人力资源市场状况。如果当地人力资源市场发展状况良好，就有利于劳动力的自由流动。企业根据行业人力资源市场的供求状况可以了解招聘某种专业人员的潜在可能性。

4. 政府政策法规

各地政府颁布的与经济发展和地区劳动就业机会相关的政策法规，会对企业人力资源的外部供给产生很大影响，如当地政府为吸引外地优秀大学生而出台的租房补贴、实习期补贴、创业启动资金、免税政策等。

5. 人口和社会发展趋势

人口发展趋势决定了企业人力资源外部供给的长期可能性，如我国人口发展趋势是逐步进入老龄化社会、城市人口比例增加、男性人口比例增加、人口总量增加等。另外，企业还要注意员工就业的社会心理因素，如人们趋向于选择那些有职业声望和社会地位的工作。工作环境和条件、工作安全保障等都是人们择业时考虑的主要因素。

课堂讨论

1. 讨论各种企业人力资源供给预测方法的实践应用。
2. 结合某一案例，讨论在预测企业人力资源供给时，能采用哪些预测方法。

三、人力资源供需平衡

人力资源规划的根本目标是实现企业对人力资源（包括数量、质量和结构）的需求和供给的平衡。若二者不平衡，则存在三种可能关系：供不应求，即人力资源需求大于供给；供过于求，即人力资源需求小于供给；结构失衡，即某一类人员供不应求，而另一类人员又供过于求。企业在不同的发展阶段，人力资源状况不可能始终都保持供需平衡状态。企业必须针对不同的状态采取各种措施进行调整。

（一）供不应求的调整方法

（1）需要对员工进行激励。激励是管理的重要职能，在人力资源短缺的情况下，进行有效激励显得尤为重要。

（2）内部招聘。企业通过内部员工的提升或平行性岗位调动可以实现空缺岗位人员的填补。

（3）外部招聘。企业通过外部招聘可以比较快地得到熟悉工作的员工，及时满足生产需要。

（4）延长工作时间。企业通过延长工作时间可以减少招聘成本，保证工作质量。但加班时间不宜过长，以免员工过度劳累导致工作质量降低。同时，加班时间也受到政府政策法规的限制。

（5）聘用临时工。短时间急需人员且加班不能满足需要时，企业可以聘用临时工。

（6）提高企业资本技术有机构成。这一方法可以带来更高的生产力水平，减少用工，也要求员工不断学习，掌握更多更先进的技术。

（7）进行岗位设计。企业通过拓宽和整合员工工作范围和责任范围，可以达到增加工作量的目的。

（8）外包。企业通过外包一些基础性、重复性的工作，可以集中优势管理资源，开展核心业务。但企业也要防范来自员工、文化差异等方面的风险。

（二）供过于求的调整方法

（1）裁减或辞退。这是指企业永久性地裁减或辞退部分员工。

（2）关闭或合并。这是指企业临时性或者永久性关闭或合并不盈利的分支机构。

（3）提前退休。这是指企业制定优惠政策，鼓励员工提前退休或内退。

（4）培训储备。这是指企业进行员工培训，如制订全员轮训计划，始终有一部分员工在接受培训，减少在岗人员，并为企业未来的发展进行人力资源储备。

（5）开发新的生产领域，增加员工择业竞争力。这是指企业鼓励部分员工自谋职业，扶持开发新的领域。

（6）减少工作时间，降低工资水平。这是西方企业在经济萧条时经常采用的一种解决企业临时性人力资源过剩的有效方法。

（7）分担工作。这是指由多个员工分担以前只需一个或少数几个人就可完成的工作和任务，企业按工作任务完成量来计发工资。

课堂讨论

在经济萧条时期，企业如何通过人力资源管理应对员工过剩问题？

（三）结构失衡的调整方法

当企业人力资源结构失衡时，对某一类人员供不应求实施相应的调整方法，对另一类人员供过于求也实施相应的调整方法，使之平衡。

当企业人力资源供需达到平衡时，人力资源规划基本政策的核心就是保持这种平衡的状态，使现有的人力资源更好地发挥作用。人力资源规划的重点是员工激励和保持规划。

任务三 制定人力资源规划

任务提示

通过以上学习，我们已经掌握了人力资源的供需预测技术和平衡措施。那么，怎样编制人力资源规划？怎样对人力资源规划进行评估？请进入本任务。

一、人力资源规划的编制

人力资源规划的具体编制需要通过以下步骤来实现。

（一）调查分析与人力资源规划有关的信息

首先要了解组织的外部环境，如经济、政治、自然、科技、文化、法律等环境；其次要获得组织的内部环境信息，包括资源、结构、竞争力、规章制度等。人力资源管理是为了达成组织的总体目标，因此人力资源规划应该符合组织的发展战略，组织战略是制定人力资源规划的基础。

（二）预测人力资源需求和供给的平衡情况

人力资源规划的目的是保证未来能为组织提供合适的人力资源，即在数量、质量和结构上保证每个岗位都有适合的人员。首先，要根据组织发展战略和内外部环境，预测未来的人力资源需求；其次，要以组织现有的人力资源为基础，预测未来的人力资源供给情况；最后，要预测供需的平衡情况。另外，还要综合考虑预测的要求和成本，选择适当的预测方法。

（三）制定人力资源总体规划和各项业务规划

人力资源总体规划以组织战略目标为基础，为人力资源供需平衡制定总体调节政策和措施。在确立人力资源总体规划后，组织还要制定具体的业务规划，如人员补充规划、退休解聘规划、人员培训与开发规划、薪酬激励规划等。各项人力资源业务规划具体涉及的范围和内容各不相同，但一般来说应包括以下要素：（1）规划的时间；（2）规划的目标；（3）目前及未来情况的分析；（4）规划的具体方案、执行时间、负责人等；（5）规划的制定者及制定时间。

二、人力资源规划的执行

（一）人力资源规划的执行者

企业中的人力资源可以归属到四个不同的层次上：决策层、人力资源职能层、直线部门职能层、员工。这四个不同层次的人员在人力资源规划的制定和执行过程中扮演着不同的角色，但他们都是人力资源规划的承担者，紧密联系，缺一不可。决策层是企业经营战略的决策者，人力资源规划的决定者；人力资源职能层是企业经营战略的倡导者，人力资源规划的制定者、设计者，规划实施的监督者；直线部门职能层是人力资源政策的实施者，人力资源规划的执行者；员工是人力资源政策的体验者，人力资源规划的对象。人力资源规划是这四个层次人员通力合作的结果。

（二）人力资源规划的实施

人力资源规划完成后，企业必须坚持按计划实施。全体员工对此要有充分的认识，不折不扣地将规划落到实处。

（1）企业层次：企业“一把手”必须亲自参与，特别是一些可能产生重大影响的方针政策要由高层决策。

（2）跨部门层次：由副总级别的管理者对各部门人力资源规划的执行情况进行监督和协调，并对实施效果进行评估。

（3）部门层次：人力资源部门不仅要完成本部门的人力资源规划工作，还要对其他部门的人力资源规划工作进行指导和提供服务，及时解决实施过程中出现的各种人力资源、部门协调、人员沟通、技术支持等问题；其他部门应根据实施计划开展日常工作，积极主动地与人力资源部门沟通，实现本部门的人力资源规划目标。

三、人力资源规划的评估

（一）人力资源规划评估的具体内容和指标

为了给人力资源规划提供更可靠的决策依据，有必要对规划实施的结果进行评估。评估可以比较规划和现实之间的差距，差距越小，说明规划越符合实际。这些评估结果可以为今后的人力资源规划提供指导。具体评估内容和指标如下：

（1）实际招聘人员数量与预测的人员需求量的比较；

（2）人员生产率的实际水平与预测水平的比较；

（3）实际的人员流动率与预测的人员流动率的比较；

（4）实际执行的行动方案与规划的行动方案的比较；

（5）人力费用的实际成本与预算额的比较；

（6）行动方案的实际成本与预算额的比较；

（7）行动方案的成本与收益的比较。

（二）人力资源信息系统

组织在实施人力资源规划时，应建立完善的人力资源信息系统（Human Resources Information System，HRIS）。人力资源信息系统是组织在员工和工作方面进行信息的搜集、保存、分析和报告的过程。它是人力资源决策支援系统，可以随时提供人力资源决策所需的各项分析、统计资料。

完整的人力资源信息系统应包括两类信息：第一类是人力资源档案，用来描绘目前人员的知识、技术、能力、经验、职业期望等；第二类是组织未来的人力资源需求预测。

人力资源信息系统还可以为管理者决策提供各种报告，如用于日常管理的工作性报告，包括岗位空缺、新员工招聘、辞职、退休、晋升等情况；可以向政府机关和指定单位提供规定性报告，如员工在各个部门或各个管理层次上的性别分布、年龄分布等；还可以提供一些用于组织内部研究的分析性报告，如录用新员工的测验分数与工作绩效考核分数之间统计关系的研究等。因此，人力资源信息系统建设是人力资源管理中的一项重要工作，可以为管理者提供用于决策的基础信息，提高决策的质量和效果。

总之，做计划是为了降低未来的不确定性，各种资源不会取之不尽、用之不竭。依靠计划管理去解决人力资源问题是困难的，但总好过没有任何计划。

任务小结

人力资源规划是指组织根据战略发展目标与任务要求，科学地预测、分析自身在变化环境中的人力资源的需求和供给情况，制定必要的政策与措施，以确保组织在需要的时间和需要的岗位上获得各种需要的人才的过程。

人力资源需求预测主要与组织未来的发展目标、预期的业务量等变化有关。根据方法的量化程度，可分为定性预测和定量预测。定性预测方法有管理评价法、德尔菲法、工作研究法等。定量预测方法有趋势预测法、回归分析法、转换比率法、计算机模拟法等。

人力资源供给预测分为内部供给预测和外部供给预测。内部供给预测的方法主要有技能清单法、人员置换图、马尔可夫模型等。外部供给预测主要与人力资源市场上劳动力的供给数量和特点有关。

人力资源规划的根本目标是实现企业对人力资源（包括数量、质量和结构）的需求和供给的平衡。企业在不同的发展阶段，人力资源状况不可能始终都保持供需平衡状态，企业必须针对不同的状态采取措施进行调整。

关键术语

人力资源规划　人力资源需求预测　管理评价法　德尔菲法　工作研究法　趋势预测法　回归分析法　转换比率法　计算机模拟法　人力资源供给预测　内部供给预测　外部供给预测　技能清单法　人员置换图　马尔可夫模型

技能自测

一　单项选择题

1. 以满足企业人力资源总量、素质、专业结构的需要为目标的人力资源业务规划是（　　）。

A. 人员补充规划　　B. 人员配置规划
C. 人员接替和晋升规划　　D. 员工关系规划

2. 在分析和确定组织未来任务和组织流程的基础上，首先确定组织的岗位设置情况，然后根据岗位职责，计算每个岗位的工作量及相应的人员数量。这种人力资源预测方法是（　　）。

A. 管理评价法　B. 德尔菲法　C. 工作研究法　D. 现状规划法

3. 通过对现有人力资源数量、质量的登记，对短期内人力资源供给作出预测的人力资源预测方法是（　　）。

A. 技能清单法　B. 人员置换图　C. 管理评价法　D. 马尔可夫模型

二 多项选择题

1. 常见的人力资源需求预测定量方法包括（　　）。

A. 趋势预测法　B. 回归分析法　C. 马尔可夫模型

D. 转换比率法　E. 计算机模拟法

2. 进行人力资源外部供给预测时，外部劳动力供给的影响因素主要有（　　）等几个方面。

A. 宏观经济形势　B. 技术的发展　C. 人力资源市场状况

D. 政府政策法规　E. 人口和社会发展趋势

三 判断题

1. 人力资源规划的最终目标是最有效地使用现有和潜在的人力资源以实现个体和组织的共同利益。（　　）

2. 企业中的人力资源可以归属到决策层、人力资源职能层、直线部门职能层三个不同的层次上。（　　）

四 分析题

1. 在人力资源规划中如何使用马尔可夫模型？它可以用来解决什么问题？

2. 利用人力资源信息系统分析本市某企业未来人力资源的需求情况。

案例分析

人员供需问题

某高新技术企业按业务成立了3个针对不同产品的事业部，各事业部下设销售团队、技术支持团队和研发团队。各事业部的业务收入和成本独立核算，但需要平摊后勤部门（行政部、人力资源部、财务部）所产生的成本。目前，公司共有员工134人，其中3个事业部100人，后勤部门30人，高层领导4人。由于成立时间不到3年，客户资源不够稳定，业务波动较大，因此，工作任务繁重时，有些员工尤其是研发和技术人员会抱怨压力过大，各事业部经理也会抱怨合格人手太少，招聘来的人不能立即满足项目的工作需要；工作任务较少的时期，经理们又会抱怨本部门的人力成本太高，导致利润率下降。

思考：

该公司在人员供需状况上遇到了什么问题？请提供解决建议。

实训操作

［实训名称］编制企业人力资源规划。

［实训内容］调查本市一家与本专业相关的中大型企业，结合所学人力资源供需预

测方法，科学地进行预测，并编制该企业人力资源规划。

［实训目标］通过训练，在所学知识的基础上，掌握人力资源规划与企业战略的关系，进一步体会人力资源规划的作用、内容和程序，熟悉制定人力资源规划的步骤，结合所学人力资源供需预测方法科学地预测，并编制企业人力资源规划。

［实训组织］每 5 ～ 6 名学生分为一组，每组设组长一名，选择本市一家与本专业相关的中大型企业进行人力资源供需预测分析。

［实训要求］各组对任务进行分工。小组成员应做到既要分工又要协作，按计划步骤完成项目作业，即编制该企业人力资源规划。

［实训成果及评价］各组上交实训报告，教师讲评。按实训目标完成本任务，调查较认真、人力资源供需预测基本到位、方法较为得当、条理基本清晰、语言较为流畅的小组为良好；除完成实训任务外，调查认真、人力资源供需预测到位、方法得当、条理清晰、富有逻辑性、理由充分、语言流畅的小组为优秀。

项目三 招聘与选拔

任务一 认识人员招聘的基本原则及程序

学习目标

◆ **知识目标**

理解招聘的含义与招聘工作的意义
掌握招聘的基本原则
掌握招聘工作的程序

◆ **技能目标**

能遵循招聘原则进行招聘
能按招聘程序进行招聘

◆ **职业素质和态度目标**

具有良好的市场调查能力和市场分析能力
具有良好的身心素质，实事求是、坦诚相待

任务导入

一则失败的招聘案例

某集团正处于快速发展时期，急需高素质的人才加盟，以推动企业的快速发展。集团要求引进中高级管理人才，包括人力资源部副经理、集团公共关系部经理、财务副经理等。人力资源部门和多家猎头公司签订了合作协议，大张旗鼓地开始了招募选拔。该公司招聘面试的流程是：猎头公司推荐候选人，候选人资料（简历）经人力资源部经理筛选后交总经理审阅以决定是否面谈，决定面谈后，人力资源部和候选人协调时间来公司面谈。

面谈的程序是：人力资源部接待候选人，参观公司的展厅、厂区，接着就是泛泛的谈话，包括了解候选人的学习工作经历、兴趣、特长等。面谈后，人力资源部经理根据自己谈话的感觉向总经理汇报，询问总经理是否见面。总经理求才心切，担心好的人才被人力资源部埋没，一般都要亲自面谈，根据谈话的感觉决定是否录用。

面谈后，总经理觉得猎头公司推荐来的公关部经理的人选非常好，当天就留下候选人跟随其去参加公司的对外接待，并通知人力资源部立刻办理录用手续。该公司在办理录用手续时需要填写员工登记表，在学历一栏里公关部经理填的是某名牌大学的两年制大专，而猎头公司推荐的简历上写的是某名牌大学中文系本科。两学历间相差甚远，而总经理对人力资源部有要求，公关部经理的学历必须是名牌大学中文专业的本科生或研究生。问题是人力资源部经理早在公关部经理正式入职前的介绍会上就称其学历为某名牌大学中文系本科，无奈的人力资源部只有把学历不符作为秘密保守。然而，试用期后，公关部经理在很多方面的表现都很普通，总经理对此颇有微词，也表现得很无奈。

任务分析：市场竞争归根到底是人才的竞争，能否吸引并录用优秀人才是企业生存和发展的关键。招聘录用工作的有效实施直接反映了企业人力资源管理水平，也是企业正常运转的重要保障。

人们一般认为招聘录用是一项活动，实际上，人力资源管理是由员工招聘（Recruitment）和选拔录用（Selection）两项相互独立又彼此紧密联系的活动组成的。

子任务一　明确招聘的意义

任务提示

人员招聘是制约企业人力资源管理工作效率的瓶颈。根据企业的经营目标与业务要求，在人力资源规划的指导下，企业的人力资源部门能否根据职位说明书和各部门需求情况进行招聘信息汇总，把优秀的人才、所需要的人才在合适的时候放在合适的岗位，是企业成败的关键之一。请进入本任务。

一、招聘的含义

在人类出现雇佣关系的同时，招聘活动就出现了。招聘的含义随着招聘活动的科学化和丰富化而不断得到充实和提炼。招聘是企业吸收与获取人才的过程，是获得优秀员工的保障。

招聘是指组织为了发展的需要，根据人力资源规划和职位分析的要求，通过科学的程序和方法，寻找、吸引具备资格的，有兴趣到本组织工作的人才的过程。

员工招聘一般发生的情形有：

（1）新公司成立。

（2）调整不合理的员工队伍。

（3）现有职位出现空缺。

（4）公司业务扩大。

（5）为塑造企业文化而引入高层管理人员和专业人才。

二、招聘工作的意义

招聘工作是人力资源管理中的基础性工作，它对于企业人力资源的结构形成、管理及开发起到至关重要的作用，是人力资源质量管理和控制的第一关，具有非常重要的意义。

（一）招聘是企业获取人力资源的主要途径

企业在发展过程中，人力资源的状况总是处于不断变化之中。企业发展阶段的不同、面临外部竞争环境的改变、企业竞争战略的调整，都会令企业对人力资源的需求发生变化。企业需要在不同时期获取不同的人力资源。无论是从外部补充新员工，还是在内部进行人力资源的再配置，都需要通过规范的招聘程序来满足企业对人力资源的需求。由此可见，人员招聘是企业一项经常性的工作，是企业获取人力资源的主要途径。

（二）招聘是提高企业核心竞争力的重要途径

现代企业竞争的实质是人力资源的竞争。只有有效的招聘过程才能确保录用人员的质量。招聘工作既关系高质量的人力资源的形成，又直接影响企业人力资源管理其他工作的开展。只有拥有高素质的员工队伍，才能保证提供高质量的产品与服务。现代企业竞争归根结底就是企业人力资源的竞争力。

（三）招聘工作有助于促进企业人力资源的合理流动

良好的招聘活动必须达到 7R 的基本目标，即恰当的时间（Right Time）、恰当的范围（Right Area）、恰当的来源（Right Source）、恰当的信息（Right Information）、恰当的成本（Right Cost）、恰当的方法（Right Method）和恰当的人选（Right People）。以 7R 为基本目标的招聘系统能促进员工通过合理流动找到适合的岗位，更好地调动员工的积极性、主动性和创造性，从而使员工的能力得到充分的发挥。同时，有效的招聘系统是企业人力资源的动态调节机制，能在企业内部形成良性竞争和人员的优胜劣汰，在一定程度上促使在岗员工主动适应岗位需要的变化。

（四）招聘工作是宣传企业形象的有效途径

在招聘过程中，企业利用各种渠道和各种形式发布招聘信息，除了吸引更多的求职者外，还能让外界更好地了解企业。有些企业以高薪、优厚的待遇和精心设计的招聘过程来表明自己对人才的渴求和重视，显示自己的实力。对于企业而言，在招收到所需的各种人才的同时，自己也通过招聘工作的运作和招聘人员的素质向外界展示了企业文化和企业形象。

总之，招聘工作的有效实施不仅对人力资源管理本身，而且对整个企业都具有非常重要的意义。它可以确保录用人员的质量，提高企业的核心竞争力；为企业注入新的活力，增强企业创新力；扩大企业知名度，树立良好的企业形象；减少离职，增强企业内部的凝聚力；有利于人力资源的合理流动，提高人力资源潜能发挥的水平。有效的人力资源招聘能给企业带来无穷的活力。

子任务二　遵循招聘的基本原则

任务提示

完成以上任务后，你已了解了人员招聘的含义及对企业的意义。那么，企业在招聘的过程中，遵循什么原则，才能招聘到合适的人才？请进入本任务。

在招聘工作中，必须按照人力资源管理的客观规律办事，遵循反映这些客观规律的科学原则。

一、宁缺毋滥原则

从长远来看，一个岗位宁可暂时空缺，也不要让不合适的人占据。为了避免岗位空缺的时间过长给企业带来损失，人力资源部门在制订招聘计划时应有一个提前量。企业是一个创造效益的单位，机构臃肿、人浮于事会大大降低企业的效率。因此，在可招可不招人时尽量不招，在可少招可多招人时尽量少招，以保持员工工作的饱满度。

二、公开公平竞争原则

公开的招聘渠道能吸引足够多的应聘者，能够使招聘者有选拔的余地；公平竞争能使人才脱颖而出，能够吸引真正的人才，进而对企业内部员工起到激励作用。只有遵循公开公平竞争原则，以广泛的渠道吸引人才，以严格的标准、科学的考核方法对候选人进行测评，根据测评结果确定人选，才可以创造一个公开公平竞争的环境，招聘到真正适合企业的人才。公开公平竞争原则能够帮助企业形成一种积极竞争的企业文化，使企业更有凝聚力。

三、真实原则

向应聘者陈述真实的工作岗位，包括职位优势和不足，让应聘者比较充分地了解该工作岗位，这种做法被称为真实工作预览（Realistic Job Preview，RJP）。在一些发达国家，人力资源管理中已经越来越推崇利用RJP，使应聘者形成一种更加接近真实情况的预期。这种真实预期在一定程度上有助于减少员工的流失率，降低缺勤率以及其他因预期不能满足而引发的消极劳动行为。因此，真实原则有助于降低员工的流失率和提高员工的满意度，减少人才流失所造成的损失。

四、能岗匹配原则

人的能力有大小、本领有高低；工作有难易，要求有区别。招聘工作不一定要吸引最优秀的人才，但要吸引最合适的人才，要量才录用，做到人尽其才、用其所长、职得其人，这样才能持久、高效地发挥人才资源的作用。应聘者的能力和素质与应聘岗位的任职要求相匹配，才是企业的最佳选择，因此能岗匹配是招聘工作中应遵循的基本原则。能岗匹配具有两层含义：一是岗位要求与任职者的知识、技能、能力、素质等相匹配，做到因事择人、事得其人、人事相宜；二是工作报酬与工作动机相匹配。

子任务三　掌握招聘工作的程序

任务提示

完成上述任务，你已基本把握人员招聘的原则。在招聘工作中，有效的人员招聘可以提高招聘质量，减少组织和个人的损失。那么，如何保证招聘工作的科学规范并提高招聘的效果？以招聘原则为指导，如何确定一套合理、有序的招聘程序，并严格按其执行？请进入本任务。

招聘是企业获取人力资源最常用的方法之一。企业的招聘活动一般应经历准备、招募、甄选、录用评估四个阶段，如图 3-1 所示。

一、准备阶段

在准备阶段，企业首先要根据人力资源规划目标和职位说明书的要求确定招聘需求，包括空缺职位的数量和质量。质量就是空缺职位所需要的任职资格与胜任素质等。只有明确了招聘需求，才能够开始进行招聘。

在明确招聘需求后，人力资源部门需要会同用人部门确定招聘标准，制订招聘计划及具体措施。

二、招募阶段

招募阶段的任务具体包括选择招聘来源、确定招聘方法、发布招聘信息并接收应聘者的应聘资料。招聘来源是指潜在的应聘者所存在的目标群体。企业的招聘来源渠道主要分为外部招聘渠道和内部招聘渠道。招聘方法是指让潜在的应聘者获知企业招聘信息的方式和途径。招聘来源和招聘方法的选择对于招聘活动的效果具有非常重要的影响，如果招聘来源选择不当，就会造成目标群体中的人员不适合空缺职位，招聘活动就无法吸引合适的应聘者。发布招聘信息是指企业面向可能应征的人员通过各种渠道传递招聘信息以吸引招聘者。

企业通过有关途径发出招聘信息后，还要接收应聘者的应聘资料，以便下一步进行甄选、录用。招聘人员在接收应聘资料的过程中，并不是被动地收取，而是应当进行初步筛选，剔除那些明显不符合要求的人员，从而减轻甄选、录用的工作量。

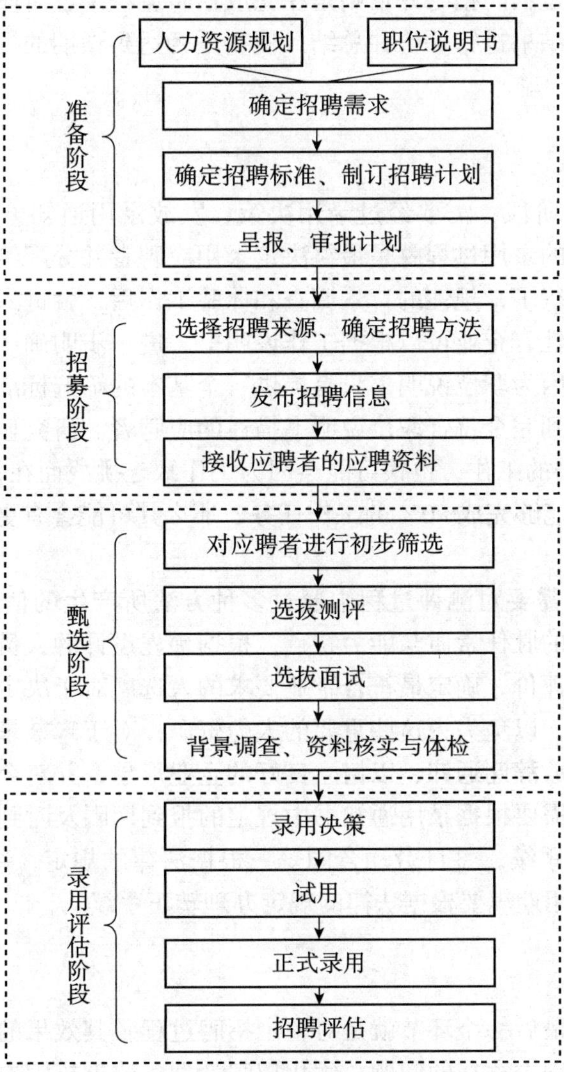

图3-1　招聘的四个阶段

三、甄选阶段

甄选阶段是企业招聘过程中最关键的一个阶段。甄选的过程是选择那些具有必要才能、能够出色完成特定工作的人员的过程。甄选质量的高低直接决定了选出的应聘者是否符合企业的要求。甄选也是技术性很强的一个环节，因为它涉及心理测试、无领导小组讨论、评价中心等诸多方法。甄选的最终目的是将不符合要求的应聘者淘汰，挑选出符合要求的应聘者供企业进一步筛选。

四、录用评估阶段

在对应聘者进行甄选之后，招聘工作进入录用评估阶段。人员录用是指综合应聘者在招聘过程中的表现及所有相关的求职资料，根据企业需求，挑选出最适合的人选，并为其办理入职手续的过程。招聘评估则是在完成招聘流程中各阶段工作的基础上，对整个招聘活动的过程及结果进行评价并总结，检查是否达到预期的招聘目的，以求不断改进的工作过程。

（一）人员录用

在人员录用评估阶段，需要经过录用决策、发放录用通知、员工入职、试用及正式录用等环节。招聘的录用过程就是最终决定录用应聘者并分配给他们职位的过程。在这一阶段，企业在进行了常规性的背景调查和体验工作后，就进入录用决策程序。为了保证录用决策的科学性，企业可以根据工作说明书，进一步明确用人标准。但企业也应坚持一定的灵活性，因为职位说明书只是提供一个基本的筛选标准，在现实的人力资源市场上，常常难以找到完全符合职位说明书描述的应聘者。研究显示，即使应聘者能够100% 地完成其所应聘的工作，也很可能会因为工作缺乏挑战而在较短时间内离开岗位；相反地，如果应聘者能够完成 80% 的工作任务，那么其可能会有更强的工作动机和更大的工作动力。

在录用决策中，需要对测评过程中通过多种方法所产生的信息进行综合评价与分析，明确每个应聘者的胜任素质与能力特点，根据预先设计的人员录用标准对所有候选人进行客观、公正的评价，确定最符合企业要求的人选。对于决定录用的应聘者，应该及时发放录用通知书，以免失去这些重要的人力资源；对于未被录用的应聘者，也应该以委婉礼貌的方式发放辞谢通知，以树立良好的企业形象，并对今后的招聘产生积极影响。被录用的新员工需要根据录用通知书中规定的报到期限及时到企业的人力资源部门报到，办理相关入职手续，签订劳动合同等。根据法律的规定，新员工有一段试用期。如果试用合格，则试用期满要根据法律的规定办理转正手续。

（二）招聘评估

整个招聘过程的最后一个环节就是对整个招聘过程及其效果的评估。招聘评估可以帮助企业发现招聘过程中存在的问题，优化招聘计划，改进招聘方法和来源，改善以后的招聘效果。招聘评估一般包括成本效益评估、录用人员评估以及人员测评方法的效果评估等。成本效益评估主要是对招聘成本、成本效用以及招聘收益成本比进行计算和评价。录用人员评估主要是根据招聘计划对录用人员的质量和数量进行的评估。人员测评方法的效果评估主要是对在招聘过程中所使用的测评与选拔方法是否尽可能地选择了符合要求的应聘者并排除了不符合要求的人选的评估。衡量人员测评方法效果的常见指标是信度与效度。招聘评估的项目及内容如表 3–1 所示。

表3-1　招聘评估项目及内容

评估种类	评估项目	项目构成及内容	计算公式或操作性定义
成本效益评估	招聘成本评估	招聘成本主要由招募成本、选拔成本、录用成本以及安置成本构成	● 招聘单位成本＝招聘总成本／录用人数 ● 招聘总成本＝招募成本＋选拔成本＋录用成本＋安置成本
	成本效用评估	对招聘成本所产生的效果进行分析和评估，包括招聘总成本效用评估、招募成本效用评估、选拔成本效用评估及录用成本效用评估等	● 招聘总成本效用＝录用人数／招聘总成本 ● 招募成本效用＝应聘人数／招募成本 ● 选拔成本效用＝被选中人数／选拔期间的费用 ● 录用成本效用＝正式录用人数／录用期间的费用
	招聘收益成本比评估	招聘收益成本比既是一项经济评价指标，又是对招聘工作的有效性进行考核的一项指标	● 招聘收益成本比＝所有新员工为企业创造的总价值／招聘总成本
录用人员评估	录用人员数量评估	主要从应聘率和招聘完成率两方面进行评价	● 应聘率＝应聘人数／计划招聘人数 ×100% ● 招聘完成率＝录用人数／计划招聘人数 ×100%
		在人员选拔过程中对录用人员的能力、潜力、素质等进行的各种测试与考试的延续，可用录用率来评价录用人员的质量	● 录用率＝录用人数／应聘人数 ×100%
人员测评方法的效果评估	测评方法的信度评估	测评方法的信度是指通过某项测试所得的结果的稳定性和一致性。应聘者多次接受同一测试或相关测试时，若结果相同或相近，则认为该测试的可靠性较高，即信度较高	● 稳定系数：用同一种测试方法对一组应聘者在两个不同时间进行测试的结果的一致性 ● 等值系数：对同一应聘者使用两种内容、结构、难度等方面相当的测试题目所得结果之间的一致性 ● 内在一致性系数：把同一应聘者进行的同一测试分为若干部分加以考察，各部分所得结果之间的一致性
	测评方法的效度评估	测评方法的效度是指用人单位对应聘者真正测到的品质、特点与其想要测的品质、特点的符合程度。测试结果与被测者的实际工作绩效之间的相关性越大，说明测评方法的效度越高	● 预测效度：比较应聘者在选拔中所得的分数与其被录用后的绩效分数，两者相关性越大，说明方法越有效 ● 内容效度（逻辑效度）：测试方法能真正测出想测的内容的程度 ● 同测效度：对现有员工实施测试，并将测试结果与员工的实际绩效评价的得分进行比较，两者的相关系数越大，说明这种测试效度越高

招聘评估工作完成以后，应对整个招聘工作进行书面总结，对招聘的实施、招聘工作中的优缺点等进行仔细的回顾分析，撰写招聘总结，并将之作为一项资料存档，为以

后的招聘工作和人力资源管理的其他工作提供信息。

课堂讨论

假如你是某公司的招聘经理，请描述所需招聘岗位的工作职责与任职要求，同时制订一个招聘计划，描述招聘流程。

任务小结

招聘是企业吸收与获取人才的过程，是获得优秀员工的保障。招聘是指组织为了发展的需要，根据人力资源规划和职位分析的要求，通过科学的程序和方法，寻找、吸引具备资格的，有兴趣到本组织工作的人才的过程。招聘工作是人力资源管理中的基础性工作，有着重要的意义。

招聘的基本原则主要有宁缺毋滥原则、公开公平竞争原则、真实原则、能岗匹配原则。

招聘的程序包括准备阶段、招募阶段、甄选阶段、录用评估阶段四个阶段。

关键术语

招聘　宁缺毋滥原则　公开公平竞争原则　真实原则　能岗匹配原则　准备阶段　招募阶段　甄选阶段　录用评估阶段

技能自测

一　单项选择题

1.（　　）是企业为了弥补岗位的空缺而进行的一系列人力资源管理活动的总称。

A. 竞聘上岗　B. 人员招聘　C. 工作调换　D. 内部晋升

2. 企业招聘工作过程中最关键的一个阶段是（　　）。

A. 准备阶段　B. 招募阶段　C. 甄选阶段　D. 录用评估阶段

二　多项选择题

1. 人员招聘的基本原则有（　　）。

A. 宁缺毋滥　B. 公开公平竞争　C. 能岗匹配

D. 真实　E. 重点推荐

2. 招聘工作程序中，招募阶段要（　　）。

A. 确定招聘需求　B. 确定招聘方法　C. 发布招聘信息

D. 接收应聘者的应聘资料　E. 制订招聘计划

3. 招聘成本效益评估包括（　　）。

A. 招聘成本评估　B. 成本效用评估　C. 招聘收益成本比评估

D. 录用人员数量评估　　　　　　E. 录用人员质量评估

三 判断题

1. 招聘的直接目的就是获取与企业空缺岗位相匹配的人才，实现员工个人与待聘岗位的有效匹配。（　　）

2. 有效的招聘将为企业战略目标的实现储备所需要的人力资源，并将有利于企业人力资源库的建立、员工的培训与开发、员工的晋升与职业生涯规划等后续工作的开展。（　　）

3. 人员招聘的主要任务就是为企业发现人才。（　　）

四 分析题

1. 请你根据某企业人员岗位空缺，设计一套人员招聘方案。

2. 描述一家有几处分店的连锁超市的招聘策略，试举例并加以说明。

案例分析

A超市的员工招聘流程

2018 年 12 月，A 超市在 S 市人才市场召开了专场招聘会，拟在该市招聘 5 名销售部经理。招聘当天，招聘人员把人才市场大厅布置得井井有条，墙上贴着该超市的宣传资料，电视机里循环播放着该超市的背景资料。

负责招聘的人力资源部经理强调“流程管理”，制订了详细的招聘计划，注重在招聘的各个环节中把好关，确保招聘工作的质量。

该超市招聘的主要步骤是：

（1）领表：进场应聘者先在入口处领取一张申请表，除要求填写个人相关信息外，还必须回答来本超市工作的目的等问题。那些没有准备简历和照片等资料的应聘者，将被认为不太适合做零售业部门的经理，被拒之门外。

（2）初选：应聘者填好表格，将其交给人力资源部的工作人员进行初选。人力资源部的工作人员经过认真审查，以及问应聘者一些问题，再淘汰一些明显不适合来本公司工作的应聘者。

（3）初试：通过初选的应聘者参加面试。由 7 个部门经理（销售部经理 4 人、人力资源部经理 1 人、收银处经理 1 人和财务部经理 1 人）担任面试考官。经理们根据应聘者的问题回答情况写出 A、B、C、D 共 4 类评语。被评为 A、B 类的应聘者进入下一轮面试。

（4）复试：通过初次面试的应聘者，一周之内会接到人力资源部的复试电话通知，在经过至少两次面试后，最后由总经理面试。初试过关的每 10 人中大约有 1 人能够成为该公司员工。

思考：

1. A 超市在举行人才市场招聘会时，要做哪些准备工作？

2. 在招聘流程初选阶段，审查申请表时应注意哪些问题？

3. 假如你是销售部经理，在招聘的初试阶段担任面试考官，请用开放式的提问方式，向应聘者提出 4 个问题。

任务二 开展招聘工作

学习目标

◆ **知识目标**

掌握招聘计划的制订与招聘活动的开展的相关知识

理解并掌握内部招聘与外部招聘各自的优缺点和方法

掌握招聘效果评估方法

◆ **技能目标**

能制订招聘计划并实施招聘

具备根据企业不同层次岗位人才需求选择不同的招聘渠道与方法的能力

能根据招聘执行情况评估招聘效果

◆ **职业素质和态度目标**

逐步丰富人力资源管理理论和实践知识

养成做事沉稳的习惯，逐步具备宏观的把控能力

任务导入

汽车销售公司的招聘方案

某汽车销售服务有限公司是专营进口及国产名牌汽车的代理商，因公司发展需要，以下岗位需要招聘人员：（1）总经理助理 1 名，熟悉行业情况，有一定的行业内工作经验，为人正直、踏实，能尽快投入公司工作；（2）维修车间主任 3 名，大专及以上文化程度，5 年以上汽车维修经验，有较丰富的企业管理经验及较强的组织协调能力；（3）汽车维修服务人员 20 名，掌握汽车维修保养的专业知识，受过专业系统的教育或培训，能够准确判断故障原因，有进取心和良好的客户服务精神。

请你对该公司需要招聘的岗位可能的渠道进行分析，阐述你认为最合适的招聘方案。

任务分析：招聘渠道是指招聘目标群体的来源。任何一种已确定的招聘方案，都应体现已选的招聘渠道，这是招聘计划实施中一项十分重要的工作。企业在选择招聘渠道时，需要综合考虑各种渠道的利弊。

子任务一　制订并实施招聘计划

任务提示

人力资源部门要根据企业其他部门的职位空缺与需求情况制订并实施招聘计划。那么，根据人员需求量、任职资格要求、考核方法等，怎样制订出完整的招聘计划？如何按步骤实施招聘计划？请进入本任务。

招聘是企业获取人力资源最常用的方法之一。有效的招聘可以提高招聘质量，减少组织和个人的损失。招聘计划是为保证招聘工作的科学规范并提高招聘的效果，以招聘原则为指导，制定的一套合理、有序的招聘程序。

一、制订招聘计划

招聘计划是招聘的主要依据。由于员工招聘直接影响人力资源管理的其他步骤，因此，制订招聘计划的目的在于使招聘工作更加合理化、科学化。

招聘计划由用人单位根据部门发展需要制订，然后由人力资源部门对其进行审核，特别是对人员需求量、费用等项目进行严格复查，签署意见后交上级主管人员审批。

（一）招聘计划的主要内容

招聘计划的主要内容包括确定招聘的规模、招聘的范围、招聘的时间以及招聘的预算等。

1. 招聘的规模

招聘的规模是指企业准备通过招聘活动吸引多少数量的应聘者。招聘活动吸引的应聘者既不能太多也不能太少，应当控制在一个合适的范围内。企业一般采用招聘录用的“金字塔”模型来确定招聘规模，如图 3-2 所示。

企业确定招聘规模主要取决于两个因素：一是企业招聘录用的阶段，阶段越多，规模越大；二是各阶段通过的比例，需要参考企业以往的历史数据和同类企业的经验，每一阶段的比例越高，招聘的规模就越大。

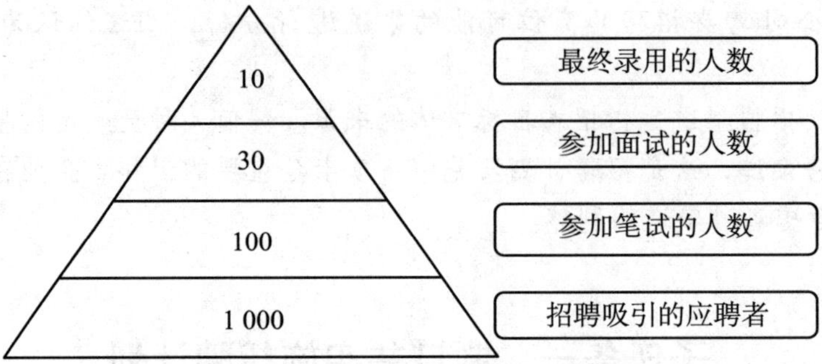

图3-2　招聘录用的“金字塔”模型

2. 招聘的范围

招聘的范围是指企业要在多大的地域范围内进行招聘活动。从招聘效果考虑，范围越大，可选择的余地越大，效果也会越好。但是随着招聘范围的扩大，企业的招聘成本也会增加。企业在确定招聘范围时一般需要考虑两个因素。一个因素是空缺职位的类型。空缺职位的层次越高，一般选择的招聘范围就会越大，如图 3-3 所示。另一个因素是企业所在地区的人力资源市场状况。如果当地的人力资源市场人才匮乏，则需要扩大招聘范围；反之，就近招聘就可以满足需要。

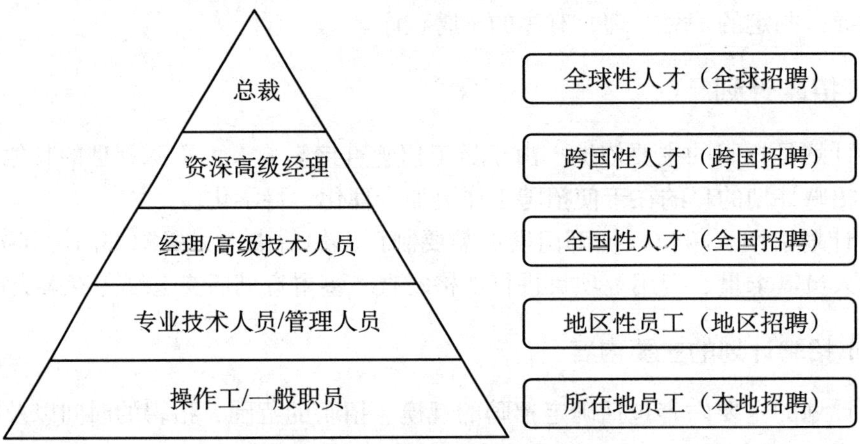

图3-3　招聘范围与职位层次的关系图

3. 招聘的时间

由于招聘、选拔、录用、岗前培训等都需要耗费一定的时间，因此为避免因缺人而影响企业正常运转，企业要合理地确定招聘时间。招聘的时间选择最常用的方法是时间流逝数据法（Time Lapse Data，TLD）。该方法显示了招聘过程中关键决策点的平均时间间隔，通过计算这些时间间隔来确定招聘的时间。例如：企业计划未来 6 个月拟招聘 30 名销售人员，要合理确定招聘时间，首先根据“金字塔”模型确定招聘需要吸引大约 3 000 人前来应聘。采用时间流逝数据法并结合以往的经验分析得出，刊登广告和接收求职者简历需要10天；收到个人简历到发出面试通知需要5天；发出面试通知到面试需要6天；进行面试到企业作出录用决策需要3天；得到录用通知的人员需要5天左右的时间作出是否接受工作的决定；接受职位的人需要10天左右才能到企业报到。按照这样估计，企业应当在职位空缺之前40天就要着手招聘。

4. 招聘的预算

在制订招聘计划的最后，企业还要对招聘的预算作出估计。企业招聘的成本主要包括人工费用（如招聘人员的工资、福利、差旅费、生活补助、加班费等）、业务费用（如通信费、专业咨询与服务费、广告费、资料费、办公用品费等）以及其他费用（如设备折旧费、水电费、物业管理费等）。在预算招聘费用时，应当仔细分析各种费用的来源，把它们归入相应的类别中，以避免出现遗漏或重复计算。

（二）招聘计划的具体内容

招聘计划的具体内容包括以下方面：

（1）招聘岗位和岗位要求，包括招聘的职务名称、人员需求量、任职资格要求等。

（2）招聘信息发布的时间和渠道。

（3）招聘渠道和方法的选择。

（4）招聘小组人选，包括小组人员姓名、职务、各自的职责等。

（5）应聘者的考核方案，包括考核的场所、时间、题目设计等。

（6）招聘的截止时间。

（7）新员工的上岗时间。

（8）招聘费用预算，包括资料费、广告费、差旅费和人才交流会费用等。

（9）完整、详细的招聘工作时间表。

（10）招聘广告样稿。

（三）招聘计划的制订步骤

招聘计划的编写一般包括以下步骤：

（1）获取人员需求信息。人员需求信息一般有以下三种来源：

1）年度人力资源规划。

2）企业在职人员离职或调到其他部门，产生职位的空缺。

3）部门经理递交的招聘申请，并经相关领导批准。

（2）选择招聘信息的发布时间和发布渠道。

（3）初步确定招聘小组。

（4）明确招聘预算。

（5）编写招聘工作时间表。

（6）草拟招聘广告样稿。

在此基础上制订出完整的招聘计划。

二、开展招聘活动

开展招聘活动即根据制订的招聘计划，选择合适的时间开始实施招聘。招聘活动的具体工作主要有发布招聘信息、对应聘者进行筛选、作出录用决策三个部分。

组织发布的招聘信息通常包括组织介绍、组织的目标和发展前景、空缺职位的工作描述和对所需人员的要求、招聘的时间和地点、招聘的方式等。

如果招聘信息吸引到了足够多的符合要求的应聘者，组织就需要对应聘者进行筛选。组织应通过各种选拔方法，将不符合要求的应聘者筛除，将最适合组织空缺职位的应聘者筛选出来。选拔程序和方法将在任务三“选拔与录用人员”中作具体介绍。

经过一系列的选拔程序后，进入最后阶段的应聘者将有机会获得录用通知。组织应综合应聘者的经历及其在选拔活动中的表现，并根据规定的工作标准和要求作出最终的录用决策。

在招聘过程中，组织总是希望通过各种办法来吸引应聘者。但需要注意的是，组织在向应聘者提供组织的各种积极信息时，也应该让应聘者了解组织的整体面貌，而不应只展示好的一面。真实工作预览就是一种向应聘者全面展示组织信息的方式，可以通过小册子、录像带、光盘、广告和面谈等方式进行。组织在准备真实工作预览的材料时，应注意以下问题：

（1）真实可信，如应对日常的工作环境等细节进行介绍。

（2）详细具体，如不应只给出一些宽泛信息。

（3）内容全面，如应对部门情况、薪酬待遇、晋升机会、工作监控等逐一介绍。

（4）应聘者的关注点。真实工作预览应聚焦应聘者关心但又很难从外部获得的信息，可以从公开渠道获取的信息不应该成为真实工作预览的重点内容。

子任务二　选择招聘的渠道和方法

任务提示

完成以上任务后，你已了解招聘计划的内容、制订与实施。那么，招聘人员的来源有哪些？有哪些招聘渠道？人力资源管理人员应如何根据企业岗位不同层次的人员需求来选择不同的招聘渠道？不同的招聘渠道有哪些优缺点？应选择什么招聘方法进行招聘？请进入本任务。

一、选择招聘渠道

在招聘需求获得批准后，企业需要选择合适的招聘渠道来获取职位候选人。招聘渠道是企业发现具备资格员工的途径。企业可以从多个渠道获取人力资源。概括起来讲，根据招聘人员的来源不同，招聘渠道通常可以分为两类：内部招聘渠道和外部招聘渠道。

（一）内部招聘

内部招聘（Internal Recruitment）是指在企业内部通过晋升、竞聘或人员调配等方式，由企业内部的人员来弥补空缺职位。企业选择内部招聘渠道有利于员工的职业生涯发展，防止核心人才的流失，形成人力资源的优化配置。

内部招聘的主要渠道有企业内部晋升、内部调用、内部公开竞聘等。严格地说，内部晋升应该属于人力资源开发的范畴，但它又确实是企业与员工招聘关系最密切的一部分，因此在这里一起阐述。

1. 内部晋升

将企业内部符合条件的员工从较低职位提升到较高职位的过程就是内部晋升。内部晋升应遵循的原则有：（1）唯才是用；（2）有利于调动大部分员工的积极性；（3）有利于提高生产率。

2. 内部调用

把员工调到同级或下一级职位工作的过程称为内部调用，分为工作调换和工作轮换。同级或相近职位之间的调动称为工作调换，当这种调动不止一次时，就形成了工作轮换。内部调用应遵循的原则有：（1）事先尽可能征得被调用者的同意；（2）调用后更有利于工作；（3）用人所长。

3. 内部公开竞聘

这是指企业通过内部公告的形式进行公开竞聘。企业可以在内部网站的主页、公告栏或以电子邮件的方式告知所有员工，符合条件的员工可以根据意愿自由应聘。内部公开竞聘应遵循的原则有：（1）招聘信息通过公告形式传递给全体职工；（2）尊重员工个人意愿；（3）同外部应聘者一样接受选拔测试，选拔测试要公开、公平、公正。

（二）外部招聘

外部招聘（External Recruitment）是指从企业外部获取符合空缺职位工作要求的人员来弥补企业人力资源的短缺，或者为企业储备人才。当企业内部的人力资源不能满足企业发展的需要时，企业应选择通过外部渠道进行招聘。企业选择外部招聘可以防止“近亲繁殖”，给企业带来新鲜血液，使企业更加充满活力。

外部招聘的主要渠道有校园招聘、人才交流会、职业介绍所、猎头公司、求职者自荐、网络招聘等。

1. 校园招聘

校园招聘是许多企业采用的一种招聘渠道。企业可以到学校张贴海报、举行招聘介绍会，吸引即将毕业的学生前来应聘；对于部分优秀的学生，可以由学校推荐；对于一些较为特殊的职位，也可通过学校委托培养后直接录用。

通过校园招聘的学生可塑性强，工作热情高。但这些学生缺乏实际工作经验，需要进行一定的培训才能真正开始工作；并且不少学生由于刚步入社会对自己的定位还不清晰，因此工作的流动性也较大。

2. 人才交流会

现在全国各地每年都有许多大型的人才交流洽谈会。用人单位可支付一定的费用在交流会上摆摊设点，求职者前来咨询应聘。这种途径的特点是时间短、见效快。但是，在这种交流会上，小型企业很难招聘到优秀人才。

3. 职业介绍所

许多企业利用职业介绍所来获得所需人员。但有人认为，这类介绍所的求职者多为能力较差而不易找到工作的人。不过如果有详细的工作说明，让介绍所的专业顾问帮助遴选，不仅能使招聘工作简单化，也可以找到不错的人选。

4. 猎头公司

猎头公司是近年来发展起来的为企业寻找高层管理者和高级技术人员的服务机构。它们一般从事两类业务：一是为企业搜寻特定的人才，二是为各类高级人才寻找工作。猎头公司一般都会建立人才库，对求职者的信息掌握得较为全面，对企业及其人力资源需求有较详细的了解，推荐的人才素质高，在供需匹配上较为慎重，成功率较高。因此，猎头公司招募人才的费用较高，通常能达到所推荐人才年薪的 25% ～ 30%。但是，如果把单位直接招聘人才的时间成本、人才素质差异等隐性成本计算进去，猎头公司的高收费往往容易被许多公司接受。

5. 求职者自荐

求职者直接申请是指外部求职者以寄送求职申请、简历或登门拜访的方式谋求工作。对企业来说，这虽是一种被动的方式，但通常有效且成本低，应聘者更容易受到高度激励。当然，只有那些形象好、知名度高、工资待遇优的企业才会有较多的人才登门求职。

6. 网络招聘

网络招聘一般包括企业在网上发布招聘信息甚至进行简历筛选、笔试、面试。企业通常可以通过两种方式进行网络招聘：一是在企业自身的网站上发布招聘信息，搭建招聘系统；二是与专业招聘网站合作，如中华英才网、前程无忧、智联招聘等，通过这些网站发布招聘信息。

二、选择招聘方法

招聘方法是指在制订招聘计划后，企业采取某种形式让潜在的应聘者获知企业职位信息的方式和途径。选择的招聘渠道不同，针对的目标群体就不一样。由于不同群体的生活方式和行为特点不同，获得相关信息的途径和方法有着很大的差异，因此企业只有根据不同的职位要求，考虑不同求职者的特点，选择合适的招聘方法，才能把相关职位的信息顺利地传递到符合企业需要且对企业职位感兴趣的人手中。

（一）内部招聘的方法

内部招聘的方法主要有三种：职位公告、主管推荐、技能档案。

1. 职位公告

职位公告是指通过将职位空缺信息张贴在公告牌上、发送到企业的即时通信或企业的官网上，让企业所有人员都清楚地了解企业的空缺职位，以吸引相关人员申请这些空缺职位的方式。公告中一般包括工作内容、资格要求、上级职位、工作时间以及薪资等信息。职位公告给员工提供了一个公平选择工作岗位的机会，能使企业内部最合适的员工有机会从事该工作，有利于调动员工的积极性，更符合“人性化管理”理念。但若使用不当，这种方法会影响企业的内部稳定，影响落选员工的工作积极性和工作表现。

2. 主管推荐

主管推荐是指由主管人员根据企业职位的需要，推荐候选人应聘空缺岗位的方式。主管对本部门员工的工作能力有较为全面的了解，只要主管人员客观、公正地评价并推荐员工，而不是为了提拔他们的“亲信”而错失了优秀的候选人，主管推荐的方法也不失为一种好的招聘方式。此方法的不足之处是主管人员有时主观意识较强，不能做到任人唯贤。

3. 技能档案

技能档案是指企业通过查阅员工档案（如个人资料档案、技能清单）来寻找合适的人员以补充空缺职位。这种方式适合建立了人力资源管理信息系统的企业。企业通过建立电子化的“员工人才库”，实现员工技能信息的电子化管理。员工信息包括工作经历、教育程度、优点和缺点、特殊才能、参加过的培训、计划参加的培训、人才培养的方向、可能晋升的职位等与职业发展相关的信息。当企业出现职位空缺时，计算机系统能够迅速搜索到符合条件的候选人以供用人部门和人力资源部门选择。

（二）外部招聘的方法

与内部招聘相比，外部招聘的方法较多，目前主要有广告招聘、现场招聘、推荐招聘、职业中介机构招聘、校园招聘、网络招聘、自我推荐等。

1. 广告招聘

通过媒体广告向社会公开招聘人才，是应用最为广泛的外部招聘方法之一。广告招聘可以迅速地传达企业的招聘信息，还可以帮助企业建立良好的企业形象。招聘广告的内容一般应包括：广告标题、公司简介、招聘岗位信息、薪酬及福利待遇、联系方式等。为吸引更多求职者的关注，招聘广告设计要遵循“AIDA”（Attention—Interest—Desire—Action）原则，即 A（Attention）表示能引起求职者对广告的注意，I（Interest）表示能激起求职者对工作的兴趣，D（Desire）表示能激发求职者申请工作的欲望，A（Action）表示鼓励和促使求职者积极采取行动。

目前，进行广告招聘，最常见的广告媒体是互联网，另外还有报纸、杂志等，广播、电视已很少见。企业在选择媒体时应考虑各种媒体的优缺点及媒体本身承载信息的传播能力、受众群体等因素。

2. 现场招聘

现场招聘是由招聘人员与应聘人员进行面对面的对话，让应聘人员直接了解企业及职位的相关信息，现场完成招聘面试的一种方式。现场招聘一般包括企业自主招聘、参加人才招聘会和进入人才市场三种方式。

现场招聘的方式不仅可以节省企业初次筛选简历的时间成本，同时简历的有效性也较高，在职位信息传递过程中能有效避免“漏斗现象”和失真现象，而且相比其他方式，所需费用较少。但是现场招聘也存在一定的局限：首先是地域性，现场招聘一般只能吸引到所在城市及地区的应聘者；其次，这种方式也会受到组织单位的宣传力度以及组织形式的影响。

3. 推荐招聘

推荐招聘是指通过企业员工、客户或者合作伙伴的推荐来进行招聘。这种方法的好处是：招聘成本比较低，推荐人对应聘者比较了解，应聘者一旦被录用，离职率就比较低。如果推荐者是企业内部员工，为了不使自己名誉受损或者给自己带来更多麻烦，推荐者通常会扮演师父或者导师的角色对被推荐者进行工作指导。但是如果推荐过程受到“徇私”“任人唯亲”等不良因素的干扰，则会影响招聘的公平性。特别是人才录用以后，因工作推荐的关系在企业内部形成一些非正式群体而影响工作的正常开展，这就会对企业管理产生不利影响。不过，只要处理得当，推荐招聘不失为一种有效的招聘方式。

4. 职业中介机构招聘

社会上有各种职业中介和就业服务机构，其中有政府人事部门开办的人才服务中心、劳动部门开办的职业介绍机构，也有一些私营的职业介绍机构和猎头公司等。由于职业中介机构是专门从事人员招募工作的，掌握大量的信息，因此借助这些机构进行招聘，不仅可以使招聘活动更有针对性，而且可以代替企业完成许多工作，为企业节省大量的时间。

5. 校园招聘

校园招聘是指企业直接从学校招聘各类各层次应届毕业生，作为企业新员工的招聘方式。学校，特别是高等院校，作为一个巨大的人才储备库，可谓人才济济、卧虎藏龙。学生经过几年的专业学习，具备了系统的专业理论知识，尽管还缺乏工作经验，但其仍然具有很多就业优势，比如富有热情、学习能力强、易于接受新事物、头脑中的条条框框少、对未来抱有憧憬。另外，参加校园招聘的都是年轻人，少有家庭拖累，可以全身心地投入工作中。此外，他们作为“职场新鲜人”，可塑性极强，容易接受公司的管理理念和文化。正是毕业生身上的这些特质，吸引了众多企业的眼球，校园招聘才成为许多企业重要的招聘方式。

6. 网络招聘

网络招聘也称在线招聘，是指企业以互联网为载体，运用计算机技术进行的一种全新的招聘形式。随着互联网的普及，网络招聘因其不受地域和时间的限制，且具有高效、快捷、费用低、信息传播范围广等优势，大大提升了招聘的效率，成为目前企业普遍采用的招聘方式。网络招聘的方式主要有两种。第一种是在企业的主页设置专门的栏目发布招聘信息。有些企业的网页还提供在线申请功能，求职者可以直接在网页上填写职位申请表，并可以通过电子邮件获得回复。还有些企业利用网络的视频功能，进行在线面试，减少企业和求职者双方的招聘支出。第二种是通过专业的人才招聘网站。专业的网站信息集中，访问量大，一般是由专业的就业服务公司创办，除发布招聘信息外，还可提供人才测评、代理招聘等其他服务。

7. 自我推荐

如果一个企业具有良好的企业形象和声誉，即使该企业没有做深入的招聘工作，也能吸引众多合格的应聘者。一些合格的应聘者，会主动地到他们所倾慕的企业去申请工作，毛遂自荐。因为这些人往往对这些企业很有好感，所以他们经常会有较高的工作满意度和企业忠诚度，离职的可能性较低。

课堂讨论

1. 描述企业可以通过哪些方法更有效地利用网络进行招聘。

2. 假设你在一个供不应求的人力资源市场招聘餐馆服务员，你会采用何种新颖的外部招聘方法？

三、内部招聘与外部招聘的比较

内部招聘和外部招聘都是企业行之有效的招聘渠道，各自有其优缺点，二者之间的比较如表 3-2 所示。内部招聘与外部招聘具体如何选择并无定论，应根据企业战略、职位类别、外部环境变化以及企业在人力资源市场上的相对位置等因素综合权衡。在招聘实践中，内部招聘与外部招聘的结合往往会产生最佳的效果，这就需要企业在实施招聘的时候，合理应用这两种招聘方式，达到以最低的成本获取最佳的人力资源的目的。

表3-2 内部招聘与外部招聘的比较

优缺点	内部招聘	外部招聘
优点	● 组织对候选人的能力有清晰的认识 ● 候选人了解工作要求和组织 ● 鼓励高绩效 ● 有利于鼓舞士气 ● 更低的招聘成本	● 更大的候选人选择空间 ● 会把新的技能和想法带入组织 ● 降低徇私的可能性 ● 激励老员工保持竞争力，发展技能
缺点	● 可能导致“近亲繁殖” ● 可能导致为了晋升的“政治性行为” ● 需要有效的培训和评估系统 ● 可能会因操作不公或心理因素导致内部矛盾	● 增加与招聘和甄选相关的难度和风险 ● 需要更长的培训和适应阶段 ● 内部员工可能感到不满 ● 新的候选人可能并不适应企业文化 ● 增加搜寻成本

子任务三　评估招聘效果

任务提示

招聘工作的最后一个环节就是对招聘的效果进行评估。这一过程可以帮助企业发现招聘过程中存在的问题，对招聘的各个阶段进行优化，以便提升以后的招聘效果。那么，如何对招聘工作进行评估？从哪些方面考核？请进入本任务。

招聘评估是招聘过程中不可缺少的一个环节。一方面，招聘评估通过成本与效益核算，能够使招聘者清楚地知道费用的支出情况，区分哪些是应支出项目，哪些是不应支出项目，这有利于降低今后招聘的成本，为组织节省开支。另一方面，招聘评估通过对录用人员的绩效、实际能力、工作潜能的评估，及通过对录用人员质量的评估，来检查招聘工作成果与方法的有效性，有利于招聘方法的改进。

一、评估招聘工作的标准

一次成功的招聘活动，应该符合以下五个标准。

（一）有效性

测试应围绕岗位要求拟订测验项目，测试内容必须正确、合理，必须与工作性质相吻合。这要求负责招聘的人员真正了解空缺职位的要求。例如：如果要挑选市场调查研究员，则所要测试的内容必须与营销、调查、统计和经济分析的知识有关，否则测试便无意义了。

（二）可靠性

它是指评判结果能客观反映应聘者的实际情况，测试成绩能体现应聘者在受试科目方面的才能、学识高低。这主要取决于选拔方法的效度。例如：应聘者在营销学方面的测试成绩为 90 分，则表示他在这方面有 90 分的水准。

（三）客观性

它是指招聘者对应聘者进行客观的评价，一方面，不受主观因素的影响，如个人的偏见、偏好、价值观、个性、思想、感情等因素的影响；另一方面，不会因应聘者的身份、社会地位、种族、宗教、党派、性别、籍贯和容貌等因素不同而有高低之别。招聘要达到客观性，就必须在评分时摒弃以上两种主观障碍，这样才能达到公平。

（四）广博性

它是指测试的内容必须广泛到能测出应聘者所要担任的职位所需的每一种能力，并且每一测试科目的试题应该是广泛的，而不是偏狭的。因此，应注意测试内容是否具有完整性，能否全面反映招聘岗位所需的各项要求。要想全面地对应聘者进行评价，首先需要明确各岗位、各方面的任职资格要求，如要招聘一位医药业务代表，其测试的内容不能只限于医药专科知识，还应包括社交能力、语言表达能力、推销技巧等。

（五）经济性

经济性主要是指考虑人员获取的成本是否在预算之内，与收益相比是否过大，即考虑企业对招聘成本的承受能力。

当招聘工作符合上述有效性、可靠性、客观性、广博性和经济性五个标准时，招聘到的人选必然是符合企业要求的人选。

二、招聘评估的内容

（一）招聘成本评估

招聘成本评估主要是指对招聘中的费用进行调查、核实，并对预算进行评价的过程。招聘成本评估是鉴定招聘效率的一个重要指标。如果成本低，录用人员量高且质量好，就意味着招聘效率高；反之，则意味着招聘效率低。企业进行小型招聘时，成本评估工作很简单，如果是大型的招聘活动，一定要认真做好评估工作。

（二）录用人员评估

录用人员评估就是根据企业招聘计划和招聘岗位的工作分析，对所录用人员的质量、数量和结构进行评价的过程。招聘工作结束后，对录用人员进行评估是一项十分重要的工作。评估招聘录用人员的数量可以通过录用比、招聘完成比、应聘比等来进行；评估招聘录用人员的质量则可以根据招聘的要求对录用人员进行等级排列来确定。

（三）招聘人员的工作评估

对录用新员工的合格率、职位平均空缺时间表、新员工满意度等指标的计算与分析，可以反映招聘人员工作的效率与效果。

（四）招聘活动总结

在招聘活动结束之后，企业应及时进行总结，主要通过撰写总结报告来对招聘工作的全过程进行记录和经验教训总结，为下一次的成功招聘打好基础。

从招聘组织的角度看，招聘工作的成绩还可以用更多种方法来评价。但所有评价方法都要落实到在花费资源的既定条件下，使空缺岗位招到的人具有适应性。这种适应性可用全部应聘者中合格的数量所占的比重、合格应聘者的数量与空缺岗位的比率、录用的新员工绩效水平和新员工的辞职率等指标来评价。另外，企业也可以通过对新员工的问卷调查、访谈等方式，了解他们对招聘工作的满意度，征求他们对改进招聘流程的建议，为完善以后的招聘工作积累经验。

任务小结

招聘计划是为保证招聘工作的科学规范并提高招聘的效果，以招聘原则为指导，制定的一套合理、有序的招聘程序。

在招聘需求获得批准后，企业需要选择合适的招聘渠道来获取职位候选人。招聘渠道分为内部招聘渠道与外部招聘渠道。内部招聘渠道有企业内部晋升、内部调用、内部公开竞聘等。外部招聘渠道有校园招聘、人才交流会、职业介绍所、猎头公司、求职者自荐、网络招聘等。

招聘方法可分为内部招聘的方法和外部招聘的方法。内部招聘的方法包括职位公告、主管推荐、技能档案等。外部招聘的方法包括广告招聘、现场招聘、推荐招聘、职业中介机构招聘、校园招聘、网络招聘和自我推荐等。

招聘活动的成功与否可从有效性、可靠性、客观性、广博性和经济性五个方面评判。招聘评估的内容包括招聘成本评估、录用人员评估、招聘人员的工作评估、招聘活动总结。

关键术语

招聘计划　招聘渠道　招聘方法　招聘评估

技能自测

一　单项选择题

1. 相对于外部招聘而言，内部招聘的优势是（　　）。

A. 有利于树立企业形象　　B. 有利于吸收新观点
C. 有利于招到高质量人才　　D. 组织对候选人的能力有清晰的认识

2. 下列属于外部招聘方法的是（　　）。
A. 广告招聘　B. 职位公告　C. 主管推荐　D. 技能档案

3. 如果一家公司需要招聘 8 位初级机械操作工，并且这家公司愿意对他们进行培训，那么最好的招聘来源是（　　）。
A. 中职毕业生　B. 失业人员　C. 退休人员　D. 大学毕业生

二　多项选择题

1. 内部招聘的缺点有（　　）。
A. 会导致"近亲繁殖"
B. 可能会因操作不公或心理因素导致内部矛盾
C. 带来新思想和新方法
D. 树立新的形象
E. 有利于招聘到一流的人才

2. 某大型企业要招聘一位具有 10 年以上消费品市场工作经验的物流管理经理，一般应选择（　　）为招聘渠道。
A. 校园招聘　B. 租赁公司　C. 内部招聘
D. 猎头公司　E. 在专业期刊上发布广告

3. 评估招聘录用人员的数量指标有（　　）。
A. 录用率　B. 新员工合格率　C. 招聘完成率
D. 应聘率　E. 新员工满意度

三　判断题

1. 通过广播、电视发布招聘广告只能传递简短的、不是很复杂的信息，缺乏持久性，求职者不能回头再了解，需要不断重复播出才能给人留下印象。（　　）

2. 充分利用网络进行外部招聘，可以减少招聘成本（如报名表的印制、心理测试题的印制及评卷和统分等），使招聘工作更加高效、快捷。（　　）

3. 人员招聘的原则是多多益善。（　　）

4. 内部招聘渠道主要有以下几个方面：一是晋升，二是工作调换或工作轮换，三是降职或兼职。（　　）

5. 外部招聘有利于鼓舞士气，激励组织成员的上进心和工作热情，调动组织成员的积极性。（　　）

四　分析题

1. 比较内部招募渠道、外部招募渠道的优点与缺点。
2. 进行员工招聘评估。

案例分析

新成立的电气公司招聘

某电气有限公司于2024年3月成立，注册资金3 000万元，有66.7万平方米的厂区正在设计规划中。公司将生产输变电中高压的一次设备和二次设备，如变电站继电保护产品，主要和国内外的知名企业进行合作生产。公司初期将主要采取产品代理生产销售的方式进入市场。公司的目标是随着公司的发展能有自己的知识产权。公司的战略目标是：5年内将公司发展为年销售额超10亿元，集研发、生产和销售于一体的全国知名现代化电气公司，并争取上市。

目前，新公司一切都在构建当中，从公司的架构，到公司制度，到厂区的建设，再到人员的招聘。截至2024年5月，公司的员工只有10多人，包括总经理和4名部门经理——财务部经理、生产部经理、市场部经理和人力资源部经理，另有厂区基建的负责人以及几个部门职员。人力资源部经理的当务之急就是招聘人员。公司2019年的目标是达到1.5亿元的销售额，因此到8月公司第一项产品下线生产的时候，公司的管理人员和生产人员的总人数要达到约80人。

人力资源部经理需要首先建立一个甄选的程序，确定招聘的标准和渠道。目前最为急需上岗的职务是销售主管、技术主管和质量主管，其专业和行业的要求都较高，要在5月到岗；6月要招聘所有的生产线工人，7月进行一个月的培训，8月开始生产。招聘的工作日程安排得非常紧张。

公司招聘的优势在于行业前景较好，又有供电系统的背景，产品的销售有一定的保障。公司启动规模较大，有很好的发展前景，也为员工个人提供了广阔的发展空间。劣势在于：首先，公司刚刚成立，尚未盈利，还要预留随着公司发展薪酬水平的提升空间，因而开始提供的薪酬水平低于行业中实力较强的竞争对手；其次，公司的人力资源管理制度还不完善。

思考：

1. 该公司首先应该建立怎样的甄选程序？不同岗位会有何不同？

2. 该公司应该选择哪种招聘渠道，人才市场、网上招聘还是推荐招聘？不同岗位的招聘渠道应有所不同吗？

任务三　选拔与录用人员

学习目标

◆ **知识目标**

掌握选拔录用的程序

理解并掌握人员选拔的技术与方法

掌握人员录用的过程和内容

◆ **技能目标**

能按人员选拔的过程规范地选拔人才

能够运用人员选拔技术与方法，使选拔过程更为有效

◆ **职业素质和态度目标**

丰富自己的实践经验和人生阅历

逐步具备去伪存真、去虚存实的洞察力

有爱才惜才之心

公平正直、品德高尚

任务导入

职业挑战

克拉克已经为坐落于洛杉矶的冈瑟制造公司工作了10年。经过短期的管理培训项目，他先在一家工厂担任了近两年的操作主管。之后，人力资源部有一个空缺，由于克拉克曾在洛杉矶的加利福尼亚州立大学主修人事管理，并愿意尝试人力资源管理工作，于是他被提升到总公司的人力资源部门。

冈瑟是一家成长中的公司。作为一家中等规模的企业，它保持着较快的增长速度。现在，冈瑟在快速膨胀的坦帕市场开设了一家新工厂。

克拉克和他的助理需要为冈瑟公司的坦帕工厂从986个应聘者中挑选出596人上岗。在对应聘者的数量感到满意之前，他意识到还有很多工作。到底应该雇用986人中的哪596人呢？谁来进行招聘工作？

人力资源部门已经作了一些前期的筛选，绝大多数的应聘者已经填写了申请表。但接下来应该做什么呢？

克拉克给工厂的经理埃德打了个电话，并问他是否愿意参与招聘工作。埃德回答说，他只有时间挑选他的高层管理团队，其余的还是要克拉克决定。埃德提醒他，挖其

他工厂的墙脚是违反公司政策的。克拉克说他知道，并会遵从公司的政策。他所面对的是596个甄选决策。甄选包括许多决策，是一个重要的和持续性的过程。员工甄选之所以重要，是因为只有人员和职位很好地匹配，组织的目标才能够实现。

任务分析：选拔录用工作是人力资源进入企业或者具体职位的入口，它的工作质量直接关系到企业能否从前来应聘的人员中挑选出真正符合企业职位需要的人才，能否保障企业的正常运转。首先，企业要招收具有创造性和可塑性、认同企业文化的优秀人才；其次，企业要建立行之有效的人才选拔机制，通过严谨的程序和科学的方法对应聘者的素质与能力进行全面的测试。

子任务一　把握人员选拔的内容与程序

任务提示

组织对员工的选拔过程通常要求做到以下几个方面：能够对职务要求和组织需求作出评价，制定选拔标准；确定能够用于对应聘者作出判断的评价指标；设计一个便于组织和应聘者获取与工作有关信息的方法或流程；综合各种信息，作出最后的甄选决策。那么，人员选拔的考评内容有哪些？程序如何？请进入本任务。

人力资源管理的关键是能岗匹配，员工的能力也构成了企业竞争力的重要因素。因此，对于企业来说，选对人是非常关键的工作，人员选拔的重要性不言而喻。

一、人员选拔的考评内容

应聘者的任职资格和对工作的胜任程度主要取决于其所掌握的与工作相关的知识、能力、个性和动力因素。因此，人员选拔是对应聘者的这几方面因素进行考评。

（一）知识

知识是系统化的信息，可分为综合知识和专业知识。综合知识又称广度知识，包括天文、地理、数理化、外语、历史、文艺等知识。综合知识考试的目的主要是考查应聘者对基本知识全面了解的程度。专业知识又称深度知识，内容主要是和应聘职位有直接关系的专业知识，以了解应聘者相关专业知识的水平。

（二）能力

能力是引起个体绩效差异的持久性个人心理特征。能力分为一般能力与特殊能力。一般能力是指在不同活动中表现出来的一些共同能力，它是一种基本能力，如记忆力、想象力、注意力、思维能力、操作能力等。特殊能力是指在某些特殊活动中所表现出来的能力。例如：音乐家需要具有对声音的辨别能力，管理者需要具有较强的人际沟通能力等。

（三）个性

个性是指一个人比较稳定的心理活动特点。个性可以包括性格、兴趣、爱好、气质等，这些特点决定着个人在各种不同情况下的行为表现。个性特点与工作绩效密切相关。

（四）动力因素

动力是行为的内在原因，它由需求而产生，为行为提供能量，具有目标指向性。取得良好的工作绩效，不仅取决于员工的知识、能力水平，还取决于做好这项工作的强烈欲望和动机，即是否有足够的动力促使员工努力工作。因此，企业在招聘员工时有必要对应聘者的价值观等动力因素进行辨别测试。

二、选拔录用的程序

为了保证选拔录用的效果，选拔录用工作一般都要经历以下程序：简单交谈、初步筛选、选拔测试、面试、履历审核与背景调查、体检、试用期考查及正式录用，如图 3-4 所示。

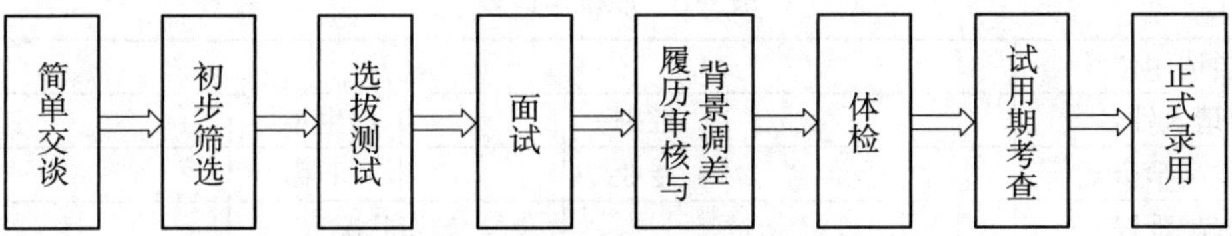

图3-4　选拔录用的程序

从图 3-4 可以看出，整个选拔录用过程由 8 个步骤组成，其中每一个步骤都是一个关键决策点，只有通过该决策点的应聘者才能参加下面的选拔，如果达不到就会被淘汰。企业要根据自身的情况，依据空缺职位的任职资格条件来确定每个决策点的标准。选拔测试和面试是比较关键也是比较复杂的步骤，下一个子任务“掌握人员选拔的技术与方法”将作详细的介绍，其余内容相对简单，限于篇幅，不一一赘述。

子任务二　掌握人员选拔的技术与方法

任务提示

完成上述任务，我们已掌握人员选拔的考评内容与程序，但在选拔过程中需要运用各种测试技术与方法，挑选出合格的人才，这要求我们掌握选拔的具体技术及运用。那么，有哪些员工选拔的技术与方法呢？请进入本任务。

一、人员选拔的技术与方法

（一）初步筛选

对职位申请表及简历进行审查和筛选是企业所使用的一种初始筛选工具。职位申请表一般由组织统一设计。通过职位申请表及简历，企业可以了解或考察应聘者以下方面的情况：

（1）个人基本信息。它包括年龄、性别、籍贯、学历、婚姻状况、健康状况、家庭住址等。

（2）求职态度。渴望得到工作、态度端正的应聘者都会认真填写申请表。对于填写潦草或填写不完整的应聘者，企业可以不予考虑。

（3）工作经历。在审查申请表时，企业可以重点了解应聘者的工作经历，如所取得的成绩、担任的职务和运用的知识和技能等，观察其以往工作中的知识、经验、技能的相关性，对于那些频繁更换工作的应聘者要慎重考虑。

（4）一些可疑的地方。企业应分析应聘者所提供的各种背景资料的可信度，对于申请表中填写模糊的地方要在面试中重点核查。

表 3-3 是职位申请表示例。

表3-3　职位申请表

申请职位					
申请人姓名		性别		出生年月	
最高学历		专业		职称	
兴趣爱好			健康状况		
原工作单位			离职原因		
主要工作经历					
主要工作成就					
通信地址					
联系电话			E-mail		
简历筛选意见					
初试意见					
复试意见					
用人单位意见	□录用		□考查后录用		□不录用
人力资源部意见			主管领导意见		

（二）笔试

笔试是以纸笔测验（Paper-and-Pencil Test）或在线测试（On-line Test）的形式考查应聘者对相关知识的掌握程度。笔试可以有效地考查应聘者的基础知识、专业知识、文字表达等能力。但笔试对应聘者的口头表达能力、组织管理能力、操作能力等则无法评价。笔试主要用来测试应聘者的知识和能力，现在有些企业也通过笔试来测试应聘者的性格和兴趣等。

对知识和能力的测试包括两个层次，即一般知识和能力测试与专业知识和能力测试。一般知识和能力包括一个人的社会文化知识、智商、语言理解能力、数学才能、推理能力、理解速度和记忆力等。专业知识和能力即与应聘职位相关的知识和能力，如财务会计知识、管理知识、人际关系能力等。性格和兴趣通常要运用心理测验的专门技术来测试，仅靠笔试中的一部分题目很难得出准确结论。

笔试的优点在于花的时间少、效率高、成本低，对应聘者的知识、能力考查可信度较高，成绩评价比较客观。通过笔试，可对应聘者的知识结构、实践经验和工作熟练程度作出初步判断，因此笔试至今仍是企业频繁使用的人员选拔方法之一。笔试的缺点在于它不能全面地反映应聘者的工作态度、品德修养及其他一些隐形能力。因此，笔试往往作为人员选拔测试的初步方法。

（三）面试

由于笔试不能获得应聘者的全部信息，组织不能对应聘者进行深入了解，个人也无法获得关于组织更为全面的信息，因此需要通过面试使组织和个人各自得到所需要的信息，以便组织进行录用决策、个人作出是否加入组织的决策。面试是精心设计的，通过考官对应聘者面对面的观察和交流，来科学测评应聘者的基本素质、工作动机、发展潜力和实际技能以及与拟录用职位的匹配性的一种测评方法。面试具有直观、深入、灵活、互动的特点，可获取关于应聘者的第一手材料。

面试是用人单位最常用的也是必不可少的测试手段。现代社会，企业越来越注重员工的实际工作能力和工作潜力，这方面的素质用知识测试的方法进行测试有一定的难度，需要通过面试来把握，因此，面试在人员筛选环节中具有非常重要的地位。

1. 面试的特点

（1）面试以谈话和观察为主要工具。首先，谈话是面试过程中的一项主要工具。在面试过程中，主考官把握问题的技巧十分重要。主考官要有针对性地了解应聘者某一方面的情况或素质，驾驭面试进程，净化面试主题，营造良好的面试心理氛围。其次，观察是面试过程中的另一项主要工具。在面试中，主考官要善于运用自己的感官，特别是视觉和听觉：运用视觉主要是观察应聘者的面部表情和身体语言等非语言行为；运用听觉主要是边听边思索，及时归纳整理，抓住关键实质之处。

（2）面试具有双向沟通性。面试是主考官和应聘者之间的一种双向沟通过程。在面试过程中，主考官可以通过观察和谈话来评价应聘者，应聘者也可以通过主考官的行为来判断主考官的价值判断标准、态度偏好、对自己面试表现的满意度等，来调节自己在面试中的行为表现。同时，应聘者也可以借此机会了解自己应聘的单位、职位情况等，以此决定自己是否可以接受这一工作。所以说，面试不仅是主考官对应聘者的一种考查，也是主客体之间的一种沟通、情感交流和能力的较量。

（3）面试内容具有灵活性。面试内容对不同的应聘者是相对变化的、灵活的。面试内容因应聘者的个人经历、背景、工作岗位、面试表现等情况的不同而不同。

（4）面试对象具有单一性。面试的形式虽然有单独面试和集体面试两种，但面试的问题一般要因人而异，测评的内容主要应侧重个别特征，同时进行会相互干扰。

2. 面试的类型

（1）结构化面试、非结构化面试和半结构化面试。

1）结构化面试又称指示面试，是指面试前按统一标准制定好面试问题、程序和评价标准，面试考官严格按照这个框架对每个应聘者分别作相同的提问，同时记录下对方的回答，即试题的结构化、面试考官结构化、面试程序结构化、评价标准结构化。

结构化面试最大的优点是对所有的应聘者都按同一个提纲提问，有统一的评分标准，便于分析和比较，对面试考官要求不高，一般适用于初步面试；缺点是谈话方式过于程序化，缺乏灵活性，不利于对重要问题进行深入了解，信息范围受到限制，很难做到因人而异，无法深刻、全面地了解应聘者。

2）非结构化面试又称非指示面试，是指没有事先设计好面试问题，由面试考官在面试过程中根据现场情况对应聘者随机进行提问的面试。非结构化面试没有固定的模式，没有统一的评分标准，对所提问题因人而异，可以根据现场情境设计开放性问题。面试考官可以和应聘者进行一种开放式的谈话，可以根据应聘者对上一个问题的具体回答来决定下一个问题问什么，还可以根据应聘者的回答进行追问，以更深入地获取信息。

非结构化面试最大的优点是可以根据应聘者的陈述内容灵活地提出相关问题，谈话过程比较自然，面试考官可以更加全面地了解应聘者的情况；缺点是对不同应聘者可能提出不同的问题，主观性比较强，没有统一的标准，可能影响面试的可信度和效率。由于非结构化面试的优缺点相对明显，因此它往往作为其他甄选方式的前奏和补充。

3）半结构化面试可以看作前两种方法的整合。面试考官在面试前准备好一系列重要的问题，但并不严格按照固定的问题顺序提问，并且可以根据应聘者的回答进行追问。例如：以行为事件访谈（Behavior Event Interview，BEI）为基础的面试即属于一种常见的半结构化面试。面试者除了遵循表 3-4 所示的 STAR 原则对应聘者经历的真实事件进行提问，还需要根据应聘者的回答进行适度的追问，以获得事件的完整信息。

表3-4　STAR原则

S（Situation）	这是一个什么情境？什么样的因素导致了这样的情境？在这个情境中有谁参与？
T（Task）	您面临的主要任务是什么？为了达到什么样的目标？
A（Action）	在那样的情境下，您当时心中的想法、感觉和想要采取的行为是什么？
R（Result）	最后的结果是什么？过程中又发生了什么？

（2）压力面试。压力面试是通过事先营造一种紧张的气氛，提出一些带有敌意或粗鲁的问题，给应聘者意想不到的一击，使其处于不愉快或尴尬的情境之中，以考查其应变能力、压力承受能力、情绪稳定能力等，测试其解决紧急问题的能力。例如：对一位经常变换工作的应聘者，面试考官问他："频繁的工作变动是否反映了自己的不成熟？"面对这样的问题，应聘者若能作出平静、清晰的说明，则说明其承受压力的能力较强；若应聘者表现出愤怒、急躁，就可以认为其在压力环境下的承受能力较差。

（3）行为描述面试。行为描述（Behavior Description，BD）面试是近年来的研究成果，是基于行为连贯性原理发展起来的一种面试方法。行为描述面试中所提的问题，都是从工作分析中得到的。通过提问应聘者过去的工作经历，以判断应聘者在特定的情况下，哪些是有效的与哪些是无效的行为模式，来预测应聘者在本组织中将会采取的行为模式。

（4）能力面试。能力面试是继行为描述面试之后的又一研究成果。与注重应聘者以往取得的成就不同的是，这种方法关注的是他们如何去实现所追求的目标。

3. 面试的基本程序

理想的面试包括五个步骤：面试准备阶段、面试开始阶段、正式面试阶段、结束面试阶段及面试评价阶段。

（1）面试准备阶段。首先，慎重选择面试考官。面试考官一般有7～9名，依据选人岗位需要按专业、职务甚至年龄、性别以一定比例进行科学配置，其中有一名是主考官，一般由其负责向应聘者提问并把握整个面试的总过程。面试考官一般由人力资源部和具体用人部门主管等组成，并就考评指标设定原因、评分标准、评分方法、如何观察评价应聘者、如何规避可能发生的错误等方面进行培训。其次，科学设计面试题目。依据工作说明书、应聘者的个人资料，选择合适的面试类型，设计与岗位能力要求相匹配的面试题。再次，准备面试材料。设计面试对象登记表的内容、面试评价表、面试提纲等，查阅应聘者前几轮测试成绩和资料。最后，确定面试的时间和地点，通知应聘者。面试准备工作是否充分，体现了一个企业的管理素质和企业形象。

（2）面试开始阶段。面试考官通过温和的态度和一些社交话题创造融洽氛围，帮助应聘者消除紧张情绪。如“我们这个地方好找吗”，这种问题可以极大地降低应聘者的紧张情绪，使其能够全面和理智地回答面试考官的问题。

（3）正式面试阶段。面试考官可以从不同侧面提出多个问题，并给予应聘者充分的发言时间，详细记录和搜集有关信息，通过其语言表达和行为表现考察应聘者的素质。这是面试过程中最关键，也是持续时间最长的一个阶段，面试考官要特别注意提问和追问技巧。

（4）结束面试阶段。在这一阶段，面试考官除了需要提出一些总结性的问题外，还需要给应聘者留有自由发言的时间，并给予进一步补充说明的机会，以实现双方信息的互动，然后以坦诚礼貌的方式结束面试。面试考官应该营造良好的面试氛围，以树立组织在公众中的良好形象，为组织以后招聘和吸引更多的优秀人才创造可能性。

（5）面试评价阶段。应聘者离开后，面试考官要立即整理面试记录，核对评价资料，汇总应聘者的总体形象分值，采用评分式和评语式的方式进行评价，以决定应聘者合格与否，是否推荐录用。面试考官要仔细回顾面试全过程，避免草率地得出结论。

4. 面试题的设计

面试的过程中，提问的问题不在于多，而在于精，面试考官要灵活运用多种类型的面试题。

（1）知识面试题。知识面试题是指通过应聘者的回答，可了解其知识面和思维方式等情况的问题。

（2）情境面试题。情境面试题是指通过假设某种情境，请应聘者回答在这种情境下如何反应，来考查应聘者的应变能力、情绪稳定性、计划组织协调能力等个性及能力的试题形式。例如："假如用人部门的领导非常挑剔，一直不满意你推荐给他的人选，你该如何处理？"又如："假设现在出现这样一个情况：本来你的工作负担已经很重了，可上级却给你安排了另一项任务。你觉得已经没有精力再承担更多的工作，但又不想与领导发生冲突，你会怎样对待这个问题？"

（3）行为面试题。行为面试题是指询问应聘者过去发生的事情，通过过去的行为来预测将来的行为，考查应聘者行为技巧和能力的试题形式。例如："请你讲述在过去的工作中你曾经管理过的一次最难项目的经历。你是如何完成项目目标的？"又如："你是否经常向用人部门的领导推荐人选？请讲述一次你所推荐的人选被用人部门拒绝的经历，你是怎样处理这件事情的？"

（4）智能面试题。智能面试题是指通过对比较复杂的社会热点问题等的讨论，考查应聘者的综合分析能力、对社会的关心程度的试题形式。这类问题一般不是要应聘者发表专业性的观点，也不是对观点本身正确与否作出评价，而主要是看应聘者能否言之成理。例如："中国有句古话'识时务者为俊杰'，您怎么看？"

（5）意愿面试题。意愿面试题是考查应聘者的求职动机与拟任职位的匹配性、应聘者的价值取向和生活态度的试题形式。例如："您为何要离开原来的工作单位？"又如："您能接受在工作期间经常出差吗？"

（四）心理测试

心理测试是指在控制的情境下，对应聘者的智力、潜能、气质、性格、态度、兴趣等心理特征进行考查的一种测试方法。心理测试是了解被测试者潜在的能力及其心理活动规律的一种方法，其目的是判断应聘者的心理素质和能力，从而考查应聘者对招聘职位的适合程度。心理测试具体包括以下几个方面的内容。

1. 智力测试

智力测试就是我们常说的智商测试，是对人的一般认知功能的测量，是一种间接测试。测试的结果用IQ（智商）来表示。常见的智力测试有比奈－西蒙智力量表测试、韦克斯勒成人智力量表测试等。由于这些都是标准化的试题，具有较高的可信度和普遍性，因此在录用高级管理人员时，也可以作为一种重要的参考依据。

2. 个性测试

个性测试也称人格测试，是指对一个人具有的独特的、稳定的对现实的态度和行为方式的测试。应用人格测验主要是为了考查人格特点与工作行为的关系，有助于在对人员的知识、能力和技能进行考查的基础上，进一步考查其工作动机、工作态度、情绪的稳定性等心理素质。个性测试有自陈式问卷调查法、投射技术测验法、情境测验法、社会测量法及有关兴趣、气质等的单项测验方法。

3. 职业性向测试

职业性向测试的目的在于揭示人们想做什么及喜欢做什么。应聘者的职业兴趣、态度在很大程度上影响其在职位上的绩效和离职率。目前，在招聘选拔中所使用的职业性向测试主要是约翰·霍兰德的职业性向测试。霍兰德认为人格（包括价值观、动机和需要等）是决定一个人职业选择的重要因素，他将人们的职业兴趣分为六种基本类型：现实型、研究型、艺术型、社会型、企业型、传统型。

（五）评价中心测试

评价中心（Assessment Center）测试也称情境模拟测试，是一系列以工作情境模拟技术为基础的人才测评方法的总称。它是近年来兴起的选拔高层管理人员和专业人员的方法。评价中心的核心是情境模拟，即通过对工作场景的模拟，将应聘者放入情境中，要求其完成各种各样的工作任务。同时，在整个测评过程中，由专家、组织内部的主管组成评委，对应聘者的表现进行评价。评价中心测试有多种形式，如文件筐测验、无领导小组讨论、角色扮演、管理游戏等。

1. 文件筐测验

这是一种针对管理职位的测试方法，模拟了管理人员日常进行的公文处理情境，设计出一系列管理者所处真实环境中需要处理的各类文件，如通知、报告、请示、客户的来信、下级反映情况的信件、电话记录等，并放在文件筐里，要求被试者扮演某一管理人员的角色，并在规定的时间内处理来自企业内部的各类公文材料。在文件筐测验中没有唯一正确的答案，对应聘者的评估根据他们对任务的重要性和时间紧急程度的判断，以及对排序所作解释的一致性和合理性进行。通常的做法是限定应聘者完成任务的时间以增加额外的压力。

2. 无领导小组讨论

无领导小组讨论（Leaderless Group Discussion，LGD）就是通过给一组应聘者（一般是 5 ～ 7 人）一个与工作相关的问题，但事先并不指定主持人，让他们在规定的时间内展开讨论以解决这个问题，作出一个决策。根据每个人在讨论中的表现及所起的作用，测评者依既定评分标准予以评分。这些标准包括主动性、宣传鼓励与说服力、口头沟通能力、组织能力、团结能力、精力、自信心、创新能力、心理承受力等。

微课

无领导小组讨论的运用

阅读材料

无领导小组讨论

在 11 月的一天，一艘巨型客轮在太平洋上航行，突然遇到海上的风暴，迫不得已采取紧急的求生措施。当事人和另外 8 名旅客漂流到一个荒岛上，9 名旅客中有 6 名男性、3 名女性，来自不同的国家，所使用的语言有英语、德语、汉语和法语，但每个人都或多或少地会讲一些英语。现在他们并不知道自己所处的位置，对岛上的情况也并不了解，不知道岛上是否有人、会有什么动物，岛上的植物看起来都很奇怪。他们的眼前是一片汪洋大海，不知何时才会有船经过，何时才会有人来营救。

现在，每人有一件救生衣、一条毛巾、两千克饮用水、一副太阳眼镜，身穿比较薄的轻便衣服，随身携带一些钱和钥匙。此外，他们还共同拥有以下这些东西：

1个打火机	1把瑞士军刀	1本航海地图册	1个指南针
几件厚的外套	1本英汉法德词典	1块大塑料布	1块手表
5袋饼干	1瓶盐	1面镜子	一些粗绳子
3瓶有法文说明的药			

大家的任务是根据这些东西对求生的重要性，将其进行排序并说明理由。

首先给每人10分钟的时间独立地对这些东西的重要性进行排序，在这一阶段注意不要互相讨论；其次用1小时的时间进行讨论，将这些东西按重要性排序；最后拿出小组一致认可的结果来，由一个人向考官进行汇报，并陈述理由，其他人可以进行补充。

如果到了规定的时间，小组还是不能得到一个一致的意见的话，那么，小组内每个人的成绩都要减去一定的分数。

3. 角色扮演

角色扮演就是要求应聘者扮演一个特定的管理角色来处理日常的管理事务，以此来观察其表现，了解其心理素质，测评其人际关系处理能力的一种测试方法。这种方法主要用于评价应聘者的人际关系处理能力、应变能力、情绪的稳定程度和控制能力及处理各种问题的方法和技巧，如要求应聘者扮演高级管理人员，向下级作指示。在测试中，要着重了解应聘者的心理素质，而不要根据其临时的工作意见作出评价。

4. 管理游戏

管理游戏是一种以完成某种“实际工作任务”为基础的标准化模拟活动，通过活动观察与测评应聘者的实际管理能力。在管理游戏测评中，应聘者置身于一个模拟的工作情境中，面临管理中常常遇到的各种现实问题，要想方设法加以解决。管理游戏涉及的管理活动范围相当广泛，可以是市场营销管理、财务管理、人事管理、生产管理等。在测评过程中，主试者常常会以各种角色参与游戏，给应聘者施加工作压力和难度，使矛盾激化、冲突加剧，目的是全面评价应聘者的应变能力、人际交往能力等素质。

课堂讨论

1. 衡量一种选拔方法的标准是什么？
2. 在人力资源甄选的过程中，那些善于从应聘者角度思考问题的雇主会得到什么好处？

二、选拔方法的信度和效度

（一）信度

信度是指测试方法不受随机误差的干扰程度，即测试方法得到的测试结果的可靠性与一致性的程度，也就是用同样的测试方法或类似的测试方法，在不同的时间对同一个人进行测试的结果一致性的程度。例如：用一个测量工具测量某人的身高，结果为170cm；第二天再用同一测量工具测量此人，结果变成了175cm。一个人的身高是稳定的，在一天之内不可能变化这么大，说明这个测量工具测量结果的稳定性比较差，信度比较低。一般说来，在其他条件不变的情况下，测试的信度越高，则我们越有可能依据测试结果所提示的差异性来作出决策。

（二）效度

效度也称有效性，是指测试方法测量出的所要测量内容的程度。测量结果与要测量的内容越吻合，则效度越高；反之，则效度越低。例如：用一份英语试卷来测试学生的人力资源管理知识，那么这份试卷就是低效度的，因为学生的成绩高低并不能说明其掌握人力资源管理知识的多少。

在选拔录用中，效度是指应聘者的测试成绩与今后实际工作绩效之间的相关程度。如果测试中成绩最好的人也是今后实际工作绩效最好的人，同时测试中成绩最差的人也是今后实际工作绩效最差的人，就说明这一测试方法具有很高的效度。测试方法的有效性，在很大程度上将影响人员选拔的最终结果。

效度与信度的关系为：信度是效度的必要条件，但不是充分条件。一个测量的效度要高，其信度必须高；而一个测量的信度高时，效度并不一定高。

子任务三　人员录用

任务提示

完成上述任务，我们已掌握人员选拔过程中需要运用的各种测试技术与方法。人员录用是整个招聘工作的决定性阶段，这个阶段要注意哪些细节？人员录用每个步骤中具体有哪些要点？请进入本任务。

人员录用是指对招聘选拔阶段层层筛选出来的候选人作出最终录用决策。人员录用是整个招聘工作的决定性阶段，这个阶段包括作出录用决策、安排体检和正式录用等方面的工作。

一、录用决策

录用决策是对选拔过程中获取的信息进行综合评价和分析，确定每一个应聘者的能力特点，并根据人员录用标准挑选出最合适人员的过程。在作出录用决策时，应时刻考虑招聘的黄金法则——能级原则，最合适的就是最好的，而最好的不一定是最合适的。

二、安排体检

身体健康是开展工作的基础。录用前的体检主要有以下几个方面的作用：

（1）确定应聘者身体条件是否符合岗位的要求。

（2）建立应聘者的健康记录，为未来的保险或处理员工的赔偿要求提供依据。

（3）发现员工自己可能不知道的传染性疾病。

三、正式录用

（一）录用通知

通过了上述程序后，人力资源部门就可以给被录用者发出录用通知，对未被录用的应聘者也要发出致谢通知。在通知被录用者方面，最重要的原则是及时。录用决策一旦作出，应该马上通知被录用者。

1. 通知被录用者

录用通知一般以信函的形式及时发出，在录用通知中要说明报到的起止时间、地点、程序及其他应该说明的信息。应该用相同的方法通知所有被录用者，并对新成员的加入表示欢迎。

阅读材料

录用通知书

________先生/女士：

很高兴通知您，我公司将向您提供________职位。如果您能接受该职位的工作，我们将感到很荣幸。我们会为您提供良好的工作环境和难得的发展机会，并按照我们商谈的结果支付您的工资报酬。

我们希望您在________年________月________日之前来公司报到，报到地点：__________________________。如果您有什么问题，请尽快与我部联系，联系电话：__________________________。

等待您的答复。

此致

敬礼！

人力资源部经理：__________

________年________月________日

2. 回绝落选者

对于大多数人来说，求职过程是最不愉快的经历之一，因为在选择过程中的任何阶段，应聘者都有可能被拒绝。因此，告诉应聘者未被录用是件艰难的事。

一般而言，人力资源部门会以写一封致谢信或打电话的方式通知落选者，这样做通常会降低应聘者被拒绝的耻辱感及对单位产生否定情绪的可能性。致谢信落款由单位人力资源部经理签名，这样比加盖一个单位公章更加诚恳。

阅读材料

致谢信

尊敬的________先生/女士：

十分感谢您对本公司________职位的兴趣。您在应聘中的良好表现，给我们留下了深刻的印象。但是由于名额有限，此次未能借重您的才华，为此本公司感到十分惋惜。我们已经将您的有关资料存入本公司的人力资源库，如有适当的机会，本公司将优先考虑并及时与您联系。

再次感谢您的支持！

此致

敬礼！

人力资源部经理：__________

________年________月________日

3. 关注拒聘者

无论组织如何努力吸引人才，仍然会发生接到录用通知的人未能来报到的情况。对于那些优秀的拒聘者，人力资源部门甚至最高层主管应该主动去电询问，并表示积极的争取态度，可以与其就有关问题进一步谈判。需要注意的是，在打电话之前，对在哪些方面还能够提供哪些妥协，最好有所准备。如果招聘活动中拒聘者较多，就要通过与拒聘者的谈判分析原因，并从中获得一些有用的信息。

（二）岗前培训

新员工进入单位后，企业要对其进行岗前培训，目的在于向其介绍工作性质、环境及同事等，使其能迅速熟悉工作，消除对新工作、新环境及新同事的陌生感，了解企业文化、政策和规章制度等。新员工经培训合格后方可上岗。企业可给予不合格者机会再进行培训，如仍不合格，应予以辞退。

（三）试用期考查

试用是对员工的能力和潜力、个人品质与心理素质的进一步考核，培训合格者上岗试用，试用期要符合法律的规定。试用的目的是通过工作实践，考查录用人员对工作的适应性。同时，试用也为录用人员提供了进一步了解组织及工作的机会，这是一个双向选择的过程。

（四）决定正式录用

新员工经试用期考查合格后正式录用，即我们通常所称的“转正”；同时，完成人事档案的转移，填写新员工档案登记表并签订劳动合同。

与员工签订正式的雇佣合同，符合国家政策，便于维护用人单位和被录用员工双方的合法权益。合同是单位与员工的契约，也是建立劳动关系的依据，并成为当事人的行为准则。

任务小结

人员选拔从知识、能力、个性和动力因素四个方面对应聘者进行考评。选拔录用的程序是：简单交谈、初步筛选、选拔测试、面试、履历审核与背景调查、体检、试用期考查及正式录用。人员选拔的技术与方法有：初步筛选、笔试、面试、心理测试、评价中心测试等。

人员录用是整个招聘工作的决定性阶段，这个阶段包括作出录用决策、安排体检和正式录用等方面的工作。

关键术语

人员选拔　初步筛选　笔试　面试　心理测试　评价中心测试　信度　效度　人员录用

技能自测

一　单项选择题

1. 面试和笔试相比具有的优势是（　　）。

A. 可以大规模地进行测试和评价，费时少，效率高

B. 应试者的心理压力小，相对来说更容易发挥正常水平

C. 成绩评定较为客观

D. 可以让测评人员与应试者进行互动，更为直观、灵活、深入

2. 下列因素中（　　）属于一般能力测试因素。

A. 文书能力　　B. 核算能力　　C. 思维能力　　D. 机械操作能力

3. 评价中心测试一般在招聘（　　）时采用。

A. 高层管理人员　　B. 中层管理人员

C. 基层管理人员　　D. 一般员工

二　多项选择题

1. 一张完整的职位申请表应当使组织了解到个体的（　　）。

A. 学历　　B. 工作经历

C. 求职态度　　D. 原工作单位的商业秘密

2. 关于面试的工作流程，正确的陈述是（　　）。

A. 面试之前要科学地设计面试题目

B. 在正式面试阶段考查应聘者的素质

C. 在开始阶段，面试者要努力创造一种和谐的面谈气氛

D. 在结束阶段填写面试评价表

3. 关于结构化面试，错误的陈述是（　　）。

A. 灵活性比较强　　B. 按统一标准制定面试问题

C. 面试者会提出无限制的问题　　D. 没有应遵循的特别形式

三　判断题

1. 非结构化面试具有面试问题的不确定性、面试答案的非标准性、面试过程的发散性和面试评分标准的确定性等特点。（　　）

2. 由于面试小组由人力资源部门及其他职能部门的人员组成，因此这种面试可以从多种角度对应聘者进行全面考查，从而有利于提高判断的准确性，克服个人偏见。（　　）

3. 招聘管理人员，领导小组可由待聘岗位所在部门主管、人力资源部门主管及招聘专员三部分人员组成。（　　）

4. 心理测试可以反映应聘者的能力特征，预测其发展潜能，也可以测定应聘者的人格品质及职业兴趣等。（　　）

5. 面试是企业使用最多的招聘测评技术。（　　）

四　分析题

1. 我们知道，非结构化面试存在一些不足之处，那么，这种面试方式为什么还会流行呢？你觉得应该怎样改进这种非常流行的面试方式才能克服不足？

2. 什么是无领导小组讨论？在使用该方法过程中应注意哪些问题？

案例分析

不予转正的原因

技术部王经理拿起笔在一份新员工试用期评价表上沉重地写下自己的意见：不能胜任软件研发工作，不予转正！回忆最初面试的情境，这名员工却是他最喜欢的一位——本科毕业，具有两年软件研发工作经验，穿着得体，人很精神，和自己一样喜欢下围棋，并且还是老乡，面试中很是投缘，草草地又问了两个专业问题便决定录用。同样的

问题最近已经是第三次发生了。

1. 王经理在面试过程中的问题在于（　　）。

A. 采用了结构化面试的方法

B. 面试的进程比较随意

C. 面试前没有分析与掌握职位要求

D. 没有建立信任、亲密的面谈气氛

2. 对该公司的软件开发工作而言，人员筛选的过程中主要考查的内容有（　　）。

A. 动机与岗位的匹配性　　B. 专业知识和技术性能力

C. 组织、管理能力　　D. 举止仪表

快速招聘与录用分析

瑞德公司是一家设备制造公司。其产品质量好、价格低，销量逐年上升，现在已经供不应求了。公司领导预计 2020 年的销售量还会增加 30%。为了应对不断增加的市场需求，公司计划大规模招聘产品装配线上的技术工人。被录取的工人将马上被安排到生产线上。

1. 为了在短时间内筛选出大量合格的装配工人，瑞德公司最适合采用（　　）方法。

A. 对应聘者统一进行财务知识和外语水平的考试

B. 对应聘者统一进行专业技术知识和装配技能的考试

C. 由公司管理者对应聘者进行逐一面试

D. 对应聘者进行智力水平的测试，从中选择有较好抽象思维能力和逻辑分析能力者

2. 对于装配工人的筛选，（　　）是有必要考查的。

A. 手眼协调能力　　B. 抽象思维能力

C. 注意力　　D. 行政管理能力

实训操作

［实训名称］模拟面试。

［实训内容］设想你是一家连锁机构的人力资源管理专员，负责人员招聘工作，公司的一名主管要求你和她一起，为新成立的门店招聘两名店长。她为你提供了职位描述，拟订了任职资格要求。由于这个连锁机构业务不断拓展，规模不断扩大，而且随着竞争的不断加剧，最近有两名店长离职，因此你必须着手进行招聘。请根据情况完成实训任务。

［实训目标］能设计面试问题，组织与实施面试，控制面试过程；具备应对面试的心理素质和能力。

［实训组织］

（1）每 5 ～ 6 名学生分为一组，每组设组长一名，担任面试主考官，组员担任面试考官，其他小组 3 ～ 5 位同学扮演应聘者，其余同学担任考查者。

（2）各小组设计面试问题、选择面试类型、组织面试过程并实施面试。

（3）第一组面试第二组，第二组面试第三组，以此类推，最后一组面试第一组。

（4）考查者观察面试的全过程，并对考官和应聘者进行点评；教师进行综合点评。

[实训要求] 各组对任务进行分工。小组成员应做到既要分工又要协作，完成面试课堂表演、面试测评和录用。

[实训成果及评价] 各组上交实训报告，教师讲评。按实训目标完成本任务，设计面试题与岗位要求相吻合、较有新意，面试过程控制较好、角色基本到位、被面试者表现认真，得到岗位要求迫切，面试过程表演较生动且得当、口齿清晰，实训报告条理基本清晰、语言较为流畅的小组或个人为良好；除完成实训目标任务外，表现出色，面试题很有创意，面试过程精彩，实训报告条理清晰、富有逻辑性、理由充分，评分标准和打分合理，对面试结果的评价到位，语言流畅者为优秀。

项目四 员工培训与开发

任务一 如何培训与开发员工

学习目标

◆ **知识目标**

掌握培训的含义和分类

掌握培训开发的意义与作用

熟悉职业发展管理

◆ **技能目标**

能制订员工培训计划

能使用不同的员工培训方法

能完成培训全过程的组织工作

◆ **职业素质和态度目标**

具有科学的世界观、人生观、价值观

组织能力强，热情周到，口齿清晰，业务熟练

具有强烈的服务意识

任务导入

如何才能找到真正的培训需求？

孙某是某知名软件公司开发部的高级工程师，自 2015 年进入公司以来，表现十分出色，每次接到任务总能在规定时间内按要求完成，并时常受到客户的表扬。在项目进

行时还常常主动提出建议，调整计划，缩短开发周期，节约开发成本。但在最近的几个月里情况发生了变化，他不再精神饱满地接受任务了，而且他负责开发的几个项目均未能按客户要求完成，工作绩效明显下降。开发部新上任的方经理根据经验判断，导致孙某业绩下降的原因是知识结构老化，不再能胜任现在的工作岗位了，于是立即向人力资源部提交了关于部门人员培训需求的申请，希望人力资源部能尽快安排孙某参加相关的业务知识培训，让孙某开拓一下思路。人力资源部接到申请后，在当月即安排孙某参加了一个为期一周的关于编程方面的培训。一周的培训结束后，孙某的表现并没有任何改观。

人力资源部主动与孙某进行了面对面的沟通，发现了问题的关键。孙某对新上任的方经理的领导方法不满意，同时认为自己是公司的老员工，不论是工作能力还是技术能力都可以胜任部门经理的工作，但公司没有给他晋升的机会。导致孙某工作绩效下降的真正原因是与新任经理的关系不太融洽，并且认为自己没有得到晋升的机会，而不是知识结构老化。

任务分析： 对企业而言，了解员工的职业发展目标，从而有针对性地对员工进行职业培训具有非常重要的意义：一方面可以提高员工的职业归属感；另一方面可以节约企业的培训成本，真正提升员工的职业能力。

子任务一　了解员工培训与开发

任务提示

员工培训与开发是人力资源管理的重要组成部分。现代科学技术日新月异，要使员工不断地适应新形势的发展要求，组织就必须重视对其人力资源即员工的培训与开发，以提升组织在市场竞争中的人力资源优势，从而立于不败之地。请进入本任务。

阅读材料

生存、发展与培训

人，作为劳动力被淘汰，往往不是因为你不优秀，而是因为你的知识以及建立在知识之上的行为方式过时了。

企业，同产品一样有生命周期，被替代往往不是因为经营不善，而是因为多数员工没有及时得到新的知识和技术。

地区，作为孕育劳动力与企业之地，你的孔雀他处飞，不是因为它们不爱故土，而是因为你的土壤缺乏持续不断的营养。

课堂讨论

一些企业对培训投入不少，但效果却往往不好。你认为培训效果不好的原因有哪些？

员工培训与开发是企业生存发展的需要，是提高管理效能的重要手段，是吸引、留住人才的关键，有助于营造企业文化，提高企业的核心竞争力。在竞争激烈的现代社会，企业越来越认识到员工培训与开发的重要性，越来越多的企业开始重视员工培训与开发并加大投入。

一、员工培训与开发的相关概念辨析

（一）培训与开发

培训是根据组织实际工作要求，有计划、有组织地培养和训练员工，使其获得完成本职工作所需的相关知识、技能、价值观、行为规范等方面内容的过程。在现实中，人们经常将培训与开发这两个概念联系在一起使用。开发是依据员工需求与组织发展目标对员工进行的一种长远的人力资源投资活动。

培训所关注的主要是如何让员工更多地获得目前工作所需的知识、技能、价值观、行为规范等方面的内容。而开发所关注的更为长远，是指对超出现在工作范围的内容的学习。培训和开发的目的是共同的，都是为了提高员工各方面的素质，提升员工的能力，实现员工与组织的同步成长。二者的异同点如表4-1所示。本书将员工培训与开发结合起来，既着眼于眼前绩效的提高，又在战略角度上关注组织及个人的长远发展。在此，我们将其当作一个概念来理解，培训开发是指企业通过各种方式使员工具备完成现在或者将来工作所需的知识、技能并改变他们的工作态度，以改善员工在现有或将来职位上的工作业绩，并最终实现企业整体绩效提升的一种计划性和连续性的活动。

表4-1　员工培训与开发的异同点

异同		培训	开发
相同点		1. 根本目的在于提高人力资源质量和工作绩效水平 2. 对象是企业员工 3. 是有计划、连续性的工作	
不同点	目标	着眼于短期技能、知识的提高，强调短期目标	着眼于未来知识和能力的提高，强调长期目标
	关注焦点	现在	将来
	与当前工作的相关性	高	低
	持续时间	短，具有集中性和阶段性	长，具体分散性和长期性
	范围	窄	宽
	工作经验运用程度	高	低
	收益	近期内见效	是人力资本投资，在未来取得收益

（二）培训与教育

广义的教育泛指一切有目的地影响人的身心发展的社会实践活动。

狭义的教育是指专门组织的教育，是根据一定社会的现实和未来的需要，遵循人类身心发展的规律，有目的、有计划、有组织、系统地引导受教育者获得知识技能、陶冶思想品德、发展智力和体力的一种活动，以便把受教育者培养成适应一定社会（或一定阶级）的需要和促进社会发展的人。教育目的在于提高人的基本素质。历史悠久、实力很强的企业也办教育，如 IBM 公司（国际商业机器公司）、海尔公司。

培训是人力资源开发的中心环节，是指为帮助企业实现战略目标、提高人们实际工作能力，通过正式的、有计划的培养方式，获得与工作要求相关的知识和技能的过程。培训时间短，3 ～ 6 个月可看到效果。

教育与培训的区别如表 4-2 所示。

表4-2　教育与培训的区别

维度	教育	培训
目的	传授知识	提高员工技能，提高企业业绩
基础	知识	能力
课程设计	系统的	职位的要求
反馈方式	考试	在工作中能否运用培训的技能
方法	学校教育	适应成年人学习的方法

阅读材料

宇航公司教育补偿案例

吉姆·史密斯是宇航公司系统开发部经理，他在这家公司工作的 15 年里，培养了许多管理人员，他鼓励他们成长发展。遗憾的是，大多数人获得高级学位之后离开了公司。该公司实行的是一种开明的教育补偿政策——由公司负担 75% 的学费和书费。工程师中大约有 50% 的人有技术方面的硕士学位，他们中的很多人得益于这种教育政策。

一位叫作琼·哈里斯的电气工程师来见她的上司吉姆·史密斯，史密斯祝贺她通过公司教育计划的帮助获得了工商管理硕士学位。令史密斯吃惊的是，哈里斯女士说她要离开公司到公司的竞争对手那里去工作，因为她在宇航公司内看不到任何升职的机会。

史密斯先生心里大为恼火，因为类似事件已经发生过多次。他立即去见主管人事工作的副总经理，对公司的教育补偿政策和缺乏系统的人事管理方法表示不满。

（三）学习与开发

学习是生物体内获得某种能力的过程，这种能力会带来与经验有关而不是与成熟有关的行为改变。学习是人的一生中，对任何未知事物的了解和掌握的过程。

开发是一个凭借学习和成熟而变得日益复杂、更加细致和差异化的过程。开发是一个兼具连续性和非连续性的过程，是一个由量变到质变的过程。开发是不可逆的，尽管可能会发生向前期阶段退化的情况。

总体而言，学习有助于开发。学习不是开发的代名词，但如果缺乏某种形式的学习，开发便不会发生。终身学习意味着连续不断的调整和适应。知识的不断增长和技能的不断提高增强了个体适应和改变环境的能力。外部变化将进一步导致内部变化，使个体的发展出现新的可能。并且，这些变化可满足个体的自尊心和自信心，提高其社会地位。因此，学习会使个体身上产生意义深远的变化，即学习促进了开发。有人借用传统故事的元素来表达开发的这种本质：

> 旅行的故事始于一个旧的世界，通常简单而不复杂，很多时候，是家……中间部分则始于离家，其特点是混乱、冒险、激烈的起起落落、挣扎和不确定。旧世界的运行方式摇摇欲坠，英雄的任务是要寻找一种方法来改变中间地带这奇怪的混乱状态，通常是在寻找处于其内心深处的某样东西。在最深的低谷，即下降的最低点，转机出现了，旅行者走出黑暗，走进一个新的世界，可具有讽刺意味的是，新世界往往和旧世界相似。
>
> 尽管看起来没有什么不同，但实际上一切都改变了。我们往日的旧生活仍然在那里，但是它的意义已经发生了深刻的变化。因为我们已经离开了家，从远处看到它时，视野的变化使我们也发生了变化。你再也不可能回到原来意义上的家。

课堂讨论

你的学习是否使你有了发展？在这方面你有什么经验？你还能够“再回家”吗？

学习与开发的结果是人们思考、感知和解释这个世界的方式（认知、情感、态度和整个生活哲学），是人们看待自己和形成自我观念的方式，也是回应和融入特定环境的能力（认知取向、智力技能、社会和人际交往技能）。因此，学习与开发是对个人和组织都至关重要的经验。

二、培训的分类

（一）根据培训对象划分

根据培训对象的不同，培训分为新员工培训、在职人员培训和管理人员培训。

1. 新员工培训

新员工培训是员工融入组织、成为组织合格成员的重要途径和方法。总体来说，它具有以下几个方面的意义：

第一，帮助新员工了解和熟悉新的工作环境，并尽快适应新的工作环境。

第二，减少新员工焦虑感，使其获得尊重感，加强新员工对企业的认同感，提高新员工保留率。

第三，塑造良好的企业形象，使新员工尽快融入企业文化。

第四，帮助新员工明确工作职责、适应岗位工作程序。

新员工培训的主要内容有企业文化培训、企业制度和政策培训、业务培训、熟悉环境培训等方面。

2. 在职人员培训

对于已经在工作岗位上工作一段时间的员工，对其培训的内容和方式与新员工入职培训不同。在职人员培训是企业培训体系的主体，需要贯穿员工职业生涯的整个发展过程。

根据培训目的的不同，在职人员培训可以划分为一般文化教育、岗位培训、转岗培训、晋升培训、脱产进修等类型。

3. 管理人员培训

管理人员在企业中具有举足轻重的作用。对管理人员的培训，不仅可以为组织的发展准备后备管理人才，而且可以丰富管理人员的知识，提高他们的管理技能；同时，培训为管理人员的职务晋升提供了良好的愿景，增强了管理人员在职安全感，从而有利于保持他们对组织的忠诚度，有利于管理人员队伍的稳定。因此，组织必须加强对管理人员的培训工作。

管理人员培训的主要目标在于提高管理队伍素质、促进个人发展，具体来说，需要实现以下四个方面的目标。

（1）传递信息。传递信息是对管理人员培训的基本要求。培训要使管理人员了解企业一定时期内的生产特点、产品性质、工艺流程、营销政策等，熟悉企业的生产经营业务。

（2）改变态度。管理人员只有了解并接受了企业的文化、价值观以及行为准则后，才能在企业中充分地发挥个人潜能，并有效地开展管理工作。因此，培训要使他们了解企业文化，接受组织的价值观念，以组织的行为准则约束和规范个人的行为，如此才能使其更好地完成管理工作。

（3）更新知识。为了使企业的管理工作跟上技术发展的步伐，使管理人员能有效地管理具有专业知识和技术的人员，就必须通过管理人员培训来及时补充和更新他们的科技知识和管理知识。

（4）发展能力。员工要有效地从事管理工作，就必须具备管理职业要求的基本技能。管理人员培训的一个主要目的，就是要根据管理工作的要求，努力提高管理人员在决策、激励、沟通、创新等方面的管理能力。

（二）根据培训与工作的关系划分

根据培训与工作的关系，培训分为在职培训、脱产培训和半脱产培训。

1. 在职培训

在职培训即向员工演示如何工作，是受训者在监督之下完成实际工作而得到的培训。在职培训相对经济，不需要另外安排场所、添置设备，有时也不需要专职的教员，而是利用现有的人力、物力来实施培训。同时，培训对象不脱离岗位，不影响工作或生产。但这种培训方法往往缺乏良好的组织，不太规范，可能会由于员工操作的不熟练加速设备折旧和原材料的浪费，从而增加培训的直接成本。

2. 脱产培训

脱产培训即受训者脱离工作岗位，专门接受培训。企业既可以把员工送到企业外的各类学校、商业培训机构接受培训，也可以选择本单位外的适宜场地自行组织培训。由于受训者为脱产学习，没有工作压力，时间集中，精力集中，因此其知识技能水平会提高得很快。但脱产培训针对性较差，所学内容能否在实践中应用尚需进一步摸索。

3. 半脱产培训

半脱产培训介于上述两种形式之间，可在一定程度上克服二者的缺点，吸纳二者的优点，从而较好地兼顾费用和质量。

（三）根据培训目的划分

根据培训的目的不同，培训分为文化补习、学历教育、岗位职务培训等。

1. 文化补习

文化补习的目的在于增加受训者的科学文化知识，提高其基本素质，为以后的进一步提高奠定文化基础。这类培训的对象主要是学历较低、从事简单劳动的一般人员。

2. 学历教育

学历教育的目的是全面提高受训者的专业素质，表现为获得更高的学历。方兴未艾的MBA教育以及社会上广为流行的专升本教育等都是学历教育的典型形式。为了提升学历较低的骨干乃至组织人员的整体素质，许多组织都制定措施鼓励员工提高学历，甚至直接筛选人员送到国内外的大学接受学历教育。

3. 岗位职务培训

岗位职务培训是以工作的实际需要为出发点，围绕职位的特点而进行的有针对性的培训。这种培训旨在传授个人履行岗位职责和推进工作方面的特别技能，偏重于专门技术知识的灌输。同时，这种培训还用来使人员在担任更高级职务之前，充分了解和掌握未来岗位的职责、权力，以及所需的知识和技能等。这样在担任较高职务时，就能尽快胜任工作，打开局面。

（四）根据培训的层次划分

根据培训的层次不同，培训分为初级培训、中级培训和高级培训。

根据能级能质原则，不同才能之间有质的差别。在能质相同的情况下，能级有高低层次之分。层次越高人数越少，大多数人应是中低层次的一般人才。因此，在培训时也应顾及这一事实，多层次地安排人员培训。一般而言，初级培训可侧重于一般性的知识和技术方法；中级培训可适当增加有关理论课程；高级培训则应侧重于学习新理论、新观念、新方法。培训的级别越高，所采用的组织形式则越趋小型化、短期化。如初级培训通常要借助正规学校、社会办学的方式实现，而高级培训则可采用短训班、研讨班，甚至出国考察培训等方式来实现。

（五）根据培训性质划分

根据培训性质的不同，培训分为传授型培训和改变型培训。

传授型培训是指员工掌握自己本来所不具备的内容的培训，如员工本来不知道如何操作机床，通过培训使他能够进行操作，这种培训就是传授型培训。改变型培训则是指改变员工本来已具备的内容的培训，如员工知道如何操作机床，但是操作的方法有误，通过培训使他掌握正确的操作方法，这种培训就是改变型培训。

（六）根据培训内容划分

根据培训内容的不同，培训分为知识性培训、技能性培训和态度性培训。

知识性培训是指以业务知识为主要内容的培训，技能性培训是指以工作技术和工作能力为主要内容的培训，态度性培训则是指以工作态度为主要内容的培训。这三类培训对于员工个人和企业绩效的改善都具有非常重要的意义，因此在培训中都应当给予足够的重视。

此外，按照不同的标准，培训还可以划分为其他不同的类型。需要强调的是，对培训类型划分的意义并不完全在于这些类型本身，而在于对培训的深入了解。

子任务二　掌握培训开发的意义与作用

任务提示

完成以上任务后，你已基本掌握培训与开发的含义，培训与开发、培训与教育的区别，培训的分类等。如果你是企业管理者，接下来还要明确培训开发的意义与作用。现在，企业越来越重视对员工的培训开发工作，但是在实践中经常效果不佳。企业的管理者往往存在这样的疑惑：企业为什么需要培训？企业在为谁培养人才？请进入本任务。

阅读材料

雀巢公司的培训

雀巢公司是驰名世界的食品工业巨头，其足迹遍布全球，在世界各地拥有数十万名雇员。雀巢为实现其各地子公司人员“本土化”的目标，特别重视开发人力资源，尤其重视对公司在职人员的培训。公司总部设有培训中心，为公司各类员工提供培训。为适应职业培训与开发人力资源的新形势，目前，该中心开设了远程网络教育课程。雀巢公司请一家软件公司专门设计了课程，通过网络迅速向世界各地的员工传授食品工业的专业知识，帮助其了解行业发展动向、交流经验、提高效率和业务能力，尤其是财务监督方面的课程已作为这种网络教育的特别项目。全球的雀巢员工可通过密码上网，听老师上课，并可下载授课内容以备空闲时学习。每期网上课程都有考核，成绩合格者方可获得该期学习的结业证书。雀巢远程网络教育课程已经在25个地区推出，利用网络参加学习的员工数迅速增加，预计未来将有更多的雀巢员工通过网络接受职业培训和知识更新教育。根据形势发展，雀巢将继续发展网络教育，增设网上辅导课程，扩大网上授课范围，以满足广大员工参加职业培训的需要。

一、培训开发对于企业的重要意义

微课

培训的意义

（1）能增强员工对企业的归属感和责任感。百事可乐公司曾对深圳的百余名员工进行调查，这些人几乎全部参加过培训。其中80%的员工对自己所从事的工作表示满意，87%的员工愿意继续留在公司工作。就企业而言，对员工培训开发得越充分，企业对员工越具有吸引力。

（2）塑造优秀的企业文化。不少企业通过采取自己培训开发和委托培训开发相结合的办法，将培训融入企业文化的建设中；通过高质量的培训工作，促进企业与员工、管理层与员工层的双向沟通，增强企业向心力和凝聚力，使企业管理人员和员工都认同企业文化，培养员工的敬业精神、创新意识和社会责任感。

（3）能提高员工的综合素质，提高生产效率和服务水平，树立企业良好形象，增强企业盈利能力。根据权威机构监测，培训的投资回报率一般在33%左右。在对大型制造业公司的分析数据中，公司从培训中得到的回报率可达20%～30%。甲公司每年向全体雇员提供至少40小时的培训，调查表明该公司每1元培训费可以在3年以内实现40元的生产效益。公司认为，素质良好的员工们已通过技术革新和节约操作为公司创造了40亿元的财富。

（4）适应市场变化、增强竞争优势，培养企业的后备力量，保持企业永续经营的生命力。企业的竞争说白了是人才的竞争。明智的企业家越来越清醒地认识到培训开发是企业发展不可忽视的“人本投资”，是提高企业“造血功能”的基本途径。有了一流的人才，就可以开发一流的产品，创造一流的业绩，企业就可以在市场竞争中立于不败之地。

二、培训开发对于员工个人的作用

（1）有利于增强员工的就业能力。现代市场经济要求人像其他资源一样按市场供求流动。而换岗、换工主要依赖于自身技能的高低，培训是企业员工增长自身知识、技能的一个重要途径。因此，很多员工要求企业提供足够多的培训机会。培训机会也成为一些人才择业时考量的一个方面。

（2）有利于员工获得更多的额外报酬。培训不但可以提高员工的工作技能，还能够满足其对知识的渴求，拓宽员工的知识面和提高决策力，培养兴趣爱好，并利用业余时间用培训学来的技能去获取额外的报酬。虽然这不能给企业带来直接的效益，但是可以增强员工对企业的热爱，进而提高其忠诚度。

（3）有利于员工获得较高收入。员工的收入与其在工作中表现出来的劳动效率和工作质量直接相关。为了追求更高收入，员工就要提高自己的工作技能。技能越高，收入越高。

（4）有利于增强员工职业的稳定性。企业花费了很大的代价培训员工，必然不会随便解雇这些员工，为防止他们离去给企业带来损失，企业总会千方百计地留住他们。从员工来看，他们把参加培训、外出学习、脱产深造、出国进修等当作企业对自己的一种奖励，经过培训后，自己的素质能力得到提高，在工作中表现得更为突出，就更有可能得到企业的重用或晋升，因此也更愿意继续为企业服务。

三、培训开发对于社会的作用

企业的培训开发工作也是现代企业为社会应尽的一种不可推卸的责任和义务。企业的社会责任是指企业在创造利润、对股东利益负责的同时，还要承担对员工、消费者、社区和环境的社会责任。企业在向社会提供符合社会需要的合格产品和服务的同时，也需要向社会输出和培养具有更高素质的社会劳动者，推动整个社会向学习型社会转变，实现社会的全面发展。

子任务三　培训的组织管理

任务提示

完成以上任务后，你已基本掌握培训开发对于企业的重要意义、对于员工个人的作用以及对于社会的作用等内容。那么，企业如何为实现组织人力资源目标，开展、设计和组织培训活动？如何进行培训效果评估？请进入本任务。

阅读材料

组织培训为什么这么难？

某公司的培训工作一直无法顺利进行，尽管各职能部门经理都认为培训非常重要，而且在公司的各种场合都呼吁进行这样或那样的培训，但是，每当人力资源部安排好培训之后，他们又说实在抽不出时间，员工们忙得恨不得一人当两人使，哪怕一天都抽不出来，更不要说三天或一周的培训了。为此，人力资源部不得不把培训安排在周末以适应职能部门经理的要求，可每次培训经常出现员工缺勤的现象，他们说，即使给加班费也不愿牺牲公休；来培训的员工也往往带有抵触情绪，迟到、早退更是普遍现象，课堂秩序无法保证。以上情况在许多公司都存在，试分析原因并提出解决办法。

组织人员培训是十分重要的，而且培训活动要花费一定的费用、时间与精力，因此组织必须精心设计。要做好这一工作，组织应把它视为一项系统工程，即采用一种系统的方法，使培训活动能符合组织目标，让其中的每一个环节都能实现员工个人、工作和组织三方面的最优化。下面就如何分析培训需求、如何制订培训计划、怎样组织培训工作、如何对培训效果进行评估进行介绍。图 4-1 说明了培训工作的总体流程。

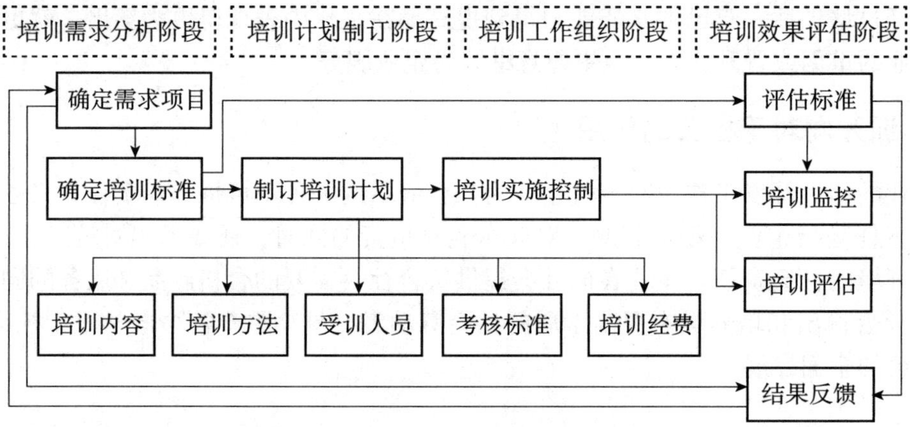

图4-1　培训工作的总体流程

一、培训需求分析

企业的培训活动并不是盲目进行的，只有存在相应的培训需求时，培训才有必要实施。实践中，大多数企业在进行培训时由于没有做培训需求分析而导致培训效果不佳。培训需求分析是整个培训工作的起始点，它决定着培训活动的方向，对培训质量起着决定性的作用。

（一）培训需求的可能性和现实性

培训需求既要有可能性，也要有现实性。

培训需求的可能性是指企业目前出现了一些问题，或者将来可能会出现问题，要解决这些问题，就需要企业采取培训的手段。这些问题就是产生培训需求的“压力点”。一般来说，培训需求的压力点出现的时机有：（1）新员工进入；（2）职位变动；（3）顾客要求；（4）引入新技术；（5）生产新产品；（6）企业或个人绩效不佳；（7）谋求企业未来的发展。

培训需求的现实性是指引发企业培训需求的“压力点”经过培训确实能得到解决，培训活动具有现实可操作性。反之，如果问题不能通过培训解决，培训需求就不具备现实性，企业就没必要培训。例如：工资水平过低而导致员工的生产效率低下，这种情况下对员工进行培训是没有意义的，而是应当通过提高工资水平来解决这个问题。

从某种意义上说，培训需求的现实性就是培训需求分析的结果。通过培训需求分析，企业要能回答这样几个问题：（1）是否需要培训？（2）在哪些方面需要培训？（3）企业培训的内容有哪些？（4）哪些人员需要培训以及需要什么样的培训？培训需求分析如图 4-2 所示。

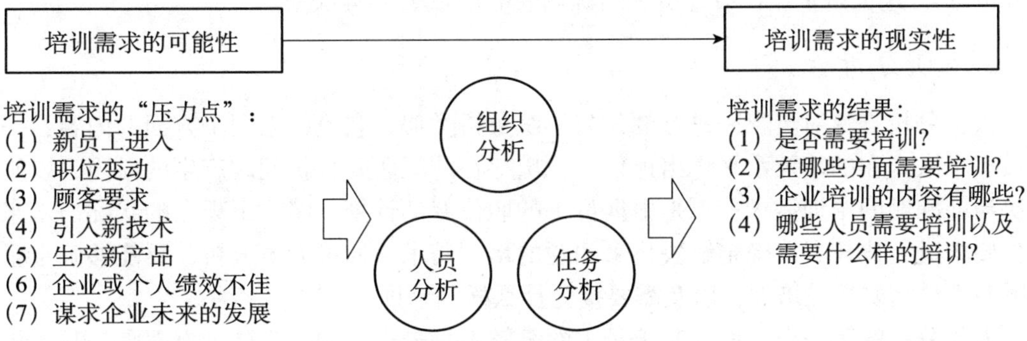

图4-2　培训需求分析

（二）培训需求分析的思路

对于培训需求的分析，最有代表性的观点是麦吉和塞耶于 1961 年提出的通过组织分析、任务分析和人员分析三个层面来确定培训需求，如表 4-3 所示。

表4-3　培训需求分析的三个层面

分析层面	分析结果
组织分析	揭示企业中哪个职能或部门需要培训，以及在何种战略背景下进行培训
任务分析	揭示为了有效地完成工作任务，必须做什么以及如何做，需要什么样的知识、技能和态度
人员分析	揭示对谁进行培训，培训什么

1. 组织分析

组织分析是在企业层面展开的，它包括两个方面的内容：一是对企业目前的整体绩效作出评价，找出存在的问题并分析问题产生的原因，以确定企业目前的培训重点；二是对企业未来的发展方向进行分析，以确定企业今后的培训重点和培训方向。通过组织分析，可以确定在企业层面需要进行什么样的培训。

企业目前的培训重点主要是根据企业目前的整体绩效分析来确定的，今后的培训重点和培训方向主要是依据企业的经营发展战略来确定的。除此之外，企业的竞争战略、经营策略等也都会影响企业今后的培训重点和培训方向。

2. 任务分析

任务分析就是前面所讲的职位分析，只是它比职位分析更详细。任务分析最主要的目的就是界定在个人层面进行培训时培训内容的范围，这是设计培训课程的重要依据。

任务分析的四个步骤如下：

（1）选择有效的方法，列出一个职位所要履行的工作任务的初步清单。

（2）对所列出的任务清单进行分析，确定完成这些任务所需要的技能。

（3）对每项任务需要达到的标准作出准确的界定，尽量用可以量化的标准来表述。

（4）确定完成每项工作任务的 KSA，即知识（Knowledge）、技能（Skill）和态度（Attitude），这也是企业在设计员工培训内容时的重要参考依据。

3. 人员分析

人员分析是针对员工来进行的，与组织分析类似，它也包括两个方面的内容：一是对员工个人现在的绩效水平作出评价，找出存在的问题并分析问题产生的原因，以确定解决当前问题的培训需求；二是根据员工的职位变动计划，将员工现有的状况与未来的职位要求进行比较，以确定解决将来问题的培训需求。通过人员分析，要能够确定企业中哪些人员需要接受培训，以及需要接受什么样的培训。

人员分析的第一个方面是基于员工的绩效考核来进行的，第二个方面则是基于员工的职位变动计划来进行的。

（三）培训需求分析的方法

进行培训需求分析的方法有很多，必要性分析方法包括一系列分析工具和技术。在评估过程中，通常综合运用多种技术来进行培训需求评估，企业要根据实际情况来选择。表 4-4 对各种技术的优缺点作了简单的描述和对比。

表4-4　培训需求分析技术的优缺点

技术	优点	缺点
观察法 在非正式情况下，观察技术的操作和工作的开展情况	1. 得到有关工作环境的数据 2. 将需求分析活动对工作的干扰降至最低	1. 需要高水平的观察者 2. 观察结果只是表面现象 3. 员工的行为方式可能因为被观察而受影响
问卷调查法 科学合理地设计问卷，发放问卷实施调查，回收问卷并进行分析	1. 费用低 2. 从大量人员中收集到数据 3. 易于对数据进行归纳总结	1. 费时 2. 回收率可能很低，有些数据不符合要求（虚假或隐瞒） 3. 主观性问题得不到回答
阅读技术手册和文献 组织研读权威技术手册和专业文献，并进行分析、研究	1. 容易获取，并易于反复查阅 2. 便于了解新的工作和在生产过程中产生新的工作	需具备技术知识
专家访问法 对相关专家进行深入访谈，确定培训需求	有利于发现培训需求的具体问题及产生原因与解决方法	1. 费时 2. 分析难度大 3. 需要高水平的专家

续表

技术	优点	缺点
小组讨论法 抽取具有代表性的工作人员组成小组，对相关问题进行专题讨论	1. 分析全面 2. 有利于发现实际问题	1. 费时 2. 合成与分析资料的难度大

资料来源：孙海法 . 现代企业人力资源管理 [M]. 2 版 . 广州：中山大学出版社，2010.

课堂讨论

你会通过何种技术去调查员工的培训需求？

二、培训计划的制订

培训计划的制订是一项系统工作。在制订培训计划时要考虑各个方面的因素，尽可能突出培训计划的可操作性。

（一）培训计划制订的依据

培训计划按不同的划分标准，有不同的分类。以培训计划的时间跨度为分类标准，可将培训计划分为长期、中期和短期计划三种类型。按计划的层次可分为公司培训计划、部门培训计划与培训管理计划。由于不同层次、时期的培训计划的内容有所不同，因此在制订培训计划时应先考虑制订培训计划的依据，再根据现实情况进行相应的修正。一般来说，制订培训计划的依据有以下几点：（1）以培训发展需求为依据；（2）以企业发展规划为依据；（3）以各部门的工作计划为依据；（4）以能够掌控的资源为依据。

（二）培训计划的内容

一个完整的培训计划应包含培训目的、培训对象、培训课程、培训形式、培训内容等，具体内容如表 4–5 所示。

表4–5　培训计划的内容

项目	具体内容
培训目的	为什么培训？要达到什么样的培训效果？怎样培训才有的放矢？每个培训项目都要有明确目的，培训目的要简洁，具有可操作性，最好能够衡量，这样就可以有效测评员工培训的效果，便于以后的培训评估
培训对象	哪些人是主要培训对象？这些人通常包括中高层管理人员、关键技术人员、营销人员以及业务骨干等。确定了培训对象就可以对培训对象进行分组或分类，把同样水平的员工放在一组进行培训，这样可以避免培训资源浪费
培训课程	培训课程一定要遵循轻重缓急原则，分为重点培训课程、常规培训课程和临时性培训课程三类。其中，重点培训课程主要是针对企业的共性问题、未来发展大计进行的培训或者是针对重点对象进行的培训

续表

项目	具体内容
培训形式	培训形式大体可分为内训和外训两大类：内训包括集中培训、在职辅导、交流讨论、个人学习等，外训包括外部短训、高校进修、专业会议交流等
培训内容	培训计划中每一个培训项目的培训内容是什么？培训内容涉及管理实践、行业发展、企业规章制度、工作流程、专项业务、企业文化等课程。对员工来说，中高层管理人员、技术人员的培训以外训、进修、交流参观为主；而对于普通员工来说，现场培训、在职辅导、实践练习则更加有效
培训讲师	讲师在培训中具有举足轻重的作用，讲师分为外部讲师和内部讲师，涉及外训或内训中关键课程以及内部讲师不能讲授的，就需要聘请外部讲师
培训时间	培训计划中的时间包括培训执行的计划期或有效期、培训计划中每一个培训项目的实施时间，以及培训计划中每一个培训项目的课时等。培训计划的时间安排应具有前瞻性，时机选择要得当，以尽量不与日常的工作相冲突为原则，同时要兼顾学员的时间
培训地点	培训计划中的地点包括每个培训项目实施的地点和实施每个培训项目时的集合地点或召集地点
评估方式	采用笔试、面试、操作或是绩效评估等方式进行
调整方式	计划变更或调整的程序及权限范围
培训预算	预算包括整体计划的执行费用和每一个培训项目的执行或实施费用。预算方法很多，如根据销售收入或利润的百分比确定经费预算额或根据公司人均经费预算额计算等

三、培训工作的组织

（一）培训对象的选择

准确地选择培训对象，不仅能降低培训费用，而且能大幅度增强培训效果。在选择培训对象时，企业应重点考虑以下这些员工：新进员工；有能力且符合企业发展要求的人；有潜在能力的人；有特殊需求的人。上述人员是培训对象的重点来源，在具体的培训过程中，企业应根据生产经营的实际需要选择相应的培训对象。

（二）培训内容的选择

培训内容选择合理与否，一方面会影响培训进度，另一方面会影响培训质量。好的培训内容和培训课程应符合以下要求：（1）与培训目标一致；（2）照顾多数受训员工的需求；（3）可操作性强；（4）契合企业与员工的实际情况；（5）设计固定与机动两种课程。

（三）培训方法的选择

选择哪些教育训练方法来实施培训，既是培训计划的主要内容之一，也是培训的关键因素之一。培训的项目、内容、方式不同，所采取的培训技巧也有区别。组织培训的方法有多种，如课堂教学法、研讨法、工作轮换法、案例分析法、模拟训练法、视听法、角色扮演法等，各种培训方法都有其自身的优缺点。为了提高培训质量，达到培训目的，企业往往需要将各种方法结合起来，灵活应用。有关培训方法的选择，我们将在本项目任务二中作详细的探讨。

（四）培训讲师的选择

培训讲师的选择是培训项目取得成功的关键。培训管理者应根据每个培训项目的具体需求选择德才兼备的培训讲师。培训讲师既可以在企业内部选择，也可以从企业之外选聘。内选和外聘的比例应依据培训的实际需求，尽可能做到内外搭配合理，相互学习、相互促进，形成一个和谐高效的精英团队。

（五）培训教材的选择

培训教材是影响培训效果的关键因素。培训主管可以通过以下途径准备和选择培训教材：提供讲义、改编教材、自编教材、制作幻灯片、提供参考资料等。

（六）培训地点的选择

选择和布置一个适宜的培训环境是增强培训效果的内在要求。培训主管在选择和布置培训地点时，应考虑以下方面：

（1）场地不宜过大或过小，能容纳全部学员与有关设施即可，否则将会影响培训气氛。

（2）培训讲师的工作区是否有足够大的面积放置材料与其他器材。

（3）避免后排的人看不清屏幕。

（4）检查休息室与卫生间等服务设施。

四、培训效果的评估

检验培训是否具有成效，要进行培训效果的评估。

（一）培训效果与培训效果评估的含义

培训效果是指企业和受训者从培训中获得的收益。对于企业来讲，培训效果是因为进行了培训而获得的绩效和经济效益的提升；对于受训者来讲，培训效果是通过培训得到各种新知识和技能，培训所带来的绩效的提高以及获得担任更高职位的能力。

培训效果评估是一个系统地搜集有关人力资源开发项目的描述性和评判性信息的过程，其目的是帮助企业在选择、调整各种培训活动以及判断其价值的时候作出更明智的决策。培训评估是一个完整的培训流程的最后环节，它既是对整个培训活动实施成效的评价和总结，又是后续培训活动的重要凭证，为下一个培训活动需求的确定和培训项目的调整提供重要的依据。

（二）培训效果评估的模型

美国威斯康星大学教授柯克帕特里克提出的培训效果评估的四层次模型是非常有

影响力的，它是被全球职业经理人广泛采用的模型。该模型认为评估培训效果，必须回答四个方面的问题，从四个层次分别进行，即受训者的反应（受训者满意程度）、学习（知识、技能、态度、行为方式方面的收获）、行为（工作中行为的改进）、结果（公司经营业绩变化）。

柯克帕特里克的培训效果评估模型如表 4-6 所示。

表4-6 柯克帕特里克的培训效果评估模型

评估层次	内容	可询问的问题	衡量方法
反应层	观察学员的反应	● 学员喜欢该培训课程吗？ ● 课程对学员有用吗？ ● 对培训师及培训设施等有何意见？ ● 课堂反应是否积极主动？	问卷调查、评估调查表填写、评估访谈
学习层	检验学员的学习效果	● 学员在培训项目中学到了什么？ ● 培训前后，学员知识、技能等方面有多大程度的提高？	评估调查表填写、笔试、绩效考试、案例研究
行为层	衡量培训前后学员的工作表现	● 学员在学习基础上有无改变行为？ ● 学员在工作中是否用到培训所学的知识、技能？	由上级、同事、客户、下属进行绩效考核、测试、观察和绩效记录
结果层	衡量公司经营业绩变化	● 行为改变对企业的影响是否积极？ ● 企业是否因培训而经营得更好？	考察事故率、生产率、流动率、士气

总之，培训的安排不能搞形式主义，培训后的考核、评估都是必要的配合手段，而且评估要与企业的人力资源开发相关联，为人力资源提供量化分析的基础。

任务小结

培训是根据组织实际工作要求，有计划、有组织地培养和训练员工，使其获得完成本职工作所需的相关知识、技能、价值观、行为规范等方面内容的过程。开发是依据员工需求与组织发展目标对员工进行的一种长远的人力资源投资活动。

根据培训对象的不同，培训分为新员工培训、在职人员培训和管理人员培训。根据培训与工作的关系，培训分为在职培训、脱产培训和半脱产培训。根据培训的目的不同，培训分为文化补习、学历教育、岗位职务培训等。根据培训的层次不同，培训分为初级培训、中级培训和高级培训。根据培训性质的不同，培训分为传授型培训和改变型培训。根据培训内容的不同，培训分为知识性培训、技能性培训和态度性培训。

培训开发对企业、对员工个人、对社会都有着重要意义和作用。

培训工作的总体流程是分析培训需求，制订培训计划，组织培训工作，评估培训效果。

企业可通过组织分析、任务分析和人员分析三个层面来确定培训需求。培训需求分析技术主要有观察法、问卷调查法、阅读技术手册和文献、专家访问法、小组讨论法。培训计划的具体内容有培训目的、培训对象、培训课程、培训形式、培训内容、培训讲师、培训时间、培训地点、评估方式、调整方式、培训预算等。通过培训工作的组织使培训计划得以实现。柯克帕特里克提出的培训效果评估的四层次模型是非常有影响力的，是被广泛采用的模型。

关键术语

培训与开发　培训与教育　学习与开发　在职培训　脱产培训　培训需求　培训效果　培训效果评估模型

技能自测

一　单项选择题

1. 企业对新员工上岗前进行的培训称为（　　）。

A. 在职培训　B. 新员工培训　C. 脱产培训　D. 半脱产培训

2. 员工在不脱离工作岗位的情况下，利用业余时间和部分工作时间参加的培训称为（　　）。

A. 在职培训　B. 岗前培训　C. 脱产培训　D. 短期培训

3. 整个培训工作的起始点是（　　）。

A. 培训目标的确定　B. 培训计划的确定
C. 培训师资的选定　D. 培训需求的确定

4. 在对在职人员进行培训需求分析时，用（　　）来评估其在工作中所需要的技能。

A. 绩效分析法　B. 组织分析法　C. 任务分析法　D. 人员分析法

5. 在分析培训需求的过程中，当遇到资金不足、分析人员水平有限的情况时，应当采用以下哪种分析方法？（　　）

A. 观察法　B. 问卷调查法
C. 阅读技术手册和文献　D. 小组讨论法

二　多项选择题

1. 培训与开发需求分析的几个层面包括（　　）。

A. 组织分析　B. 团队分析　C. 任务分析
D. 人员分析　E. 效果分析

2. 一个完整的培训计划应包含（　　）等。

A. 培训目的　B. 培训对象　C. 培训课程
D. 培训形式　E. 培训内容

3. 培训内容选择合理与否，一方面会影响培训进度，另一方面会影响培训质量，好的培训内容和培训课程应符合的要求包括（　　）。

A. 与培训目标一致　B. 照顾多数受训员工的需求　C. 可操作性强

D. 契合企业与员工的实际情况　E. 设计固定与机动两种课程

三 判断题

1. 培训需求分析中的组织分析是在企业层面展开的，它包括对企业目前的整体绩效作出评价、对企业未来的发展方向进行分析两个方面的内容，从而确定企业目前和今后的培训重点。（　　）

2. 柯克帕特里克提出的培训效果评估模型将培训效果分为四个层次，即反应、学习、行为、成果。（　　）

四 分析题

1. 如何进行培训需求分析？

2. 怎样运用案例教学法进行培训？

案例分析

企业培训计划的制订

秦哲是工商管理专业的硕士研究生，毕业后进入大地汽车制造公司。这是一家大型企业，除了总公司以外，下属8个分厂分别从事各零部件的制造业务。秦哲进入公司后，就在总公司人力资源部担任培训师。一年以后，秦哲被调往公司最大的发动机制造分厂，担任专门负责员工培训的人事经理助理。两年后，秦哲被提升为该分厂的人事经理，在这一职位上，他干了整整4年。后来，秦哲又被调往公司总部，担任总公司人力资源部的员工培训经理。总公司的人力资源部副总经理即将退休，秦哲希望能够接替他的位置。他在寻找着表现自己工作能力的机会。恰在此时，总公司计划在16个月内开设一家与外资合营的新企业。外方负责提供生产设备和技术人员，中方负责配备管理人员和操作工人。新企业大约需800名工人，各类管理人员100名。总公司对于这次合资办厂寄予厚望，人力资源部总经理承诺一定全力以赴做好新企业的人员招聘和培训工作。这次新企业所需操作工人全部从外部招聘，所有管理人员从总公司及其他8个分厂选聘。总公司人力资源部副总经理要求秦哲在4个月内制订一份详细的员工培训计划。秦哲深知这一工作的分量。虽然他从事了多年的员工培训工作，但是，如此大规模的员工培训工作，他以前还没有负责过。而且，这次培训有很高的要求：一是操作工人要熟练应用先进的生产设备；二是管理人员要掌握现代化的管理理念和管理方法，其中管理技能、创新决策能力方面是培训的重点。

思考：

1. 员工培训对一个企业新的生产项目的推进有何重要意义？

2. 你认为秦哲应如何制订员工培训计划？他所做的员工培训计划要包括哪些内容？

任务二 选择合理的培训方法

学习目标

◆ 知识目标

掌握各种培训方法
掌握各种培训方法的优缺点

◆ 技能目标

能分析不同的培训方法的优缺点
能选择合理的培训方法

◆ 职业素质和态度目标

具备讲解耐心、训练严格、思维敏捷、方法得当等各项素质要求
具备启发自主学习、持续发展的观念和能力

任务导入

海尔集团积极建立员工培训机制

员工培训是海尔集团管理者的一项重要工作。对此，海尔出台了相应规定：集团中高层人员必须定期到海尔大学授课，不授课则不能参与职务升迁；海尔大学每月对各部门的培训效果进行动态考核，划分等级。海尔希望借助员工培训，使员工感到企业非常关注他们的成长，进而更努力地提升自我。

海尔对员工的培训管理大体可划分为如下两大模块：

1. 海尔的实战技能培训

海尔的实战技能培训是培训工作的重点，具体方式是通过案例，到员工的工作现场进行“即时培训”。

脱产培训也是海尔比较重视的培训方式。在海尔的每个部门，几乎都有一个小型的培训实践中心，员工可以在此完成诸多在生产线上需要操作的工作内容，从而为合格上岗做充分的准备。

2. 海尔的员工职业生涯培训

上至集团高层领导，下至车间一线操作工人，海尔根据每个人的职业生涯设计制订了个性化的培训计划，并为员工提供了充足的培训机会。

为了更好地对员工实施培训，海尔建立了完善的培训软环境：在内部，海尔对所有可以授课的员工进行了教师资格认证，让其持证上岗，由此建起了内部培训师网络；在

外部，海尔建起可以随时调用的师资队伍。为培养出国际水平的管理人才，海尔还专门筹资建立了用于内部员工培训的基地——海尔大学。

任务分析：在培训过程中，选择一种适宜的培训方法至关重要。一方面，不同的培训方法存在各自的优点和缺点；另一方面，不同的培训方法的适用范围不同，所培训的对象也不同，因此组织应综合考虑具体的培训需求、受训者特点、培训内容等来选择最恰当的培训方法。

一、如何选择培训方法

培训方法的选择直接影响培训的效果。课堂教学法一直是企业培训的主要形式，近年来，随着电脑网络技术日新月异的发展，以及企业数字化建设步伐的加快，企业信息系统的进一步完善，员工参与意识日益增强，人们认为课堂教学方式将逐渐被基于网络的各种培训方式所取代。

企业究竟应该选择哪种培训方法呢？培训者在选择培训方法时应该同时参考培训目标、可利用的资源和受训者的特点及其专业水平。尽管目前的趋势倾向于利用高科技手段进行培训，但是这一类的方法并不见得适用于所有的培训情境。培训方法是培训发挥效用的根本保证，每一种培训方法都有长处和短处，选择一个好的培训技术媒介的重要原则就是要与培训中学员的学习类型相适应。

二、选择培训方法的原则

在选择有效的培训方法时，需要注意以下几个原则：

（1）培训方法要与一定的培训内容相适应。

（2）选择培训方法要考虑培训对象的自身特点。

（3）培训方法要与企业培训文化相适应。

（4）选择培训方法的前提是企业具备相应的培训资源。

（5）要考虑讲师本人的水平及掌握培训方法的熟练程度。

（6）培训后要进行评估。

子任务一　直接传授式员工培训方式

任务提示

完成以上任务后，你已基本掌握选择培训方法的原则。接下来还要明确：如何实施培训，有哪些培训与开发的方法？你会把工作重点放在哪一类培训上？你是否会侧重使用某些培训方法？本项任务将引领你把握员工培训方法中的直接传授式员工培训方式。

阅读材料

孔子施教

有一次，孔子与学生公西华正在座谈，子路来向孔子请教："听到了就马上行动吗？"孔子答："有父兄在，为什么急于行动呢？"一会儿，冉有也来请教同样的问题，孔子说："听到了就马上行动！"公西华不明白老师为什么对同一个问题给予不同的回答。孔子解释说："子路总是好胜，我是有意让他遇事后退一步；冉有畏缩，我是有意鼓励他遇事极力向前。"

直接传授式培训方式是指培训者直接通过一定的途径将培训中的知识和技能传输给受训者，而受训者被动地接受这些信息的培训方法。这种方法的主要特征就是信息交流的单向性和培训对象的被动性。常用的直接传授培训方式有课堂教学法、专题讲座法、研讨法和视听法等。

一、课堂教学法

课堂教学法又称讲座法、演讲法，即培训者讲，受训者听并汲取知识，是通过语音和文字书写等方式将学习信息和材料传达给受众的一种演示方法。课堂培训是人们最为熟悉，也是最简便、成本最低的培训方法。

课堂教学法内容上适用于各类受训者对学科知识、前沿理论的系统了解及受训者较多的情况。作为员工培训与开发的最基本的方法，课堂教学法可与研讨法、角色扮演等多种方法相结合，以取得更好的培训效果。

二、专题讲座法

专题讲座法在形式上和课堂教学法基本相同，但在内容上有所差异。课堂教学法一般是系统知识的传授，每节课涉及一个专题，接连多次授课。专题讲座则针对某一个专题知识，一般只安排一次培训。

培训教师的能力和水平是影响培训效果的关键因素。专题讲座法适用于管理人员或技术人员了解专业技术发展方向或当前热点问题等方面知识。

三、研讨法

研讨法是指在培训者引导下，受训者围绕某一个或几个主题进行交流，相互启发的培训方法。研讨法有以下类型：

以培训者为中心的研讨从头至尾由培训者组织，培训者提出问题，引导受训者作出回答。培训者起着活跃气氛、使讨论不断深入的作用。讨论的问题除主题本身外，有时也包括由受训者的回答引出的问题。讨论也可以采用这种形式，即培训者先指定阅读材料，然后围绕材料提出问题，并要求受训者回答。研讨结束后，培训者总结。

以受训者为中心的研讨常常采用分组讨论的形式，有两种方法：一是由培训者提出问题或任务，受训者独立提出解决办法；二是不规定研讨的任务，受训者就某议题进行自由讨论，相互启发。

需要注意的是，研讨的题目应具有代表性、启发性；题目难度要适当；研讨题目应事先提供给受训者，以便其做好研讨准备。

四、视听法

视听法也称视听教学法，就是利用幻灯片、电影、录像等视听材料进行培训的方法，它是一种多感官参与的途径，多用于对新员工的培训。通过录像、录音等设备可以有效地帮助培训者增强其讲授内容的直观效果，非常客观地记录研究对象的活动、受训者在学习中的表现以及培训者的教学过程；在必要时还可以反复播放，在帮助受训者掌握知识、提高技能方面有着其他培训方法所不及的优点。不过，这种方法很少单独使用，它通常与课堂教学法结合使用。

子任务二　实践式员工培训方式

任务提示

完成以上任务后，你已基本掌握直接传授式员工培训方式中的课堂教学法、专题讲座法、研讨法和视听法。本项任务将引领你把握员工培训方法中的实践式员工培训方式。

阅读材料

知名企业工作轮换现状

国际知名的大企业工作轮换已制度化、常态化，成为其人力资源管理的宝典。

在摩托罗拉公司，人力资源、行政、培训、采购等非生产部门的员工多数具备生产管理经验，这样不但有利于更好地为生产服务，也有利于管理人员全面掌握公司的情况。

在IBM公司，定期或不定期的轮岗已经成为企业文化的一部分。IBM制定了“2–2–3”规则，即在一个职位上工作2年，上一年的绩效考核在2（即良好）以上，用3个月时间处理完原职位的遗留事务之后，就可以轮岗。经过岗位轮换，绝大多数人都将被培养成能力较全面的复合型管理人才。

在丰田公司，各级管理人员每5年调换一次工作，每年的调换幅度一般为5%左右。

在索尼公司，每周出版一次的内部小报，经常刊登各部门的“求贤广告”，职员们可以自由而秘密地前去应聘。这种“内部跳槽”式的人才流动为人才提供了一种可持续发展的机遇。

实践式培训方式是通过让受训者在实际的工作岗位或真实的工作环境中亲身操作、体验，掌握工作所需的知识、技能的培训方法，普遍应用于员工培训。这种方法将培训内容和实际工作直接结合，具有很强的实用性，是员工培训的有效手段。实践式培训方式适用于从事具体岗位所应具备的能力、技能和管理实务类培训。

实践式培训方式的特点体现在：（1）经济。实践式培训方式中的受训者一般都以边干边学的形式来进行，通常无须特别准备教室等培训设施。（2）有效。实践式培训方式中的受训者通过实干来学习，使培训的内容与受训者将要从事的工作紧密结合。受训者在“干”的过程中，能迅速得到关于他们工作行为的反馈和评价。

实践式培训方式常用的几种方法有：工作指导法、工作轮换法、特别任务法和学徒制培训等。

一、工作指导法

工作指导法也称教练法、实习法，这种方法是由一位有经验的工人或直接主管人员在工作岗位上对受训者进行培训。负责指导的人员应教受训者如何做，提出如何做好的建议，并对受训者进行激励。

工作指导法适用范围广泛，既可用于基层生产工人，又可用于各级管理人员培训。它的特点是培训计划缺乏系统性、完整性。要注意把握关键工作环节的要求，做好工作的原则和技巧，避免、防止可能发生的问题和错误。

工作指导法主要应用于基层生产工人的岗位技术培训，受训者通过观察教练工作和实际操作，掌握机械操作的技能；也可应用于培养和开发企业未来的高层管理人员，让受训者与现任管理人员一起工作，后者负责对前者进行指导，一旦现任管理人员因退休、提升、调动等离开岗位，已经训练有素的受训者便可立即顶替。

二、工作轮换法

工作轮换法也称工作轮岗法，是指根据工作要求安排实训者在预定时期内变换工作岗位，丰富其工作经验的培训方法。

工作轮换法多用于企业基层管理者的培训，如让受训者有计划地到各个部门工作学习，如生产、销售、财务等部门，在每个部门工作几个月，实际参与所在部门的工作，或仅仅作为观察者，以便了解所在部门的业务，扩大受训者对整个企业各环节工作的了解。现在很多大型跨国企业实行的管理培训生（MT）计划皆采用这种方式。

三、特别任务法

特别任务法是企业通过向某些员工分派特别任务来对其进行培训的方法。此法常用于管理培训。其具体形式有：

（一）委员会或初级董事会

这是为有发展前途的中层管理人员提供的，培养员工分析公司范围内问题的能力，提高员工的分析决策能力的培训方法。“初级董事会”一般由 10 ～ 12 名受训者组成。受训者来自各个部门，他们针对高层次的管理问题，如组织结构、经营管理人员的报酬、部门间的冲突等提出建议，并将这些建议提交给正式的董事会。企业通过这种方法为这些管理人员提供分析公司高层次问题的机会。

（二）行动学习

这是让受训者将全部时间用于分析、解决其他部门而非本部门问题的一种课题研究法。这种方法是将 4 ～ 5 名受训者组成一个小组，定期开会，就研究进展和结果进行讨论。这种方法为受训者提供了解决实际问题的真实经验，可提高他们分析、解决问题，以及制订计划的能力。

四、学徒制培训

学徒制培训也称个别指导法，是指在工作中或工作之余向新员工提供高技能的工作所需要的理论和实践方面的综合培训。

目前，我国仍有很多企业在实行这种“传帮带”式的培训方式，主要是通过资历较深的员工进行指导，使新员工能够迅速掌握岗位技能。

子任务三　体验式员工培训方式

任务提示

完成以上任务后，你已基本掌握实践性培训方式中的工作指导法、工作轮换法、特别任务法和学徒制培训。本项任务将引领你把握员工培训方法中的体验式员工培训方式。

阅读材料

体验式员工培训的起源

第二次世界大战期间的英国战火飘摇，大西洋商务船队屡遭德国人的袭击，许多英方年轻海员因缺乏临战经验而葬身海底，逃生回来的不一定是身强力壮的，却都是意志力和求生欲特别强的人。这些人有丰富的生存经验，有很多不一样的品质，包括团队协作和配合。1934 年，科翰等人创办了高登斯顿学校（Gordonstoun School），培训年轻海员在海上的生存能力和船触礁后的生存技巧，明显提高了海员的生存率。

战争结束后，体验式培训的独特创意和培训方式逐渐被推广开来，培训对象由海员扩大到军人、学生、工商业人员等群体，培训目标也由单纯的体能、生存培训扩展到心理培训、人格培训、管理培训等。1941 年，科翰在威尔士建立 Outward Bound 户外学校。目前，Outward Bound 已成为世界最知名的体验培训机构。“There is more in you.”这是科翰所建高登斯顿学校的信条，也是他教育哲学的主旨。他相信每个人都有更多的勇气、力量和善心。他希望创造一种环境，让人们不必通过真实的艰险、自我怀疑、遭受嘲笑等经历，就能领悟和发现真理，认识自己，了解别人。一系列挑战性的户外活动就此扮演了“课程”的角色。

体验式员工培训方式是调动受训者积极性，让其在培训者与受训者双方互动中学习的方法。这类方法的主要特征为每个培训对象积极参与培训活动，从亲身参与中获得知识、技能和正确的行为方式，开拓思维，转变观念。

一、案例分析法

案例分析法又称个案分析法，它是围绕一定的培训目的，把实际中真实的场景加以典型化处理，形成供员工思考分析和决断的案例，通过独立研究和相互讨论的方式，来提高员工的分析及解决问题的能力的一种培训方法。

二、头脑风暴法

头脑风暴（Brain Storming）法又称智力激荡法，简称 BS 法，是由美国创造学家 A.F. 奥斯本提出，用于激发创造性思维的方法。头脑风暴法以会议的形式进行，让所有员工在轻松愉快的气氛中畅所欲言，自由交流自己的观点与构想，并以此激发别人的创意和灵感，产生更多的创意。通过充分发挥每个人的想象力，利用集体的智慧和创造性思维，最终找到解决问题的办法。

培训目标是使员工相互启迪思想、激发创造性思维，最大限度地发挥每个员工的创造能力，提供更多更优的解决问题的方案。

三、模拟训练法

模拟训练法是以工作中的实际情况为基础，将实际工作中可利用的资源、约束条件和工作过程模型化，员工在假定的工作情境中参与活动，学习从事特定工作的行为和技能，提高其处理问题的能力。它的基本形式是由人和机器共同参与模拟活动，或者人工模拟。

在实际中，飞行员培训多采用模拟训练法和课堂教学法相结合的培训方式。这种方法与角色扮演类似，但并不完全相同。模拟训练法更侧重于对操作技能和反应敏捷的培训，它把员工置于模拟的现实工作环境中，让员工反复操作装置，解决实际工作中可能出现的各种问题，为进入实际工作岗位打下基础。

四、敏感性训练法

敏感性训练（Sensitivity Training）法又称 T 小组法，简称 ST 法。敏感性训练要求员工在小组中就组内成员的个人情感、态度及行为进行坦率、公正的讨论，相互交流对各自行为的看法，并说明其引起的情绪反应。

敏感性训练法培训目标是提高员工的人际关系敏感性，促进团体的合作。此方法适用于组织发展训练、晋升前的人际关系训练、中青年管理人员的人格塑造训练、新进人员的集体组织训练以及外派工作人员的异国文化训练等，在培训方式上常采用集体住宿训练，以及小组讨论、个别交流等活动方式。

五、管理者训练计划法

管理者训练计划（Manager Training Plan）法，简称MTP法，是产业界最为普遍的对管理人员的培训方法之一。这种方法旨在使员工系统地学习，深刻地理解管理的基本原理和知识，从而提高他们的管理能力。

管理者训练计划法适用于培训中低层管理人员掌握管理的基本原理、知识，提高管理的能力。该方法一般采用专家授课、员工间研讨等综合培训方式。企业可进行大型的集中训练，以脱产方式进行。

六、自学

自学适用于知识、技能、观念、思维、心态等多方面的学习。自学既适用于岗前培训，又适用于在岗培训，而且新员工和老员工都可以通过自学掌握必备的知识与技能。

子任务四　行为调整和心理训练培训方式

任务提示

完成以上任务后，你已基本掌握体验式员工培训方式中的案例分析法、头脑风暴法、模拟训练法、敏感性训练法、管理者训练计划法和自学。本项任务将引领你把握员工培训方法中的行为调整和心理训练培训方式。

阅读材料

引狼捉鹿

人们为了保护鹿，就杀掉了鹿的天敌——狼，于是鹿的数量剧增。鹿终日无忧无虑地饱食于林中，结果变得蠢笨；植物因为鹿群迅速繁殖和践踏而凋零；继而鹿因缺少食物及安逸少动所带来的疾病而大批死亡。无奈，人们只有把狼再“请”进来，于是鹿群又恢复了蓬勃生机。

行为调整和心理训练培训方式主要包括角色扮演法、行为模仿法和拓展训练法。

一、角色扮演法

角色扮演法是让员工身处模拟的日常工作环境中，按照其在实际工作中应有的权责来担当与实际工作类似的角色，模拟处理工作事务，从而提高处理各种问题的能力。这种方法的精髓在于“以动作和行为作为练习的内容来进行设想”。也就是说，它不针对某问题相互对话，而针对某问题实际行动，以提高个人及集体解决问题的能力。

角色扮演法适用于对各类员工开展以有效开发角色的行为能力为目标的训练。培训的目标是使员工的行为符合各种特定职业、岗位的行为规范要求，提高其行为能力。培训内容根据具体的培训对象确定，如客户关系处理、销售技术、业务会谈等行为能力的学习和提高。

二、行为模仿法

行为模仿法是通过向员工展示特定行为的范本，并由指导者对其行为提供反馈的训练方法。它适用于对中层管理人员、基层管理人员、一般员工的培训。培训目标是根据培训的具体对象确定培训内容，如基层主管指导新员工，纠正下属的不良工作习惯，使员工的行为符合其职业、岗位的行为要求，提高员工的行为能力，使员工能更好地处理工作环境中的人际关系。

课堂讨论

人们在印度西北部的山区曾发现两个“狼孩”。当她们回到人类社会时，仍用四肢行走，膝盖着地，用嘴舔地面上的水；不肯穿衣服，怕强光，深夜嚎叫。其中一个名叫卡玛拉的女孩七八岁，智力水平仅相当于6个月的婴儿。这一事例说明了什么？

三、拓展训练法

拓展训练起源于第二次世界大战中的海员学校，旨在训练海员的意志和生存能力，后被应用于管理训练和心理训练等方面，用于提高人的自信心，培养把握机遇、抵御风险的心理素质，保持积极进取的态度，培养团队精神等。拓展训练以外化型体能训练为主，将员工置于各种艰难的情境中，在面对挑战、克服困难和解决问题的过程中，使员工的心理素质得到增强。

拓展训练法包括场地拓展训练和野外拓展训练两种形式。场地拓展训练是指需要利用人工设施（固定基地）的训练活动，包括高空断桥、空中单杠、缅甸桥等高空项目和扎筏泅渡、合力过河等水上项目等。野外拓展训练是指在自然地域，通过模拟探险活动进行的情境体验式心理训练。它通过野外探险活动中的情境设置，使员工体验所经历的各种情绪，从而了解自身（或团队）面临某一外界刺激时的心理反应及其后果，以实现提升员工能力的培训目标。野外拓展训练包括远足、登山、攀岩和漂流等项目。通过这些活动，员工可以了解自身和同伴的力量、局限性和潜力。

子任务五 科技时代员工培训方式

任务提示

完成以上任务后，你已基本掌握行为调整和心理训练培训方式中的角色扮演法、行为模仿法和拓展训练法。那么，你会在多大程度上依赖以高科技为平台的新兴培训方式？本项任务将引领你把握员工培训方法中的科技时代员工培训方式。

阅读材料

戴尔学习中心

有一家公司，它为自己确定的使命是：成为提供最佳客户服务的电脑公司。当电子商务刚刚开始兴起的时候，它便迅速开展了网上电脑销售业务。到2000年，网上销售额已占到该公司总销售额的50%左右，平均每天的销售额超过5 000万美元，而就在1999年，这个数字只有3 000万美元。客户在寻求服务的时候也越来越多地依靠该公司的网站。

你知道这是哪家公司吗？它就是戴尔电脑公司。戴尔公司在成立初期，一直保持着惊人的发展速度，曾在一周内就增加200～300名新员工。在如此迅速的成长过程中，戴尔公司是如何培训新员工和新经理的呢？它的一项重要举措是成立了“戴尔学习中心”这一内部实体。

随着现代社会信息技术的发展，大量的信息技术被引进培训领域。在这种情况下，新兴的培训方式不断涌现，如在线学习、虚拟培训等培训方式在很多公司受到欢迎。

一、在线学习

在线学习又称基于网络的培训，是指企业通过局域网、互联网对员工进行培训。在网上培训，老师将培训课程储存在培训网站上，分布在世界各地的员工利用网络浏览器进入该网站接受培训。

二、虚拟培训

虚拟培训是指利用虚拟现实技术生成实时的、具有三维信息的人工虚拟环境，让受训员工通过运用某些设备接受和响应该环境的各种感官刺激而进入其中，并可根据需要通过多种交互设备来驾驭该环境以及用于操作物体，从而达到提高受训对象各种技能或学习知识的目的。

三、ABC管理法

ABC管理法又称帕累托分析法、ABC分析法等。它是指根据事物的经济、技术等方面的主要特征，运用数理统计方法，进行统计、排列和分析，抓住主要矛盾，分清重点与一般，从而有区别地采取管理方式的一种定量管理方法。它以某一具体事项为对象进行数量分析，以该对象各个组成部分与总体的比重为依据，按比重大小的顺序排列，并根据一定的比重或累计比重标准，将各组成部分分为A、B、C三类，A类是管理的重点，B类是次重点，C类是一般。ABC管理法的原理是按帕累托曲线所示意的主次关系进行分类管理。此方法广泛应用于工业、商业、人口及社会学等领域，以及物资管理、质量管理、价值分析、成本管理、资金管理、生产管理等许多方面。

ABC管理法既能集中精力抓住重点问题进行管理，又能兼顾一般问题，从而做到用最少的人力、物力、财力实现最好的经济效益。此方法适用于企业存货管理、客户管理、员工管理等领域。它通过信息搜集、数据处理、编制ABC分析表、根据ABC分析表确定分类等级描绘ABC分析图，以帮助使用者分清事物质量和价值等级、重要性和次要性；能够突出资源利用效果、成本的控制；尽量减少不必要的损失与浪费，并最大限度地降低成本和提高效率。

企业员工培训工作如何，将直接影响企业的生存与发展。对于企业员工培训与开发工作而言，ABC管理法的应用价值就在于，它能够根据企业实际情况与发展需要，强调企业管理人员要按照培训开发工作的重要程度、目的的不同，把企业员工培训与开发管理的项目分为重点项目（A类）、次要项目（B类）、一般项目（C类）。A类项目是影响全局而又急办的工作，因而是最重要的工作；B类次之；C类则可以放一放。这样便于企业管理人员采取不同的管理对策，提升培训开发工作效率，进而达到良好的培训开发效果。

除了上面的培训方法之外，有几种方法是通过学员的自身努力、自我约束能够完成的，公司只起鼓励、支持、引导的作用，如参加函授、业余进修，开展读书活动，参观访问等。这些方法并不能作为培训的主流方法，只在某些时候才会用到。

任务小结

培训方法的选择直接影响培训的效果。随着信息技术的日益发展，新的培训方法将不断出现。员工培训与开发的主要方法有直接传授式员工培训方式、实践式员工培训方式、体验式员工培训方式、行为调整和心理训练培训方式、科技时代员工培训方式等，具体又分为课堂教学法、专题讲座法、研讨法、视听法、工作指导法、工作轮换法、特别任务法、学徒制培训、案例分析法、头脑风暴法、模拟训练法、敏感性训练法、管理者训练计划法、自学、角色扮演法、行为模仿法、拓展训练法、在线学习、虚拟培训、ABC管理法等培训开发的方法。

关键术语

课堂教学法　专题讲座法　研讨法　视听法　工作指导法　工作轮换法　特别任务法　学徒制培训　案例分析法　头脑风暴法　模拟训练法　敏感性训练法　管理者训练计划法　自学　角色扮演法　行为模仿法　拓展训练法　在线学习　虚拟培训　ABC管理法

技能自测

一 单项选择题

1. 针对某一项知识，只安排一次培训，适用于管理人员或技术人员了解专业技术发展方向或当前热点问题等方面知识的传授，这种培训方式称为（　　）。

A. 课堂教学法　　B. 专题讲座法　　C. 研讨法　　D. 视听法

2. 以下不属于实践式员工培训方式的是（　　）。

A. 工作指导法　　B. 头脑风暴法　　C. 特别任务法　　D. 学徒制培训

3. 要求员工在小组中就组内成员的个人情感、态度及行为进行坦率、公正的讨论，相互交流对各自行为的看法，并说明其引起的情绪反应，这种培训方式称为（　　）。

A. 模拟训练法　　B. 管理者训练计划法

C. 头脑风暴法　　D. 敏感性训练法

4. 在企业培训中，（　　）是最基本的培训方法。

A. 课堂教学法　　B. 专题讲座法　　C. 研讨法　　D. 参观法

二 多项选择题

1. 以下哪些属于直接传授式员工培训方式？（　　）

A. 课堂教学法　　B. 专题讲座法　　C. 研讨法

D. 参观法　　E. 视听法

2. 实践式员工培训方式主要有（　　）。

A. 工作指导法　　B. 头脑风暴法　　C. 特别任务法

D. 学徒制培训　　E. 工作轮换法

3. 体验式员工培训方式主要有（　　）。

A. 案例分析法　　B. 头脑风暴法　　C. 模拟训练法

D. 管理者训练计划法　　E. 自学

4. 行为调整和心理训练培训方式主要有（　　）。

A. 头脑风暴法　　B. 角色扮演法　　C. 特别任务法

D. 行为模仿法　　E. 拓展训练法

5. 科技时代员工培训方式主要有（　　）。

A. 在线学习　　B. 模拟培训　　C. 特别任务法

D. 拓展训练法　　E. ABC 管理法

三 判断题

1. 长期以来，工作指导法一直是企业培训的主要形式。（　　）

2. 培训方法选择要考虑培训对象的自身特点，这是培训方法选择的原则之一。（　　）

3. 采用研讨法进行培训时，要注意研讨的题目应具有代表性、启发性；题目难度要适中；研讨题目既可以事先提供给员工，也可以事后提供给员工。（　　）

4. 视听法也称视听教学法，它是一种多感官参与的途径，多用于对新员工的培训。不过，这种方法很少单独使用，它通常与课堂教学法结合使用。（　　）

5. 实践式员工培训方式的特点体现在：经济、有效。（　　）

6. 敏感性训练的培训目标是使受训者相互启迪思想、激发创造性思维，最大限度地发挥每个参加者的创造能力，提供更多更优的解决问题的方案。（　　）

7. 角色扮演法适宜对各类员工开展以有效开发角色的行为能力为目标的训练。（　　）

8. 行为模仿法是通过向员工展示特定行为的范本，并由指导者对其行为提供反馈的训练方法。一般只适用于对普通员工的培训。（　　）

9. 在线学习又称基于网络的培训，是指企业通过局域网、互联网对员工进行培训。（　　）

10. 有些方法，如参加函授、业余进修，开展读书活动，参观访问等，并不能作为培训的主流方法，只在某些时候才会用到。（　　）

四　分析题

1. 怎样运用案例教学法进行培训？

2. 结合实际谈谈如何针对不同的培训对象，采用不同的培训方式。

案例分析

生命的高度
——老鼠与米缸的故事

在一个青黄不接的初夏，一只在农家仓库里觅食的老鼠意外地掉进一个盛得半满的米缸里。这次意外使老鼠喜出望外，它先是警惕地环顾了一下四周，确定没有危险之后，便是一通猛吃，吃完倒头便睡。

老鼠就这样在米缸里吃了睡、睡了吃，日子在衣食无忧的休闲中过去了。有时，老鼠也曾为是否要跳出米缸进行过思想斗争与痛苦抉择，但终究未能摆脱白花花大米的诱惑。直到有一天，米缸见了底，它才发觉以米缸的高度，自己就是想跳出去，也无能为力了。

思考：

请从企业培训重要性的角度，结合实际谈谈老鼠与米缸的故事给你的启发。

任务三 帮助员工职业发展

学习目标

◆ 知识目标

了解职业生涯发展阶段理论
掌握职业生涯规划制定的步骤
掌握确定自己的职业锚的方法

◆ 技能目标

能将职业生涯管理理论进行实践应用
能进行自我评估
能制定完整的员工职业生涯规划

◆ 职业素质和态度目标

具有较强的法律意识和法律知识，传承中华优秀传统法律文化
具有遵纪守法、诚实守信的职业素质
具有健康的身心素质和基本的人文修养
具有不断创新的精神和终身学习的观念

任务导入

员工为什么离职?

浙江某科技公司，经过十余年的发展，在国内市场已经处于领先地位。公司员工由创业时的十几人发展到近千人。然而，其华南区分公司的业务却始终不尽如人意，在一年时间里，华南区分公司已有数位高管相继离职。

对此，总公司十分不解。在公司总部，人员规模一直在增加，公司员工队伍也十分稳定。总公司特意派人飞赴广州，在一番考察之后，却并未发现华南区分公司在公司架构、工作流程与销售渠道上存在任何不妥，那么究竟是什么原因使该公司面临如此严重的人力资源危机呢?

在这家公司创业初期，无论是技术人员还是市场销售人员，面对的都是全新的事务，不过，公司的骨干员工是相关行业的精英人士，他们是在认同产品市场前景、对个人的职业发展有明确方向的情况下加入该公司的。虽然一般的员工面对全新的产品无成熟案例可循，但是该公司十分注重对员工的培训发展规划，使员工在企业中有足够的职业发展空间。尽管当时该公司薪水与相关行业相比处于中下水平，但由于员工职业规划

与企业发展目标一致，员工对公司有强烈的归属感和认同感，因此员工一直保持创业初期的昂扬斗志。

而华南区分公司情况就大不相同了：一方面，同类产品已得到了充分的市场认可，产品市场已有多家企业进入；另一方面，新员工要么冲着该公司的名气和薪资而来，要么对这个行业缺乏了解。显然，他们中的大多数人都不明白自己在该企业的发展方向，自然也不会有明确的职业目标，在经历一些挫折后，部分员工选择了离开。

任务分析：员工的离职问题是许多企业关注的重大问题。对于发展中的企业来说，如何降低员工离职率，是摆在人力资源管理人员面前的一个现实问题。该公司的案例给我们提了个醒，即单靠公司的名气和薪资是留不住人才的，关注员工的职业发展并使员工的职业发展目标与企业发展目标相一致，提升员工的职业归属感才是留住人才的关键。在本任务中，我们将探讨员工职业发展规划方面的内容。

子任务一 了解职业生涯理论

任务提示

职业生涯管理是人力资源管理中的一项重要内容，但它不仅是组织的任务，也是个人所必须承担的一项重要任务。为了更好地引导员工进行职业生涯设计和规划，我们有必要来学习一下职业生涯的相关理论。请进入本任务。

一、职业生涯的概念

职业生涯又称职业计划、职业发展，其研究始于20世纪60年代，90年代中期从欧美传入中国。最早对职业生涯系统进行研究的是美国麻省理工学院的施恩教授。职业生涯是指一个人一生的工作经历，特别是职业、职位的变迁及工作理想的实现过程。这整个历程可以是间断的，也可以是连续的，它包含一个人所有的工作、职业、职位的外在变更和对工作态度、体验的内在变更。一个人选择一种职业后可能会终身从事，也可能一生中转换几种职业。如果职业生涯是持续稳定的，可以把它叫作传统性职业生涯。例如：一名工程师的职业生涯最初是助理工程师，随着其专业知识的增长和工作经验的丰富，其职位可能会逐步晋升为工程师和高级工程师。但一个人的职业生涯也可能因其兴趣、能力、价值观及工作环境的变化而发生变化，可能从事多项职业，这种职业生涯叫作易变性职业生涯。例如：一个人最初是一名技术人员，后来从事管理工作等。一个人一旦进入职业角色，他的职业生涯就开始了。

二、职业生涯发展阶段理论

职业生涯贯穿人的一生，是一个漫长的过程。科学地将其划分为不同的阶段，明确每个阶段的特征和任务，做好规划，对更好地从事自己的职业、实现自己的人生目标非常重要。下面我们将介绍几种主要的理论。

（一）施恩的职业生涯发展理论

美国学者施恩教授立足于人生不同年龄阶段面临的问题和职业工作的主要任务，将职业生涯分为以下九个阶段。

1. 成长、幻想、探索阶段

这一阶段的主要任务是：发现和发展自己的需要和兴趣，发现和发展自己的能力和才干；接受教育和培训，开发工作世界中所需要的基本习惯和技能；学习职业方面的知识，寻找现实的角色模式以获取丰富的信息等。个人在这一阶段所充当的角色是学生、职业工作候选人、申请者。

2. 进入工作世界阶段

这一阶段的主要任务是：首先，进入人力资源市场，谋取可能成为一种职业基础的第一项工作；其次，个人和雇主之间达成正式可行的契约，个人成为一个组织或一种职业的成员。个人在这一阶段所充当的角色是应聘者、新学员。

3. 基础培训阶段

与上一阶段正在进入职业工作或组织阶段不同，个人在这一阶段要担当实习生、新手的角色，也就是说已经迈进职业或组织的大门。这一阶段的主要任务是：了解、熟悉组织，接受组织文化，融入工作群体，适应日常的操作程序，应对工作。

4. 早期职业的正式成员资格阶段

这一阶段的主要任务是：承担责任，成功地履行与第一次工作分配有关的任务；发展和展示自己的技能与专长，为提升或进入其他领域的横向职业成长打基础等。

5. 职业中期

这一阶段的主要任务是：选定一项专业或进入管理部门；保持技术竞争力，在自己选择的专业或管理领域内继续学习，力争成为一名专家或职业能手；承担较大的责任，确立自己的地位；开发个人的长期职业计划。

6. 职业中期危险阶段

这一阶段的主要任务是：现实地评估自己的进步、职业抱负及个人前途；就接受现状或争取看得见的前途作出具体选择；建立与他人的良师关系。

7. 职业后期

处于这一阶段的人的职业状态或主要任务是：成为一名良师，学会发挥影响，指导、指挥别人，对他人承担责任；扩大、发展、深化技能，或者提高才干，以担负更大范围、更重大的责任。

8. 衰退和离职阶段

一般在 40 岁之后到退休期间，不同的人在不同的年龄会衰退或离职。处于这一阶段的人的主要职业任务是：学会接受权力、责任、地位的下降；基于竞争力和进取心的下降，学会接受和发展新的角色；评估自己的职业生涯，着手退休。

9. 离开组织或职业——退休阶段

在失去工作或组织角色后面临两大问题或任务：第一，保持一种认同感，适应角色、生活方式和生活标准的急剧变化；第二，保持一种自我价值观，运用自己积累的经验和智慧，以及各种资源角色，对他人进行传帮带。

（二）萨柏的职业生涯发展理论

萨柏是美国一位有代表性的职业管理学家，他以美国人为研究对象，把人的职业生涯划分为以下五个阶段。

1. 成长阶段

0 ～ 14 岁：对职业经历好奇、幻想到感兴趣，再到有意识地培养职业能力的成长过程。这一阶段具体分为三个成长期：

（1）幻想期（10 岁前）：儿童从外界感知各种职业，对于自己觉得好玩和喜爱的职业充满幻想并进行模仿。

（2）兴趣期（11 ～ 12 岁）：以兴趣为中心，理解、评价职业，开始做职业选择。

（3）能力期（13 ～ 14 岁）：开始考虑自身条件与喜爱的职业是否相符，有意识地进行能力培养。

2. 探索阶段

15 ～ 24 岁：经历择业、初就业的过程。这一阶段具体分为三个时期：

（1）试验期（15 ～ 17 岁）：综合认识和考虑自己的兴趣、能力与职业社会价值、就业机会，开始进行择业尝试。

（2）过渡期（18 ～ 21 岁）：进入人力资源市场，或进行专门的职业培训。

（3）尝试期（22 ～ 24 岁）：选定工作领域，开始从事某种职业。

3. 建立阶段

25 ～ 44 岁：建立稳定职业阶段。这一阶段经过以下两个时期：

（1）尝试期（25 ～ 30 岁）：对初就业选定的职业不满意，再选择、变换职业工作；变换次数各人不等；也可能因满意初选职业而无变换。

（2）稳定期（31 ～ 44 岁）：最终职业确定，开始致力于稳定的工作。

4. 维持阶段

45 ～ 64 岁：处于该阶段的人一般都已“功成名就”，已不再考虑变换职业工作，只力求维持已取得的成就和社会地位。

5. 衰退阶段

人到 65 岁以后，其健康状况和工作能力逐步衰退并即将退出工作，结束职业生涯。

（三）金斯伯格的职业生涯发展理论

美国著名的职业指导专家金斯伯格，对职业生涯的发展进行了长期研究，对于实践产生广泛了影响。其将职业生涯分为幻想期、尝试期和现实期。

1. 幻想期

11 岁之前是幻想期。儿童对大千世界，特别是对于他们所看到或接触到的各类职业工作者，充满好奇。此时期职业需求的特点是：单纯凭自己的兴趣爱好，不考虑自身的条件、能力水平和社会需要与机遇，完全处于幻想之中。

2. 尝试期

11 ～ 17 岁是尝试期。此时期，人的心理和生理在迅速成长发育和变化，有独立的意识，价值观念开始形成，知识和能力显著增长和增强，初步懂得社会生产和生活的经验。在职业需求上呈现的特点是：有职业兴趣但不仅限于此，更多、更客观地审视自身各方面的条件和能力；开始注意职业角色的社会地位、社会意义以及社会对该职业的需要。

3. 现实期

17 岁以后是现实期。处于此时期的个体即将步入社会，能够客观地把自己的职业愿望或要求，同自己的主观条件、能力，以及社会现实的职业需要紧密联系和协调起来，寻找适合自己的职业角色。此时期所需求的职业不再模糊不清，已有具体的、现实的职业目标，表现出的最大特点是客观性、现实性。

（四）格林豪斯的职业生涯发展理论

萨柏和金斯伯格的研究侧重于不同年龄段对职业的需求与态度，而美国心理学博士格林豪斯的研究则侧重于不同年龄段职业生涯所面临的主要任务，并以此为依据将职业生涯划分为五个阶段。

1. 职业准备阶段

处于职业准备阶段的典型年龄段为 0 ～ 18 岁。这一阶段的主要任务是：发展职业想象力，对职业进行评估和选择，接受必需的职业教育。

2. 进入组织阶段

18 ～ 25 岁为进入组织阶段。这一阶段的主要任务是：在一个理想的组织中获得一份工作，在获取足量信息的基础上，尽量选择一种合适的、较为满意的职业。

3. 职业生涯初期阶段

处于职业生涯初期阶段的典型年龄为 25 ～ 40 岁。这一阶段的主要任务是：学习职业技术，提高工作能力；了解和学习组织纪律和规范，逐步适应职业工作，适应和融入组织；为未来的职业成功做好准备。

4. 职业生涯中期阶段

40 ～ 55 岁是职业生涯中期阶段。这一阶段的主要任务是：需要对早期职业生涯重新评估，强化或改变自己的职业理想；选定职业，努力工作，有所成就。

5. 职业生涯后期阶段

从 55 岁直至退休是职业生涯的后期阶段。这一阶段的主要任务是：继续保持已有职业成就，维护尊严，准备引退。

三、职业选择理论

职业选择是指人们依照自己的职业期望，并根据自己的兴趣、能力、特点等自身素质，从社会现有的职业中选择一种适合自己的职业的过程。人们一旦选择了自己的职业，也就选择了自己的职业生涯。

长期以来，许多学者对职业选择问题进行了广泛的研究，提出了许多有影响力的职业选择理论。下面我们将简单介绍这些具有广泛影响的职业选择理论。

（一）帕森斯的职业 - 人匹配理论

该理论最早由美国波士顿大学教授帕森斯提出。1909 年，帕森斯在其著作《选择一个职业》中，阐明了职业选择的三大要素：

（1）应清楚地了解自己的态度、能力、兴趣、智谋、局限等个人特征。

（2）应清楚地了解职业选择成功的条件，所需知识，在不同职业工作岗位上所占有的优势、不利和补偿、机会和前途。

（3）取得上述两个条件的平衡，即在了解个人特征和职业要求的基础上，选择一种适合个人特点又可获得的职业。

帕森斯的职业 - 人匹配理论，其内涵就是在清楚认识、了解个人的主观条件和社会职业岗位需求条件的基础上，将主客观条件与社会职业岗位相对照、相匹配，最后选择一个与个人匹配的职业。

职业 - 人匹配可以分为两种类型：

（1）因素匹配。例如：所需专门技术和专业知识的职业与掌握该种特殊技能和专业知识的择业者相匹配；脏、累、苦等劳动条件很差的职业，需要吃苦耐劳、体格健壮的劳动者与之匹配。

（2）特性匹配。例如：具有敏感、易动感情、不守常规、个性强、理想主义等人格特征的人，宜于从事审美性、自我情感表达的艺术创作类职业。

（二）霍兰德的人业互择理论

美国约翰·霍普金斯大学心理学教授、著名职业指导专家约翰·霍兰德，以自己从事的职业咨询为基础，通过对自己职业生涯和他人职业发展道路的深入研究，引入人格心理学的有关理论，于 1959 年提出了具有广泛社会影响的职业与人的互择理论，也称人业互择理论（Personality-Job Fit Theory）。经过多次补充和修订，一套系统的职业设计理论在 20 世纪 60 年代形成。

这一理论是最具代表性的职业选择理论之一，它根据劳动者的心理素质和择业倾向，将劳动者划分为六种基本类型，相应的职业也划分为六种类型，如图 4-3 所示。

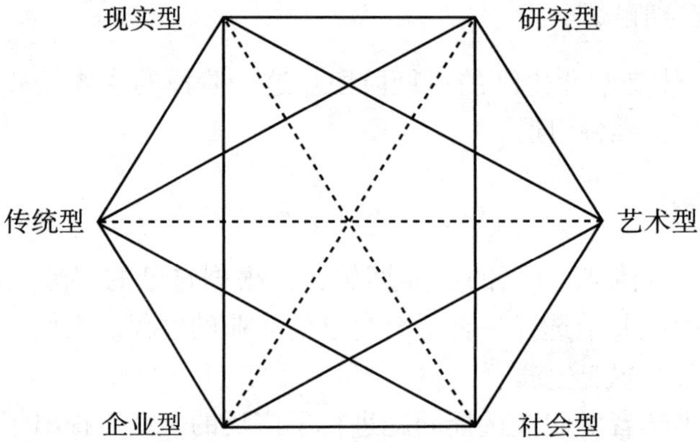

图4-3　霍兰德的六边形模型

（1）现实型：偏好技能、力量、协调性的活动，具有真诚、持久、稳定、顺从的个性特征，适合从事操作、装配等工作。

（2）研究型：偏好思考、探索和理解的活动，具有好奇心强、善于分析、富于创造性、独立性强的个性特征，适合从事科学研究、新闻记者等工作。

（3）艺术型：偏好无规则可循的创造性活动，具有理想化、情绪化、想象力丰富的个性特征，适合从事绘画、音乐、写作等工作。

（4）社会型：偏好能够帮助别人的活动，具有社会交际能力强、友好合作、理解力强的个性特征，适合从事社会、教育、医疗等工作。

（5）企业型：偏好能够获得权力和支配他人的活动，具有自信、进取、敢于冒险、精力充沛的个性特征，适合从事创业和经纪人等工作。

（6）传统型：偏好规范、有序、清楚、明确的活动，具有顺从、高效、实际的个性特征，适合从事会计、出纳和档案管理等工作。

在图 4-3 中，六边形的六个角分别代表六种职业类型。六种职业类型之间具有一定的内在联系，它们按照彼此间相似程度定位，相邻两个维度在各种特征上最相近，相关程度最高。距离越远，两个维度之间的差异越大，相关程度越低。每种类型与其他五种职业类型存在三种关系：相近、中性和相斥。

霍兰德认为，最为理想的职业选择是：个体能够找到与其人格类型重合的职业环境，即一个人的人格类型与职业相匹配，这时他会感到内在的满足，并充分发挥自己的聪明才智。如果个人不能获得与其人格类型相一致的工作环境，则可以寻找与其人格类型相近的职业环境，如现实型与传统型及研究型相近，社会型与企业型及艺术型相近等。当人格类型与职业相近时，那么经过努力也会适应工作，取得成就。但如果选择了和自己人格类型相斥的职业，那么就会觉得工作索然无味，也很难适应，最终无法胜任。

霍兰德的人业互择理论，实质在于劳动者与职业的相互适应。霍兰德认为，同一类型的劳动者和与职业互相结合，便是达到适应状态，劳动者只有找到适宜的职业岗位，其才能与积极性才会得以更好地发挥。

微课

霍兰德的人业互择理论

子任务二 进行职业生涯的设计

任务提示

人力资源管理的一个基本理念是：企业既要最大限度地利用员工的能力，又要为每一位员工提供不断成长的机会，挖掘他们的最大潜能，使他们实现职业成功。员工要实现自身的职业成功，离不开对自身职业发展的定位。要了解关于员工职业生涯规划方面的内容，请进入本任务。

阅读材料

刘迪的困惑

刘迪三年前毕业于某著名大学，除具备计算机专业知识外还写得一手漂亮的文章，他自己很清楚人生应该做的事，对自己想过的优雅、浪漫和尊贵的生活方式也拟订了具体的目标。但刘迪毕业三年换了三四家公司，做过秘书、编辑等，都不能实现自己的生活目标，因此感觉很气馁。

一、职业生涯发展阶段

职业生涯发展可分为四个阶段，不同阶段的员工有不同的需求，如表4-7所示。

表4-7 员工在职业生涯发展各阶段的需求

职业生涯发展阶段	工作方面的需求	情感方面的需求
职业探索性阶段	希望从事多种不同的工作；希望自己探索	进行试探性的职业选择；在比较中逐渐选定自己的职业
立业与发展阶段	希望工作具有挑战性；希望在某一领域发展自己的特殊知识和技能；希望工作具有创造性；希望在3～5年内转向其他领域	希望面对各种竞争；敢于面对成败；能处理工作和人际关系的矛盾；希望相互支持；希望独立自主

续表

职业生涯发展阶段	工作方面的需求	情感方面的需求
职业中期阶段	希望更新知识结构和技能；希望在培训和辅导青年员工的过程中发挥自己的技能，为准备转向其他工作而学习新知识和新技能；希望了解全组织的工作情况，发挥自己在组织中的重要作用	具有中年人较稳健的思想感情；对工作、家庭及周围的看法有所改变；自我陶醉，竞争力逐渐减弱
职业后期阶段	计划好退休；从掌握转向咨询和指导性工作；寻找自己的接班人；寻找组织外的其他活动	希望把咨询看作对他人的帮助；希望能接受和欣赏组织外的其他活动

二、员工职业生涯路径

职业生涯发展体现了一个人在机遇面前所选择的不同发展路径。

（一）传统路径

传统路径是指员工在一个层级组织中经过不断努力，从下向上纵向发展的一条路径。必须看到，由于兼并、重组、收缩、组织再造等行为日趋增多，管理层的数目正在大量地减少，纵向发展的机会大大减少。

（二）网络路径

网络路径是指员工在纵向层级和横向岗位上都有发展机会。在这条路径上发展的人或组织认为，一个人如果能够在纵向晋升的过程中多一些横向的工作经历，将有助于自身的成长。由于网络路径比传统路径有更多的发展机会，因此也减少了路径堵塞的可能性和由此所带来的失落感。

（三）横向技术路径

横向技术路径是指员工通过努力不断地拓宽专业技术知识，可以促使自己在不同的工作领域经受锻炼，调动自己不断创新的积极性，最终提升自己在组织中的价值。

（四）双重职业路径

双重职业路径是指组织通过设计技术发展路径让那些有一技之长的技术专家能够专心于技术贡献，而让那些有管理能力的人走传统的升迁和发展路径。双重职业路径的优点在于避免了从合格的技术专家中选拔出不合格的管理者，使那些具有高技能的技术人员和管理者都能沿着各自不同的路径发展。

三、员工职业生涯规划制定的步骤

职业生涯规划的目的是帮助员工真正了解自己，并且在进一步详细衡量内在与外在环境的优势、限制的基础上为员工设计出合理且可行的职业生涯发展目标，协助员工在达到和实现个人目标的同时实现组织目标。职业生涯是一个逐步展开的过程，它能够促进员工学习新的知识、掌握新的技能、形成良好的工作态度和工作行为。职业生涯规划一般经过以下四个步骤。

（一）对员工进行分析与定位

1. 员工个人评估

职业生涯规划的过程是从员工对自己的能力、兴趣、职业生涯需要及其目标的评估开始的。个人评估的重点是分析自己的条件，特别是个人的性格、兴趣、特长与需求等，至少应考虑性格与职业的匹配、特长与职业的匹配。个人评估是职业生涯规划的基础，直接关系到职业生涯成功与否。

2. 组织对员工的评估

组织对员工的评估是为了确定员工的职业生涯目标是否现实。组织可以通过获取员工基本信息，利用当前的工作情况，包括绩效评估结果、晋升记录以及参加各种培训的情况等，结合个人评估的结果对员工的能力和潜力进行评估。

3. 环境分析

人是社会的人，任何一个人都不可能离群索居，必须生活在一定的环境中。环境为每个人提供了活动的空间、发展的条件、成功的机遇。环境分析主要是通过对组织环境、社会环境、经济环境等有关问题的分析与探讨，弄清环境对职业发展的作用、影响及要求，以便更好地进行职业选择与职业目标规划。

（二）帮助员工确立职业生涯目标

职业发展必须有明确的方向与目标，目标的选择是职业发展的关键，主要包括职业选择和职业生涯路线的选择两个方面的内容。职业选择是事业发展的起点，选择正确与否，直接关系事业的成败。组织应开展必要的职业指导活动。通过对员工的分析与组织岗位的分析，为员工选择合适的职业岗位。职业生涯路线是指一个人选定职业后从什么方向上实现自己的职业目标，是向专业技术方向发展，还是向行政管理方向发展。发展方向不同，要求也就不同。因此，职业生涯路线选择也是人生发展的重要环节之一，其重点是组织通过对职业生涯路线选择要素的分析，帮助员工确定职业生涯路线。

（三）帮助员工制定职业生涯策略

职业生涯策略是指为实现职业目标而采取的各种行动和措施。企业应该在企业战略目标的指导下为员工提供各种职业发展的条件。

（四）职业生涯规划的评估与修正

由于种种原因，最初组织为员工制定的职业目标往往都是比较抽象的，有时甚至是错误的。因此，经过一段时间的工作后，企业应有意识地回顾员工的工作表现，检验员工的职业定位与职业方向是否合适。这样，在实施职业生涯规划的过程中评估现有的职业生涯规划，组织就可以修正对员工的认识与判断，通过反馈与修正，纠正最终职业目标与分阶段职业目标的偏差，同时可以极大地增强员工实现职业目标的信心。

课堂讨论

要做好个人职业生涯规划，必须注意哪些问题？

四、职业锚

（一）职业锚的概念

职业锚理论产生于施恩教授领导的专门研究小组，是在对该学院毕业生的职业生涯纵向研究中演绎而成的。职业锚（Career Anchor）又称职业定位，是指当一个人面临职业选择的时候，他无论如何都不会放弃的职业中至关重要的东西或价值观。施恩认为，职业设计是一个持续不断的探索过程，随着一个人对自己越来越了解，这个人就会越来越明显地形成一个占主要地位的职业锚。职业锚是人们在选择和发展自己的职业时所围绕的核心，它是一种指导、制约、稳定和整合个人职业决策的自我观。

职业锚在职业生涯过程中非常重要，这是因为它是以人们实际生活和工作经历以及他人的反馈为基础形成的。即使面临非常困难的状况，职业锚在职业选择过程中也不会被放弃，所以它可以解释人们与公司之间是如何以及为什么相互影响、相互作用的。这意味着人们不会放弃目前的工作，而转换到一份不能满足职业锚需要的其他工作。

职业锚虽然是引导人们作出职业选择的中心，但许多人并不是在选择工作的一开始就明确自己的职业锚的。它是个人在进入早期工作情境后，在具体的工作经验中，在对自己的资质、动机、需要、价值观和能力的认识的相互作用和整合下，逐步形成的一种长期的稳定的职业定位。而且，更多的时候，人们往往在不得不作出重大职业抉择时才会意识到自己无论如何都不会放弃的东西和价值观是什么，这也就是他们的职业锚。

（二）职业锚的类型

1. 技术 / 职能型职业锚

具有这种职业锚的人往往不愿意选择那些带有一般管理性质的职业。相反，他们总是倾向于选择那些能够保证自己在既定的技术或功能领域中不断发展的职业。这种职业锚的主要特点是：（1）注重实际技术和具体的某项职能业务的工作。（2）不喜欢一般性管理活动，喜欢能够保证自己在既定的技术或功能领域中发展的职业。（3）不太看重等级地位的提升，更重视在自己的专业领域内获得的评价和认可。

2. 管理能力型职业锚

具有这种职业锚的人有着强烈的管理动机。这种职业锚的主要特点是：（1）喜欢承担更大、更多的责任，把承担较高责任的管理职位作为最终目标。（2）重视等级地位的大幅提升，并把这作为他们成功的标志。（3）职业经历使得他们相信自己具备被提升到管理性职位上去所需要的各种能力以及相关的价值倾向。

3. 创造型职业锚

具有这种职业锚的人希望使用自己的能力去创建属于自己的公司或创建完全属于自己的产品，而且勇于冒险和克服障碍。在某种程度上，创造型职业锚同其他类型的职业锚存在重叠，如具有这种职业锚的人也要有管理能力，或者在某一专业领域获得独创的成果。但这些并不是他们的核心动机和目的，创造才是他们的核心。他们对于尝试新事物总是乐此不疲。

4. 安全 / 稳定型职业锚

具有这种职业锚的人极为重视长期的职业稳定和工作保障性。稳定和安全是他们追求的目标，如工作的安定、收入的稳定、可靠的保障体系，或者是一种心理上的被组织接纳的稳定和安全感。在行为上，具有这种职业锚的人倾向于照章办事，不越雷池一步。在职业选择上，他们往往对组织有较强的依赖性，一般不轻易离开组织，依赖组织对他们的能力和需要进行识别和安排，更容易接受并融入组织。

5. 自主 / 独立型职业锚

具有这种职业锚的人似乎被一种自己决定自己命运的需要驱使着，他们希望摆脱那种因在大企业中工作而依赖别人的境况。因为当一个人在某家大企业中工作的时候，他的提升、工作调动、薪金等诸多方面都难免要受别人的摆布。这些人中有许多人还有着强烈的技术或功能导向。然而，他们不会在某一个企业中去追求这种职业导向，而是决定成为一位咨询专家，要么是自己独立工作，要么是作为一个较小企业的合伙人来工作。

6. 服务型职业锚

具有这种职业锚的人一直追求他们认可的核心价值，如帮助他人、改善人们的安全状况、通过新的产品消除疾病等。这意味着即使变换公司，他们也不会接受不允许他们实现这种价值的工作变换或工作提升。

7. 挑战型职业锚

具有这种职业锚的人喜欢解决看上去无法解决的问题，战胜强硬的对手，克服无法克服的困难障碍。

8. 生活型职业锚

具有这种职业锚的人希望将生活的各个主要方面整合为一个整体，喜欢平衡个人的、家庭的和职业的需要，因此他们需要一个能够提供具有足够弹性的工作环境来实现这一目标。

（三）如何确定自己的职业锚

对于个人来说，职业锚有时并不那么显而易见。那么如何确定自己的职业锚呢？以下这个职业锚自我分析表有助于我们判定自己的职业锚，如表 4-8 所示。

在这张分析表中，需要在左栏给出客观的信息，在右栏给出选择、决策的理由，回答要自然。

表4-8　职业锚自我分析表

外在因素和事件	内在理由和情感
1. 你在大学主要的注意力放在哪个方面？	1. 你为什么选择这个方面？你对此感觉如何？
2. 你读研了吗？如果读了，你的注意力在哪个方面？你获得了何种学位？	2. 你为什么读（或不读）研？
3. 离校后你的第一份工作是什么？	3. 你在第一份工作中寻求的是什么？
4. 你开始自己的职业时，你的抱负或长期目标是什么？	4. 你的抱负或长期目标有过变化吗？如果有，何时？为什么？
5. 你的第一个主工作或主公司变动是什么？	5. 启动这次变动的是你还是公司？你为什么启动或接受这次变动？在接下来的工作中你在追求什么？
继续列出在自己的职业中所见到的，被认为是主工作、主公司、主职业的变动。列出每一步，对每一步的问题作出回答。	
6. 变动——	你为什么启动或接受？你在追求什么？
7. 变动——	你为什么启动或接受？你在追求什么？
8. 变动——	你为什么启动或接受？你在追求什么？
9. 变动——	你为什么启动或接受？你在追求什么？
10. 回顾自己的职业，什么时期你感到特别愉快？	你这个时期感到愉快的是什么？
11. 回顾自己的职业，什么时期你感到特别不愉快？	你这个时期感到不愉快的是什么？
12. 你拒绝过工作调动或提升吗？	为什么？
13. 你是如何向他人描述自己的职业的？	你认为自己是什么样的人？
14. 你看到了自己职业中的主要过渡点了吗？客观地描述这种过渡。	你对此过渡感觉如何？你为什么启动或接受它？
复查本栏中的全部回答，找出回答中的模式。你在答案中看到某种职业锚了吗？	

根据上述回答，按重要性逐一进行评定（从 1 到 5 共五级：“1”表示重要性最低，“5”表示重要性最高），从而确定自己在管理能力、技术能力、稳定性、创造性、自主性等方面的倾向性，进一步明确自己职业生涯选择上的着重点。

职业锚一旦被认识，就会使人根据表 4-8 思考这样一些问题：从事这一职业这么多年了，我到底倾向于做什么？我的职业锚类型是什么？我毕生的追求是什么？现在的职业还能满足我的要求吗？我最好把我的职业锚抛在哪个职业领域？由此，人们会把职业时期感悟到的态度、价值观、能力等分门别类，找到适合自己的职业种类与领域；认识自己的抱负模式，确定自己的职业成功标准；对要求个人发挥作用的职业情况提出标准，找到适合自己的职业道路。

课堂讨论

请同学们讨论并确定自己的职业锚。

子任务三　进行职业发展管理

任务提示

前面我们已经学习了职业生涯的相关内容，为了促进员工职业生涯发展计划的顺利实施，组织通常会采取一些干预措施来帮助员工获得职业发展。接下来，我们将学习职业发展的相关内容。请进入本任务。

一、职业发展的必要性

职业发展是组织用来帮助员工获取目前及将来工作所需的技能、知识的一种方法。实际上，职业发展包括组织对企业人力资源进行的知识、能力和技术的发展性培训和教育活动。

从组织的观点来看，职业发展能降低员工流动带来的成本。如果企业帮助员工制订职业计划，而这些计划又与组织密切相连，那么，员工就不大可能离开。热心于员工的职业发展同样能鼓舞士气、提高生产率，并帮助组织变得更有效率。事实上，组织对员工的职业发展感兴趣对员工也有积极的影响，在这种情况下员工认为组织把他们看作整体计划的一部分而不仅仅是一些无关紧要的个人。重视职业发展对员工看待他们的工作和雇主的方式也有积极的影响。

二、职业发展的负责者

谁对职业发展负责？职业发展涉及组织、员工本身和员工直接管理者。完整的职业发展应是三者共同努力来完成。具体来说三者都有具体的责任。

（一）组织的责任

根据职业发展的定义，职业发展是组织用来帮助员工获取目前及将来工作所需的技能、知识的一种方法。也就是说，职业发展主要是就组织来说的。组织对激发和确保职业发展的实施负主要责任。组织的责任是开发并在组织内部向员工通告职业选择权。组织要向员工传递组织内存在的职业选择，应该根据能实现员工职业目标的职业道路向员工提出详细的建议。在新的职位出现和老的职位被淘汰时，人力资源管理部门一般负责向员工发布这些信息。

（二）员工的责任

尽管职业发展主要是就组织来说的，但如果没有员工的积极配合，职业发展的实施就难以开展。员工一旦有了个人职业规划，就必须采取一系列的实际行动，如虚心接受公司各方面专家和直接管理者有关职业发展的指导和建议，进行自我评价，选择一条正确的职业道路，接受组织的一系列培训，并要加强各方面的学习。

（三）员工直接管理者的责任

员工直接管理者在推进下属的职业发展中发挥重要作用，他们应该引导员工进行职业发展，然后帮助员工评估结果。直接管理者起到的作用应该包括充当顾问、评估者、教练和指导者等。

三、职业发展的实施

在一个组织中，职业发展的实施是一个系统性工程，需要组织精心策划并付诸行动。一般来说，组织中职业发展的实施包括员工的自我评估、组织评估、职业信息的传递、职业咨询、职业道路引导等。

（一）员工的自我评估

员工的自我评估是指员工个人对自己的能力、兴趣、气质、性格以及自己职业发展的要求等进行分析和评价，以确定适合自己的职业生涯目标和职业生涯发展路线。员工自我评估的目的，简单来说就是要认识自己、了解自己。

在整个职业规划和发展中，每个人都要不断评估自己的能力和兴趣，衡量各种职业机会，确定适合自己的职业目标。员工自我评估的好坏，要受到员工的知识水平和所了解信息的限制。在实际中，很多人可能在这方面并没有花过多少时间，他们可能也不知道正确的自我评估方法。这时，组织可以为员工提供各种各样的自我评估的方法和材料。优缺点平衡表、好恶调查表等可用于自我评估的工具都是非常有用的。

（二）组织评估

组织评估即组织利用相应的信息对员工的能力和潜力作出客观公正的评估。这些信息主要来自对员工的绩效评估，也包括反映该员工的受教育状况和以前工作经历等信息的记录。

（三）职业信息的传递

员工要确立现实的职业发展目标，就必须知道可以获得的职业选择和职业发展机会，并获得组织内有关职业选择、职业变动和空缺的工作岗位等方面的信息。组织要及时为员工提供有关组织发展和员工个人的信息，包括职位升迁机会与条件限制、工作绩效评估结果、训练机会等，增进员工对组织的了解，帮助员工了解组织的职业发展通道。

（四）职业咨询

职业咨询是指整合职业规划过程中不同步骤的活动。它是伴随着整个职业生涯发展过程的多次或连续性咨询活动。在职业发展过程中，有可能出现许多员工无法预测或必须面对的难题，如职位升迁、职能转换、跳槽等。职业咨询可以为员工解决职业发展中的困惑，为员工作出明智选择提供参考意见和决策支持。

（五）职业道路引导

职业道路是员工在一个组织中的经历或发展轨迹。组织应帮助员工制订各种职业道路计划。员工在组织中工作不仅仅是为了自身生存需要得到满足，他们更在乎人生价值需要的满足。如果组织无法满足员工个人发展的需求，就会增大员工离职的风险。因此，组织不仅要帮助员工做好职业道路计划，还要更多地做好职业道路引导工作。职业道路引导可定义为一系列包括正式与非正式教育、培训及工作体验的开发活动，这些开发活动有助于员工获得更高一级的职位。

职业道路引导指明了组织内员工可能的发展方向及发展机会，组织内每一个员工都有可能沿着本组织规划的职业道路变换工作岗位。职业道路引导一方面有利于组织吸引并留住最优秀的员工，另一方面能激发员工的工作兴趣，挖掘员工的工作潜能。

任务小结

职业生涯是指一个人一生的工作经历，特别是职业、职位的变迁及工作理想的实现过程。这整个历程可以是间断的，也可以是连续的，它包含一个人所有的工作、职业、职位的外在变更和对工作态度、工作体验的内在变更。

职业生涯发展阶段理论的代表人物有施恩、萨柏、金斯伯格和格林豪斯等。职业选择理论主要有帕森斯的职业－人匹配理论和约翰·霍兰德的人业互择理论。

职业生涯发展可分为四个阶段，不同阶段的员工有不同的需求。职业生涯发展体现了一个人在机遇面前所选择的不同发展路径：传统路径、网络路径、横向技术路径、双重职业路径。

职业生涯规划一般经过以下四个步骤：（1）对员工进行分析与定位；（2）帮助员工确立职业生涯目标；（3）帮助员工制定职业生涯策略；（4）职业生涯规划的评估与修正。

职业锚又称职业定位，是指当一个人面临职业选择的时候，他无论如何都不会放弃的职业中至关重要的东西或价值观。职业发展涉及组织、员工本身和员工直接管理者。完整的职业发展应是三者共同努力来完成。组织中职业发展的实施包括员工的自我评估、组织评估、职业信息的传递、职业咨询、职业道路引导等。

关键术语

职业生涯　人业互择理论　职业生涯规划　职业锚　职业发展

技能自测

一　单项选择题

1. 传统职业路径（　　）。

A. 是指员工在一个层级组织中经过不断努力，从下向上纵向发展的一条路径

B. 既包括纵向的工作序列，也包括一系列横向的机会

C. 允许在企业内进行横向调动，有助于员工焕发新的活力

D. 认为技术专家能够而且应该允许将其技能贡献给公司而不必成为管理者

2. 网络路径（　　）。

A. 是员工在一个组织里，从一个特定的工作到下一个工作纵向向上发展的一条途径

B. 既包括纵向的工作序列，也包括一系列横向的机会

C. 不允许在企业内进行横向调动

D. 认为技术专家能够而且应该允许将其技能贡献给公司而不必成为管理者

二　多项选择题

1. 施恩教授提出了（　　）职业锚。

A. 技术 / 职能型　B. 管理能力型　C. 创造型

D. 安全 / 稳定型　E. 自主 / 独立型

2. 双重职业路径（　　）。

A. 认为技术专家能够而且应该允许将其技能贡献给公司而不必成为管理者

B. 既包括纵向的工作序列，也包括一系列横向的机会

C. 为管理人员和专业技术人员设计了一个平行的职业发展体系

D. 员工有了继续留在技术岗位上发展或进入管理层的机会

E. 不提倡从合格的技术专家中培养劣等的管理者，而是组织既可聘请具有高技能的管理者，又可雇用具有高技能的技术人员

三　判断题

1. 职业生涯是指个人一生中从事职业的全部历程。（　　）

2. 职业规划是个人确定职业目标并制订实现这些目标的计划的过程，和组织没有关系。（　　）

四　分析题

制定你个人的职业生涯规划。

案例分析

电话电报公司员工职业生涯开发系统

电话电报公司成立了一个名为“公司员工职业生涯系统部”的部门。它由15人组成，专门负责员工职业生涯开发工作，是面向整个公司的内部咨询单位。这一部门发现了若干驱动电话电报公司员工职业生涯开发的因素：（1）管理层担心公司规模的缩小会影响员工的士气；（2）人们认为公司对员工职业生涯开发的机遇缺乏关注；（3）重点人才和中层管理人员的流失；（4）在新旧人员的接替规划过程中，员工职业生涯开发起着核心作用。

需求分析是在员工职业生涯开发顾问委员会的协助下进行的。这一组织下设不同的专题小组，其中之一负责开发一套员工个人职业生涯参考指南。

由于公司的关注，越来越多的员工已经拟出自己的职业生涯发展计划。当员工制订出个人的职业生涯发展计划后，80%的人会参加员工与主管的对话，82%的人会按制订出的个人职业生涯发展计划行动。

员工职业生涯发展计划的设计原则是“三条腿原则”，员工、领导者和公司各扮演一个基本角色。公司的原则非常明确，个人应该对自己的前途负责，领导者和公司需要给予这一过程以不懈的支持，要“言而有信”。在从原有的家长式统治向员工要对自己负责过渡的企业文化转型过程中，人们通过人力资源规划与开发运作程序的过程和主管培训的推广，大幅度提高了公司和领导者的参与程度。员工认识到了自己的责任，认识到这是对自己大有好处的事情。另外，人们也广泛意识到事业发展的重要性，承认传统的升职不再是衡量问题的尺度。

电话电报公司的员工职业生涯开发系统获得了极大的成功，人们对个人职业生涯发展计划的满意程度一直在稳步提高。电话电报公司员工的职业生涯开发系统多次帮助企业渡过难关，也帮助员工获得了自己职业的成功。

思考：

1. 电话电报公司的职业生涯开发工作是基于哪些因素进行考虑的？请结合你个人的经历，谈谈职业生涯开发工作对企业的重要性。

2. 你认为职业生涯开发的“三条腿原则”有何优缺点？在员工、领导者和公司这“三条腿”中，你认为哪一个角色起决定性的作用？

实训操作

［实训名称］制定员工培训方案。

［实训内容］选择一个校企合作企业，实地考察该企业的员工培训情况并制定该企业的员工培训方案。

［实训目标］通过实地认知企业的人力资源培训需求分析，制定员工培训方案，加深对本任务的理解。

［实训组织］每5～6名学生分为一组，每组设组长一名，对校企合作企业进行观

察和了解。

［实训要求］各组根据任务进行分工。小组成员应做到既要分工又要协作，按计划步骤完成项目作业，即撰写一份企业员工培训方案。

［实训成果及评价］各组上交实训报告，教师讲评。按实训目标完成本任务，提出该公司的员工培训方案且分析到位、条理基本清晰、语言较为流畅的小组为良好；除完成实训目标任务外，方案全面且有创意、符合该企业实际、条理清晰、富有逻辑性、理由充分、语言流畅的小组为优秀。

项目五　绩效管理

任务一　认识绩效与绩效管理

学习目标

◆ **知识目标**

掌握绩效管理、绩效评估的含义及其关系

掌握绩效管理的动态过程

了解绩效管理的认识误区和绩效管理的实践问题

◆ **技能目标**

能解决企业绩效管理中存在的问题

◆ **职业素质和态度目标**

具有正确的经营思想和经营理念，使绩效管理真正成为企业战略实施的有效工具

培养客观公正的职业态度，防止在绩效评估中产生偏差，有效保障和促进社会公平正义

提高认识，有效防止绩效管理的认识误区和解决绩效管理的实践问题

任务导入

谁的责任？

在一次企业季度绩效考核会议上，营销部A经理说：最近的销售做得不太好，我们有一定的责任，但是主要的责任不在我们，竞争对手纷纷推出新产品，比我们的产品

好，研发部门要认真总结。

研发部B经理说：我们最近推出的新产品是少，但是我们也有困难呀！我们的预算太少了，就是少得可怜的预算，还被财务部门削减了。没钱怎么开发新产品呢？

财务部C经理说：我是削减了你们的预算，但是你要知道，公司的成本特别是采购成本一直在上升，我们当然没有多少钱投在研发部了。

采购部D经理说：我们的采购成本是上升了10%，你们知道为什么吗？一个生产铬的矿山爆炸了，导致不锈钢的价格飙升。

这时，A、B、C三位经理一起说：哦，原来如此，这样说来，我们大家都没有多少责任了，哈哈哈哈……

人力资源部F经理说：这样说来，我只能去考核矿山了。

任务分析：绩效考核的目的是改善绩效，而不是分清责任。当绩效出现问题的时候，大家的着力点应该放在如何改善绩效而不是划清责任上。遇到问题先界定责任、后讨论改善策略是人们的惯性思维，最后的结果往往是归错于外，作为企业员工谁都没有责任。当责任划分清楚了，客户的耐心也已经丧失殆尽了。失去了客户满意和忠诚，企业的财务目标的实现就没有了来源，股东价值也无从说起。看看上面的故事，再想想自己，是不是该改变一下思维方式了？

子任务一　理解并掌握绩效与绩效管理

任务提示

绩效管理是企业人力资源管理的风向标，有什么样的绩效管理，就有什么样的员工绩效。几乎每一位管理者都知道绩效管理的重要性，但是，坦率地说，只有很小一部分企业的绩效管理是有效的。

也许你知道企业的成功依赖员工的绩效，但你是不是也知道员工的绩效依赖绩效管理？何为绩效管理？请进入本任务。

课堂讨论

小张的销售业绩比小李高3%，但是小李比小张更遵守公司的规章制度，小张还被客户反映拿回扣。如果你是公司管理者，该如何解决以上问题？如何进行绩效分配？

一、绩效

微课

绩效及其特点

在一个组织中，绩效有两个层次的含义：一是指整个组织的绩效，二是指员工个人的绩效。二者之间密切联系但又有本质差异。从人力资源管理角度探讨绩效问题，主要分析如何通过提高员工绩效来改善组织绩效。

（一）绩效的含义

“绩效”一词的英文为 performance，它除了可译为“绩效”外，还有“业绩”“表现”“作为”等含义，是个体或群体的工作表现、直接成绩和最终效益的统一体。

从管理学角度看，绩效是组织期望的结果，是组织为达成其目标而展现在不同层面上的有效输出。从经济学角度看，绩效和薪酬是员工和组织之间的对等承诺，绩效是员工对组织的承诺，薪酬是组织对员工的承诺。从社会学角度看，绩效意味着每位社会成员按照社会分工所确定的角色，承担自身相应的那一份职责。

人们对绩效的认识大体可以分为两大类：一类是从工作结果角度进行定义，认为绩效是指工作主体在一定时间与条件下完成某一任务所取得的业绩、成效、效果和效益；另一类则从行为角度来定义，认为绩效是人们所做的同组织目标相联系的、可观测的事情，或具有可评价要素的行为。在实际工作中，通常需要把两个方面的含义结合起来。因此，可以把绩效界定为：绩效是员工在工作过程中所表现出来的、与组织目标相关的且能够被评价的工作业绩、工作能力和工作态度。其中，工作业绩是指工作结果，工作能力和工作态度是指工作行为。这三方面内容相互影响，共同决定员工的绩效状况。

理解这个含义，需要把握以下几点：

（1）绩效是基于工作产生的。绩效与员工的工作过程直接联系在一起，工作外的行为和结果不属于绩效。

（2）绩效要与组织目标有关。绩效对组织目标应当有直接的影响作用。例如：员工的心情就不属于绩效，因为它与组织目标没有直接的关系。由于组织的目标最终会体现在各个职位上，因此与组织目标有关就直接表现为与职位的职责和目标有关。

（3）绩效应该是能够被评价的工作结果和工作行为，那些不能被评价的结果和行为也不属于绩效。例如：学生上课时的专心程度就不能直接作为绩效来使用，因为它很难被评价。

（4）绩效还应该是表现出来的工作行为和工作结果，没有表现出来的就不是绩效。这一点和招聘甄选时的选拔评价是有区别的：选拔评价的重点是可能性，也就是说要评价员工能否实现高绩效；而绩效评估的重点则是现实性，也就是说要评价员工是否实现了高绩效。

（二）绩效的特点

在实际工作中，员工绩效具有多因性、多维性和动态性的特点。

1. 多因性

多因性是指员工绩效是多种因素共同作用的结果，既有员工个体的因素，如知识、能力、价值观等，又有企业环境的因素，如组织的制度、激励机制、工作设备、场所等。工作绩效的优劣不是由单一因素决定的，而要受到主、客观多种因素的影响。绩效与影响绩效的因素之间的关系可以用一个公式来表示：

$$P=f(K,A,M,E)$$

式中：P（Performance）是因变量，就是绩效；f表示函数关系；K（Knowledge）是知识；A（Ability）是能力，指员工自身所具备的能力；M（Motivation）是激励，指员工在工作过程中所受到的激励；E（Environment）是环境，指工作设备、工作场所等。上述后四个因素是自变量。

以一个打字员的绩效作为实例来说明。首先，打字员必须具备基本的电脑操作知识（Knowledge），这方面的知识直接影响他的绩效（如打字正确与否）；其次，打字员的电脑操作能力（Ability）（如操作的熟练程度）也会影响他的绩效水平（如打字的快慢）；再次，打字员完成一项具体的打字任务所受到的重视程度（Motivation），同样会影响他完成打字任务的绩效；最后，电脑设备的性能（如硬件系统性能）、打字员的工作场所（如电脑桌椅的舒适程度）等环境（Environment）因素也与打字员的绩效相关。

2. 多维性

多维性是指对员工绩效的评估应从多个方面（工作业绩、工作能力和工作态度）进行。员工的绩效往往体现在多个方面，员工的工作结果和工作行为都属于绩效的范围。例如：一名操作工人的绩效，除生产产品的数量、质量外，原材料的消耗、出勤情况、与同事的合作等也是绩效的表现。因此，对员工的绩效评估必须从多个方面进行。一般来说，我们可以从工作业绩、工作能力和工作态度三个方面来评估员工的绩效。当然，不同的维度在整体绩效中的重要性也是不同的。

3. 动态性

动态性是指员工的绩效会因时间、空间、工作任务、工作条件等相关因素的变化而有所变化。员工的绩效不是固定不变的，在主客观条件变化的情况下，绩效是会发生变化的。例如：某个员工的绩效往往会随着时间的推移而不断地发生变化，原来较差的绩效有可能好转，或者较好的绩效也有可能变差。这种动态性就决定了绩效的时限性，绩效往往是针对某一特定时期而言的。绩效的动态性也称多变性。

二、绩效管理

（一）绩效管理的出现

随着经济全球化和信息时代的到来，世界各国企业都面临越来越激烈的国内和国际市场竞争。为提高竞争能力和适应能力，许多企业都在探索提高生产力和改善组织绩效的有效途径，组织结构调整、组织裁员、组织扁平化、组织分散化成为当代组织变革的主流趋势。但实践证明：上述组织结构调整措施只能够改善绩效；不论是在哪一水平（组织、团队、个人）评价和界定绩效，它们只是提供了一个改善绩效的机会，而真正能促使组织绩效提高的是组织成员行为的改变，这就要求建立学习型组织，形成有利于调动员工积极性、鼓励创新、鼓励团队合作的组织文化和工作氛围。基于上述背景，理论工作者们拓展了绩效的内涵，并在总结绩效评估不足的基础上，于20世纪70年代后期提出了“绩效管理”的概念。80年代中后期和90年代早期，随着人们对人力资源管理理论和实践研究的重视，绩效管理逐渐成为一个被广泛认可的人力资源管理过程。

绩效管理始于绩效评估。绩效评估有着悠久的历史，根据德里斯等人的考证，中国人至少在公元 3 世纪就已经开始应用正式的绩效评估。在西方工业领域，罗伯特·欧文最先于 19 世纪初将绩效评估引入苏格兰。美国军方于 1813 年开始采用绩效评估，美国联邦政府则于 1842 年开始对政府公务员进行绩效评估。

从绩效评估到绩效管理的过渡与研究者们发现绩效评估的不足是分不开的。随着经济与管理水平的发展，越来越多的管理者和研究者意识到绩效评估的局限性和不足。绩效管理正是在对传统绩效评估进行改进和发展的基础上逐渐形成和发展起来的。

（二）绩效管理的含义

绩效管理是各级管理者和员工为了达成组织目标，共同参与绩效计划制订、绩效辅导沟通、绩效考核评价、绩效结果应用、绩效目标提升的持续循环过程。

绩效管理是组织将战略转化为行动的过程，是一个将组织目标与部门目标、员工个人目标紧密联系在一起，运用科学的考核方法，从目标、程序导向到意愿、行为、效果导向，从事前策划到过程监测，从事后考核到绩效改进的动态过程。作为战略管理的一个重要构成要素，其深层目标是基于组织的发展战略，通过员工与其主管持续、动态的沟通，明确员工的工作任务及绩效目标，并确定对员工工作结果的衡量方法，在过程中影响员工的行为，从而达成组织的目标，并使员工得到发展。

绩效管理是：

（1）一个持续的交流与沟通过程。

（2）下属与主管之间达成的工作协议。

（3）对未来工作达成明确的目标和理解。

（4）组织、部门、个人融为一个系统：三方受益。

绩效管理不是：

（1）一年（一季）一次的填表工作。

（2）只在绩效低下时使用。

（3）迫使下属工作的棍棒。

三、绩效评估

（一）绩效评估的含义

评估是评估者对被评估者的评价和打分。评估有三原则：“三公”原则——公平、公正、公开；“三结合”原则——责、权、利相结合；“三级考核”原则。

绩效评估又称绩效考评、绩效考核、员工考核等，是评估主体对照既定的工作目标或绩效标准，采用一定的评估方法，评定员工的工作任务完成情况、工作职责履行程度和发展情况等，并将上述评定结果反馈给员工的过程。广义的绩效评估不仅包括对员工工作绩效的评估，还包括对员工的各项素质状况以及是否适合从事某项工作的评估。

绩效评估在人力资源管理中居于极为重要的地位，是发生在管理者与员工之间的一项管理沟通活动。它不仅直接影响员工的薪资报酬、培训开发，还影响企业的工作分析、招聘方式，评估的结果是进行薪酬调整、奖金发放、职务升降等决策的依据。

（二）绩效评估的内容

绩效评估内容的设定直接关系企业对员工的基本要求，绩效评估内容设定是否科学、合理直接影响绩效评估的实施质量与效果。绩效评估具有多因性、多维性和动态性。大多数企业绩效评估的内容主要有以下几个方面：

（1）工作能力的评估。员工在工作过程中所表现的能力体现在几个方面：工作的技术能力、知识的掌握能力、相关的工作经验和工作中所需要的体能。

（2）工作态度的评估。对员工在工作过程中所表现出来的工作态度和努力程度的评估，即对员工工作积极性的一种衡量。

（3）工作业绩的评估，即对员工在工作过程中所取得的工作成果的一种评估。

（4）工作行为的评估，即对员工在工作过程中的相关行为作出评估，衡量其工作行为是否符合企业的规章制度和要求。

课堂讨论

有人说，绩效管理就是绩效评估，你认为呢？

四、绩效管理与绩效评估的关系

绩效评估反映的是过去的绩效，而不是未来的绩效；而绩效管理更强调未来绩效的提升。这是两个不同的概念，前者关注的是评估这一行为，后者强调的是一种过程。因此，绩效评估不过是绩效管理过程中的一个重要环节。如果只谈绩效评估而不谈绩效管理，那就是只见树木不见森林，脱离了绩效管理的绩效评估是无本之木、无源之水，推行不了多久就会失败；脱离了绩效评估的绩效管理是缺乏内涵和工具的空想，不能抓住绩效评估这一关键环节的绩效管理是无效的。

在具体实践中，我们要认识到二者的区别与联系，明确绩效评估是绩效管理的关键环节，在抓住绩效管理的各个环节的同时要抓好绩效评估这个关键环节。

（一）绩效管理与绩效评估的区别

（1）绩效管理是一个完整的系统，而绩效评估只是这个系统中的一部分。

（2）绩效管理是一个过程，注重过程的管理，而绩效评估只是一个阶段性的总结。

（3）绩效管理具有前瞻性，能帮助企业和管理者前瞻性地看待问题，有效地规划企业和员工的未来发展，而绩效评估则是回顾过去的一个阶段性的成果，不具备前瞻性。

（4）绩效管理有完善的计划、监督和控制方法，而绩效评估只是提取绩效信息的一种手段。

（5）绩效管理注重能力的培养，而绩效评估只注重成绩的好坏。

（6）绩效管理能建立管理者与员工之间的绩效合作伙伴关系，而绩效评估则使管理者与员工站到了对立的两极，距离越来越远，气氛和关系较为紧张。

（二）绩效管理与绩效评估的联系

绩效管理与绩效评估是整体与局部的关系，二者无论是从基本概念上，还是从具体操作上，都存在较大的差异。但同时，绩效管理和绩效评估又是一脉相承、密切相关的。绩效评估作为现代企业管理的核心环节之一，是绩效管理的一个不可或缺的组成部分，主要服务于管理和发展两个方面，目的是增强企业的运行效率、提高员工的职业技能、推动企业的良性发展。绩效评估可以为绩效管理的改善提供资料，帮助企业不断提高绩效管理水平和有效性，使绩效管理真正帮助管理者改善管理水平，帮助员工提高绩效能力，帮助企业获得理想的绩效水平。

子任务二　把握绩效管理的动态过程

任务提示

完成以上任务后，你已基本掌握绩效与绩效管理的内涵。接下来还要明确如何把握绩效管理的动态过程，即绩效目标与计划、绩效实施与管理、绩效评估与考核、绩效反馈与指导、绩效评估结果应用等相关内容。请进入本任务。

微课
绩效管理的动态过程

绩效管理是一个动态的过程，包括绩效目标与计划、绩效实施与管理、绩效评估与考核、绩效反馈与指导、绩效评估结果应用五个方面的内容。各部分的逻辑关系如图 5-1 所示。

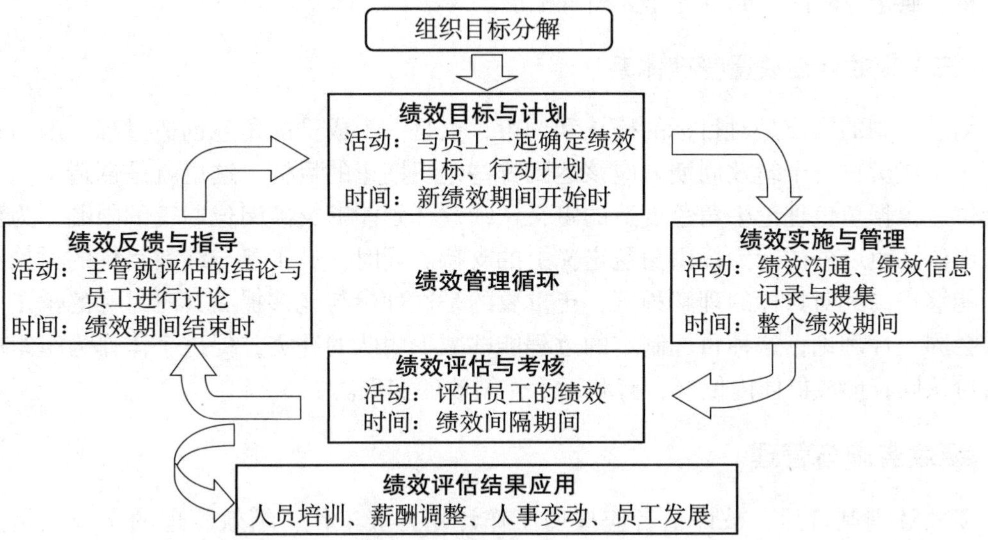

图5-1　绩效管理的动态过程

一、绩效目标与计划

（一）绩效计划的含义

绩效计划是管理者和员工就员工在考核期内的工作目标、工作职责、评估标准、奖惩措施等内容达成共识的过程，是启动绩效管理系统的基础性环节，发生在新绩效周期的开始时。制订绩效计划的主要依据是工作目标和工作职责。

绩效评估是分析和关注那些过去的、已经形成而不能改变的绩效，是从反光镜中往后看；而绩效计划是往前看，以便在不久的将来能获得更好的绩效，同时，绩效计划可以帮助管理人员和员工明确目标和努力的方向，避免事倍功半。

（二）绩效计划的目标设定

工作目标的设计是一个自下而上的确定过程，通过这一过程将个人目标、部门或团队目标与组织目标结合起来。目标设计也是一个员工全面参与管理、明确自己的职责和任务的过程，是绩效管理的一个至关重要的环节。在目标设计过程中，应注意以下几个方面的策略：

（1）个人目标应与部门或团队目标保持一致。

（2）工作目标的设计是员工与部门主管共同的任务，员工应自主设计自己的目标，并与部门主管达成一致。

（3）工作目标的表述应简洁明了，符合 SMART 原则。有关 SMART 原则，将会在本项目任务三“正确选择绩效评估的方法”中讲述。

（4）应确定主要目标，一般为 5 ～ 7 个目标，对每个目标都应赋予权重，并按重要程度由高到低进行排列。

（5）每个目标都应有可衡量的标准，所定标准应尽可能量化，根据可量化的程度选择数量、质量、时间、成本等作为衡量标准。

（三）绩效计划质量管理体系

绩效计划的形成是对目标的确认和约束，也是一个成员的角色创造过程。因为它描绘了一个成员在一个绩效周期内应该达到哪些组织期望的目标，这也就是创造了一个角色定位。根据角色理论中角色创造的定义，绩效计划能够突破岗位职责的限制，为员工完成岗位角色以外的行为提供角色定义上的支持。同时，员工参与绩效目标的讨论和制定，能够提高其对目标的理解程度，更重要的是这种参与能够提高其对目标的承诺。根据社会同一性理论，这种目标制定的过程能够减少团队的冲突，促进个体作为组织成员的身份认同，形成群体内偏好，有利于工作绩效的实现。

二、绩效实施与管理

绩效计划制订后，被评估者应按照工作计划开展工作。绩效管理的实施就是按照绩效计划对员工的工作绩效进行原始数据搜集，并对员工的绩效进程进行监控、辅导与改进。

绩效管理作为改进组织绩效和个人绩效的工具，其本身并不存在好与坏之分，只是在于如何利用它。吉姆·柯林斯说，只要训练有素的人在车上，你就不用担心，车一定会到达你想要去的地方。成功的绩效管理注重与组织实际情况的紧密结合，是一项系统性的工作，强调持续不断的沟通，不仅重视工作结果，而且重视达成目标的过程。绩效管理作为一种工具，如何使用它对实施绩效管理的主体来说尤为关键。

三、绩效评估与考核

在绩效间隔期间，管理者采取科学的评估方法对员工的工作业绩进行绩效评估。评估的依据是绩效期间开始时双方达成一致的绩效指标。在绩效评估过程中，管理者首先要注意搜集能够说明被评估者绩效表现的相关数据和事实，这些数据和事实是对被评估者进行评估和考核的主要依据。其次，如果确认搜集的数据充分、全面和准确，管理者可以根据这些数据对员工的绩效完成情况进行评估。最后，在最终的绩效评估结果生成之前，管理者还必须与员工就评估结果进行面谈沟通，对绩效评估中的关键事件和重要数据进行确认，就绩效评估的结论性意见达成共识。

微课
绩效评估

一般而言，组织之所以对员工进行绩效评估，或是为了达到管理方面的目的，或是为了达到发展方面的目的。一个绩效评估项目的用途是多方面的，这些用途对组织和被评估的员工双方都是有益的。比如：绩效评估的结果可以为薪资评定提供依据，也可以用来衡量员工是否需要培训等。

四、绩效反馈与指导

绩效反馈是使员工了解与其绩效有关信息的绩效管理手段，是绩效沟通的最主要形式，也是绩效管理过程中的重要环节。其目的是根据绩效评估的结果，通过评估者与被评估者之间的沟通，对被评估者积极的方面进行肯定和强化，对其不足之处提出改进方案与措施，从而实现员工绩效的提升。完成绩效评估以后，管理者要与下属进行绩效面谈。通过绩效面谈，下属能了解管理者对自己的期望、自身绩效情况、有待提高和改进的方面等；下属也可以提出自己在完成绩效方面存在的问题和困难，请求上级帮助。

具体来说，绩效反馈的重要功能体现在：（1）使员工了解绩效目标完成情况；（2）使员工认识到自己在本阶段工作中取得的进步和存在的问题；（3）制订绩效改进计划；（4）修订或协商下一个绩效管理周期的绩效目标和绩效计划。

绩效管理的意义绝不仅仅是得出几个分数，排出序列，其根本目的在于通过这种方式来激励员工的正面行为，纠正错误导向，即不仅是“总结当期”，更要“展望下期”，提出评价和绩效改进的建议，以提高员工的工作绩效目标。为此，绩效反馈是绩效管理必不可少的程序，组织要建立一套完善的绩效反馈制度，包括通畅的员工申诉通道。

五、绩效评估结果应用

组织必须将绩效评估结果依据绩效计划的责任约定及时进行奖惩兑现，包括员工工资的增长、绩效奖金的增加、公司股票的发放、福利待遇的提高、任职资格的确认、工作职务的晋升、培训机会的获得、荣誉称号的授予、组织事务的参与等。组织通过绩效管理使得员工的工作能力、行为方式与其薪资酬劳、职业前景紧密联系起来，从而确保所有员工都会努力去完成个人绩效目标，从而实现企业的总体战略目标。

子任务三　了解绩效管理的认识误区和实践问题

任务提示

完成以上任务后，你已基本掌握绩效管理的动态过程。但是绩效管理中常常存在一些认识误区，往往导致绩效管理的失败，而管理者却毫无察觉。另外，绩效管理实践中也经常产生许多问题，难以解决。如何使企业的管理者及员工对绩效管理持有正确的理念？如何解决在具体绩效管理推行过程中存在的问题？请进入本任务。

目前，对中国企业而言，绩效管理的意义是显而易见的。但是在绩效管理的认识上，形成了两个怪圈：一个怪圈是不少企业对绩效管理不够重视，认为绩效管理是无用的；另一个怪圈是很多企业把绩效管理当作企业制胜的“法宝”，甚至不惜花费巨大代价自己设计或邀请咨询公司来开发适合本企业的绩效管理体系。然而，往往事与愿违，在实践中企业或多或少都觉得绩效管理的推行受到了重重阻碍，收效甚微，成为人力资源管理中一个最让人头疼的环节。这种现象出现的原因主要有两个方面：一是对绩效管理的认识不到位，主要是指企业的管理者及员工对绩效管理的认识存在误区；二是绩效管理实践中还存在许多问题，主要是指在具体绩效管理推行过程中存在的问题。

一、绩效管理的认识误区

（一）管理者认为绩效管理等于绩效评估

许多企业的管理者认为年末填写的那几张评估表就是绩效管理。事实上，绩效评估只是绩效管理过程中的一个环节，是对员工前期工作的总结和评价，远非绩效管理的全部，如果只把绩效管理局限在绩效评估上，必然要偏离实施绩效管理的初衷。绩效评估绝不等同于绩效管理。绩效管理是一个完整的循环系统，它包括绩效目标与计划、绩效实施与管理、绩效评估与考核、绩效反馈与指导和绩效评估结果应用五个环节。如果简单地认为绩效评估就是绩效管理，就忽略了绩效沟通，缺乏沟通和共识的绩效管理肯定会使管理者和员工之间形成一些障碍，阻碍绩效管理的良性循环，造成管理者和员工在认识上的分歧。绩效管理不仅仅强调生成绩效评估结果，更强调通过计划、分析、评估、反馈等环节生成结果的过程。

目前，我国大多数企业缺乏完整的绩效管理体系，还停留在绩效评估阶段。这种现象的出现和企业管理者的理念有关。企业管理者要转变绩效管理就等同于绩效评估的观念，否则企业实施的绩效管理就永远只停留在表面，起不到推动企业发展的任何实质性作用。

（二）决策者对绩效管理重视不够

有些企业的决策者对绩效管理没有给予高度重视或未把绩效管理提上议事日程，根本没有意识到绩效管理是企业稳定发展的基础性工程，没有意识到绩效管理是提高企业绩效的重要途径。有些决策者甚至认为实施绩效管理成本太高，绩效管理就是“绣花枕头”，中看不中用，对员工的绩效管理不予全力支持，导致企业绩效管理无法获得足够可支配的资源，这是绩效管理无法顺利推进并取得理想效果的根源。然而，一些先进的企业一如既往地积极推行绩效管理，不断激励企业进行绩效创新，保障企业在激烈的市场竞争中获得发展空间。

（三）管理者认为绩效管理只是管理者单方面的事情

很多企业管理者常常错误地认为绩效管理只是管理部门的事情，员工知不知道并不重要。这种认识既不全面，也不正确。绩效管理实际上是员工和管理者就绩效问题进行双向沟通的一个过程。企业应在沟通的基础上，帮助员工制定绩效目标，通过过程中的持续沟通，对员工进行辅导，帮助员工不断达成绩效目标。在此基础上，对员工的绩效进行评估，确定员工的绩效等级，形成员工的绩效改进计划，帮助员工改进绩效，使员工朝更高的绩效目标迈进。如果员工根本不参与其中，不了解也不明白管理者要对他们进行怎样的评估，他们就会对绩效管理持恐惧和反感态度，对绩效管理敬而远之。只有让员工明白绩效管理对他们的好处，他们才会配合管理者进行绩效沟通，才会乐于参与和推进绩效管理。

（四）员工对绩效管理缺乏理解

正是因为绩效管理是管理者和员工就绩效问题进行双向沟通的过程，所以员工对绩效管理的理解也是非常重要的。若员工认为绩效评估是管理者与其“算总账”，与其过不去，绩效管理是浪费时间，认为绩效评估不公正、不能真实反映其实际工作绩效状况，对绩效评估抱着不认可的态度，抵触情绪较大，那么绩效管理在实施中将会遇到的困难和能取得的效果可想而知。

二、绩效管理的实践问题分析

（一）人力资源经理和直线经理定位不明

很多企业认为人力资源管理就是人力资源管理部门的事情，绩效管理既然是人力资源管理活动的一个组成部分，理所当然地要由人力资源管理部门来做。其他职能部门的管理者对此漠不关心，或者只做一些关于实施绩效管理的指示。这是企业绩效管理得不到有效实施的重要原因之一。

事实上，在绩效管理的实践中，人力资源经理和直线经理都负有重要责任，只是两者的分工有所不同而已。从严格意义上讲，企业的人力资源管理部门和其他职能部门一样，是为业务部门提供支持和服务的，是企业人力资源政策的管理者。显然，绩效管理的功能超出了人力资源管理部门的职能范围，其真正的责任人应当是企业的CEO及各级直线经理。

人力资源经理在绩效管理过程中的任务是在具体的操作中承担横向的组织和协调工作，负责绩效管理流程的设计，是绩效管理的组织者和监督者。而直线经理则对于绩效管理在各部门的有力推行起着决定性的作用。直线经理最了解自己的员工，他们知道应该用什么样的话语来激励员工，用什么样的方法来调动员工的积极性。因此，离开直线经理的协助，人力资源经理的努力就显得过于苍白。

在绩效管理的贯彻、实施过程中需要的是人力资源经理和直线经理的共同参与、共同努力，两者只有形成工作搭档关系，承担各自的责任，绩效管理才有可能发挥其作用。

（二）绩效管理与战略目标脱节

绩效管理作为企业战略实施的有效工具，关键是能否将战略目标层层分解落实到每位员工身上，促使每位员工都为企业战略承担责任。然而，现实中不少企业的问题是，每年年底各部门的绩效目标都完成得非常好，而企业整体的绩效却不是很好。究其原因，最主要的还是绩效目标的分解存在问题，即部门的绩效目标不是从企业的战略目标逐层分解而来的，而是根据各自的工作内容提出的，是自下而上的申报，而不是自上而下的分解。这样，绩效管理与战略目标出现了脱节现象，就难以引导所有员工趋向企业的目标。

（三）绩效指标缺乏科学性

选择和确定什么样的绩效指标是绩效评估中的一个重要的、比较难以解决的问题。企业的绩效指标作为评估的标准，体现了企业对员工的基本要求。绩效指标设计是否合理直接影响绩效评估的质量。

在实践中，经常出现两种极端的现象：一是绩效指标过于单一，如评估企业销售员的绩效指标只有销售额，缺乏对道德的约束而导致损害客户的利益，最终损害企业形象；二是绩效指标过于复杂，过于追求指标体系的全面和完整。企业往往对如何使绩效指标尽可能地量化和具有可操作性，并与绩效计划相结合考虑不周。绩效管理主要应该抓住关键业绩指标，将员工的行为引向企业的目标方向，太多或太复杂的指标只会增加管理的难度和降低员工的满意度，影响其对员工行为的引导作用。

（四）绩效评估过于主观

在进行绩效评估时，特别是对被评估者进行主观评价时，由于评估标准的不稳定等因素，评估者很容易不自觉地受人为因素影响而产生偏差，如：

（1）晕轮效应。以偏概全，“部分印象影响整体”。

（2）相似效应。偏爱跟自己在某些方面（民族、籍贯、性别、学历、学校、专业、志趣、爱好等）相似的人而给予其较有利的评估。

（3）趋中效应。硬套“两头小，中间大”的一般性规律，不从实际出发，或没仔细考查下级的表现而不愿给出“最优”与“最劣”的极端评语，干脆来个平均主义，都评个“中等”。

（4）近因效应。评估者往往对不久前发生的、时间较近的事件或行为印象较深，认为这便是具有代表性的典型事件或行为，将其当作被评估者的一般特征，较久远的事则忘记或忽略了。

（五）忽视绩效面谈和绩效反馈

绩效面谈可以有效地帮助员工检讨目前的工作绩效，使员工有机会提出改进工作绩效的办法，主管也得以借此修正员工的工作责任、目标及绩效指标，并且可以进一步了解员工是否需要接受更多的训练和辅导。此外，绩效面谈还可能发展出一种主管与员工的共同关系平台和渠道。

绩效反馈如不能执行，一方面是因为评估者不愿意将评估结果反馈给被评估者，评估行为成为暗箱操作；另一方面是因为评估者无意识将评估结果反馈给被评估者，根源在于评估者没能真正理解绩效管理的意义与目的。不管是哪方面的原因，都不能成为绩效反馈被忽视的理由。有了绩效反馈，员工才知道自己需要做的后续努力，绩效管理才得以形成一个良性的循环。

（六）绩效评估结果没能得到切实的应用

企业在实施绩效评估过程中，通过对各种资料和相关信息的搜集、分析、判断、评价等流程，会产生各种期中评估和期终评估结果的信息资源，这些信息资源是绩效评估结果应用的依据，企业要依此作出用人、培训、职位升降、职业发展、薪酬管理等各方面的决策。但是目前很多企业在这方面没能做得很好，浪费了这些得来不易的信息，导致绩效评估的结果没能和后续的人力资源政策结合起来，使绩效管理流于形式。

课堂讨论

1. 大学班级管理可不可以引入绩效管理？如果可以，其绩效管理体系应是怎样的？如何防止绩效管理的认识误区？有哪些实践性问题？如果不可以，请问为什么？存在哪些困难？

2. 假设你是企业的一名主管，你在准备对一名员工进行绩效评估时，可能会犯哪些错误？可以采用什么样的方法来避免这些错误的发生？

任务小结

绩效是员工在工作过程中所表现出来的、与组织目标相关的且能够被评价的工作业绩、工作能力和工作态度。员工绩效具有多因性、多维性和动态性的特点。

绩效管理是各级管理者和员工为了达成组织目标，共同参与绩效计划制订、绩效辅导沟通、绩效考核评价、绩效结果应用、绩效目标提升的持续循环过程。

绩效管理是一个动态的过程，包括绩效目标与计划、绩效实施与管理、绩效评估与考核、绩效反馈与指导、绩效评估结果应用五个方面的内容。

在实践中企业绩效管理的推行受到了重重阻碍，这种现象出现的原因主要有两个：一是对绩效管理的认识不到位，主要是指企业的管理者及员工对绩效管理的认识存在误区；二是绩效管理实践中还存在许多问题，主要是指在具体绩效管理推行过程中存在的问题。

关键术语

绩效　绩效管理　绩效计划　绩效评估

技能自测

一　单项选择题

1. 绩效管理活动实施过程中的中坚力量是（　　）。

A. 高层领导　　B. 一般员工

C. 各个层次的管理人员　　D. 人力资源管理人员

2. 对一名工人的绩效评估，除了产量指标的完成情况外，质量、原材料消耗率、出勤率、服从纪律等方面也都是要进行评估的内容，这体现了绩效的（　　）特点。

A. 多因性　　B. 多维性　　C. 动态性　　D. 不确定性

3. 管理者对员工在企业运行中的行为状态和行为结果进行定期考查和评估，同时和员工就所要实现的目标互相沟通、达成共识的一种正式的系统化行为，称为（　　）。

A. 绩效评估　　B. 绩效计划　　C. 绩效反馈　　D. 绩效管理

二　多项选择题

1. 在实际工作中，绩效具有（　　）的特点。

A. 多因性　　B. 多维性　　C. 多重性

D. 动态性　　E. 灵活性

2. 以下对绩效管理的描述正确的是（　　）。

A. 迫使下属工作的棍棒　　B. 一个持续的交流与沟通过程

C. 下属与主管之间达成工作协议　　D. 对未来工作达成明确的目标和理解

E. 组织、部门、个人融为一个系统：三方受益

三　判断题

1. 绩效管理只有在绩效低下时才使用。（　　）

2. 绩效管理是评估主体对照既定的工作目标或绩效标准，采用一定的评估方法，评定员工的工作任务完成情况、工作职责履行程度和发展情况等，并将上述评定结果反馈给员工的过程。（　　）

四　分析题

1. 请你设计一套员工绩效管理的程序。

2. 试分析绩效管理与绩效评估的关系。

案例分析

康宁公司的“精密”绩效评估系统

以前，康宁公司没有正式的绩效评估系统，人力资源部以其和员工的主管之间的非正式谈话为基础来评估员工。后来，康宁公司开发了一个比较精密的绩效评估系统。在这个系统中，主管按总体绩效和晋级潜力给员工打出书面评分。实施不久后发现，这个“精密”的绩效评估系统也有欠缺，这些总体评价的标准相当模糊，结果是主管对员工绩效的评分非常主观且经常是不准确的。这使得评估系统不能为公司在晋升、调动、加薪方面作出决策时提供健全的依据。另外，评估系统没有员工各方面的信息，也没有员工对公司期望的信息，员工对所获得的有利得分也一无所知。

思考：

如何改进康宁公司的“精密”绩效评估系统？

任务二　建立基于战略的绩效管理体系

学习目标

◆ **知识目标**

理解并掌握绩效计划与绩效实施

掌握绩效评估的程序

掌握绩效反馈面谈的相关内容

灵活把握绩效评估结果的应用

◆ **技能目标**

能制订绩效计划和推动绩效实施

能进行绩效评估和绩效反馈

能将绩效评估结果应用于人力资源管理的其他职能

◆ **职业素质和态度目标**

熟悉绩效管理体系，能用专业知识解决企业实际中的绩效管理问题

具有健康的身心素质和公平公正的工作态度，建立客观的评估标准、严谨的评估程序来进行绩效评估

具有较强的工作责任心和诚恳的态度，重视绩效反馈和绩效反馈面谈的效果

任务导入

成绩从何而来？

刘总经理在全公司大会上宣布：“今年我们公司的绩效评估成绩如下：销售部，优；财务部、人力资源部，良；生产部，中；其他部门，及格。评为优的部门加薪20%，评为良的部门加薪10%，评为中的部门不加薪，评为及格的部门减薪10%。”

任务分析：绩效管理的各个环节是一个有机的整体，企业必须建立与薪酬体系相关联的绩效管理体系，应用绩效管理的技术和方法，设计岗位绩效评估方案。

绩效管理体系是指绩效管理中涉及的组织部门、内外环境和各种制度、行为等的总和，由绩效计划、绩效实施、绩效评估、绩效反馈以及绩效评估结果的应用五部分构成。绩效管理体系的开发和设计者可以为组织的所有员工设计同一套绩效管理体系，给他们发同一本操作手册、同一份绩效评估表格。但是毫无疑问，不同的部门对不同级别、不同岗位员工的评估内容都有不同的侧重，采用的绩效评估方法也各有不同。因此，绩效管理体系的开发和设计者应该十分清楚怎样的绩效管理体系才是适合本组织的，才是高效率的。

子任务一　制订绩效计划并开展绩效实施

任务提示

绩效管理是一个动态的过程。作为绩效管理体系的开端环节，绩效计划是组织进行绩效管理的基础和依据。员工需要知道自己要做什么、怎么做、做到什么程度、做不好的直接后果是什么。同时，管理者需要掌握工作的进展情况、员工的工作表现、存在的问题等。如何帮助员工实现以上信息的传递？请进入本任务。

一、绩效计划

阅读材料

扣奖金

小周走向周经理，抱怨道："经理，为什么扣了我这个月的奖金啊？"

"因为这个月你迟到了两次！"

"你事先又没说迟到两次会扣奖金。"小周辩解道。

对话很简单，但我们可以清晰地看出，这种现象产生的原因就是企业没有及时制订合理的绩效计划。

绩效计划是整个绩效管理体系的第一个环节，是整个绩效管理过程的起点。很多人往往只注重绩效评估这一个环节，但实际上绩效计划也是相当重要的。

绩效计划是管理者与员工共同讨论以确定员工绩效管理周期内应该完成哪些工作和达到怎样的绩效标准，并最终达成一致意见、形成契约（绩效计划书）的过程。

（一）绩效计划的作用

古人云："凡事豫则立，不豫则废。"绩效计划的作用正是体现在其指向作用、操作作用和弥补作用上。

1. 指向作用

绩效计划作为行动的纲领和指南，不但为管理者的管理活动提供了依据，更重要的是，它确定了绩效管理的活动方向，可以帮助员工找准路线、认清目标，以便绩效管理体系内的其他活动都能按计划、有步骤地进行。

2. 操作作用

绩效计划的制订需要人力资源经理、职能部门经理以及员工三方面的参与，在这过程中可以加强管理者和员工的参与感，使绩效管理更具操作性，绩效计划的执行也因此更加得力。

3. 弥补作用

绩效计划的作用在于根据过去和现在的信息，预测未来绩效管理可能发生的变化，尽可能地把握发展趋势，并在科学预测的基础上制定相应的补救措施，最大限度地提高绩效计划的科学性。同时，绩效计划可以帮助管理者在需要时对计划作出必要的修正，采取一些补救措施，将风险降到最低，减少未来情况变化带来的损失。

（二）绩效计划的内容

绩效计划包括三方面的内容：关键绩效指标、工作目标设定和能力发展计划。

1. 关键绩效指标

关键绩效指标（Key Performance Indicator，KPI）是企业宏观战略目标经过层层分解而来的，是操作性的战术目标，是用来衡量评价对象的工作绩效的具体量化指标，是对结果绩效的评价方式。

不同岗位应有不同的KPI组合，不同部门的KPI应有不同的特点和着重点。例如：某公司财务部门的KPI是总利润、成本（费用）降低率和存货周转率，以利润和成本为中心；生产部门的KPI是总产量、品种量和一等品率，以产量和质量为中心；销售部门的KPI是销售收入、产销比和资金回收率，以收入和资金回收为中心；人力资源部门的KPI是全员劳动生产率，以人员投入和劳动效率为中心。

一般而言，企业高层管理人员应对企业的战略目标负责，中层管理人员要重点保证企业的正常运营，而基层人员的工作重心是完成其承担的各种具体指标。表5-1是某公司对公司总裁、研发负责人和销售人员进行量化管理的KPI指标结构。

表5-1　某公司对公司总裁、研发负责人和销售人员的KPI指标结构

人员	效益类	运营类	组织类	工作目标类
公司总裁	70%	20%	10%	—
研发负责人	10%	50%	10%	30%
销售人员	60%	10%	10%	20%

2. 工作目标设定

工作目标设定是指员工在评估期内应该完成的主要工作及其效果；是对工作职责范围内的一些相对长期性、过程性、辅助性和难以量化的关键工作任务的完成情况，即对过程绩效的评估方法。

工作目标设定能弥补完全量化的关键绩效指标所不能反映的方面，更加全面地反映员工尤其是基层员工的表现。

关键绩效指标与工作目标设定的结合，实现了主管领导对涉及企业价值的关键活动的清晰了解，各层各类人员对各职位使命、工作重点的明确认识，是绩效管理的客观基础与全面衡量标准。

3. 能力发展计划

图5-2中的“能力”是指根据企业发展的整体要求，个人需要发展的能力（不是个人需要完成的任务和职责），可以用个人行为表现将其具体化，从而为实现关键绩效指标与工作目标提供帮助。

- 能力
  - 专业能力
    - 知识
    - 技能
  - 基础能力
    - 理解、判断、决断力
    - 应用、规划、开发力
    - 表达、交涉、协调力
    - 指导、监督力

图5-2　能力的类型

（三）绩效计划制订的程序

1. 绩效计划的准备阶段

绩效计划准备阶段的主要工作是准备信息和确定采用何种沟通方式。信息包括组织、团队和个人三方面的内容，如组织的战略发展目标和计划、年度的经营计划，团队的目标经营或工作计划，员工个人的职责描述、员工上一个绩效期间的绩效评估结果。沟通方式主要有召开员工大会、小组会议、单独面谈等。

2. 绩效计划的沟通阶段

绩效计划是双向沟通的结果，绩效计划的沟通阶段也是制订整个绩效计划的核心阶段。在这个阶段，管理者与员工经过充分的交流，就本次绩效期间内的工作目标和计划达成共识。绩效计划的沟通阶段要充分考虑沟通环境和气氛、沟通原则、沟通过程、沟通结果等。沟通环境和气氛是指有专门的时间、没有干扰的地点和宽松的气氛；沟通原则是指有相对平等的关系、注重员工的能动性、适当的管理者影响力和共同决策等；沟通过程是指对有关信息的回顾、传递和交流，并达成一致的过程；沟通结果是指沟通达成的关于绩效的契约和协议。

3. 绩效计划的审定和确认阶段

审定和确认阶段是制订绩效计划的最后环节，需要对经过沟通而确定的计划内容进行系统的审定，形成一个经双方协商讨论的绩效计划书，并由双方在该计划书上签字。绩效计划书一式两份，管理者和员工各持一份，是员工未来绩效周期内的工作指南，也是管理者对员工的工作进行监督、检查与评定的重要依据。

二、绩效实施

绩效实施是指员工根据已经制订好的绩效计划开展工作，管理者对员工的工作进行指导和监督，对发现的问题及时予以协助解决，并根据实际工作进展情况对绩效计划进行适当调整的过程。

（一）绩效实施的重要性

1. 绩效实施是绩效计划实现的保证

作为绩效管理过程的中间环节，绩效实施是绩效计划的落实和执行，包括从绩效计划形成到绩效目标达成为止的全部活动，是展现管理者管理水平和艺术的主要环节。绩效实施的好坏直接影响绩效管理的成败。

2. 绩效实施可以对绩效计划进行调整

这种调整包括两个方面：一是制订绩效计划时，我们不可能把计划实施时遇到的所有客观情况考虑周全，一旦出现由某些不可抗力导致的状况，就必须按照实际情况来调整绩效计划，否则绩效计划的目标就永远不可能完成；二是当计划在实施过程中出现了某些有利于计划顺利进行的因素时，我们也可以根据客观状况相应地提高原有计划中设定的目标，否则计划的完成就太简单、太容易，产生不了任何激励作用了。

3. 绩效实施是绩效管理的主要环节

绩效计划制订好后，必须进行绩效实施。借助绩效实施过程中观察到的现象和搜集到的信息，管理者才可能进行后续的绩效评估、绩效反馈等绩效管理的其他工作。员工可以就绩效实施过程中遇到的问题随时和管理者沟通，以防出现绩效计划执行不力、绩效评估不合格的情况。

（二）绩效实施的内容

绩效实施的过程主要包括两个方面的内容：一个是持续沟通式的绩效辅导，另一个是绩效信息和数据的搜集与分析。

要想具备实现绩效的执行能力，就必须进行持续沟通式的绩效辅导。绩效辅导是指在管理者进行管理和员工接受管理的过程中，做双向沟通，使员工知道管理者希望他们做什么、怎么做、做到什么程度、做不好的直接后果等信息，使管理者掌握工作的进展情况、员工的工作表现、存在的困难和障碍等，实现信息资源的传递和共享的过程。

绩效信息和数据的搜集与分析是一种有组织地、系统地搜集有关员工工作情况和组织绩效的方法。没有充足的信息和数据，管理者就无法掌握员工工作的进度和所遇到的问题，就无法对员工工作结果进行评价并提供反馈，就无法使整个绩效管理循环不断地进行并对组织产生良好的影响。

子任务二　进行绩效评估

任务提示

完成以上任务后，你已基本掌握绩效管理体系中的前两个环节的内容。接下来的第三个环节——绩效评估——是最为关键的。员工有没有按绩效计划实施？绩效结果怎样？如何进行绩效评估？请进入本任务。

阅读材料

到底谁的工作出色？

许多管理者都有这样的体会：涨工资和发奖金都不是一件容易的事情。如果管理者对这些事情的处理无法让员工满意，很容易让员工对企业产生抱怨，或者让员工之间发生冲突。

之所以不能让员工感到满意，是因为企业无法拿出有说服力的证据，来说明谁的工作出色，谁的工作不出色，以及出色的与不出色的差别到底有多大。对员工进行绩效评估可以解决这个问题。

除此之外，绩效评估还可以让员工明白自己在企业里的真实表现（企业对员工的评价）和企业对自己的期望，并且能够为员工的晋升和降职提供有力的参考依据。

一般而言，组织对员工进行绩效评估，或是为了达到管理方面的目的，或是为了达到发展方面的目的。一个绩效评估项目的用途是多方面的，这些用途对组织和被评估的员工双方都是有益的。如绩效评估的结果可以为薪资评定提供依据，可以用来衡量员工是否需要接受培训等。

一、绩效评估的原则

（1）公平、公正原则。绩效评估的结果不应受个人特质（包括评估者与被评估者的特质）的影响而产生差别待遇的不公平现象。

（2）公开、透明原则。进行绩效评估时，应最大限度地减少评估过程的神秘感，加强评估者和被评估者双方对评估过程的认知。

（3）制度化原则。员工的绩效评估必须定期定时地进行，对于评估前、中、后要做什么，必须形成规范。

（4）弹性原则。绩效评估要保持适当的弹性。

（5）可行性原则。绩效评估方案的制订所牵涉的各个要素应为参与评估各方所处的客观环境所允许。

二、绩效评估的目的

绩效评估的目的主要体现在三个方面：

（1）绩效评估是提高组织管理效率及改进工作的重要手段。

（2）绩效评估是员工改进工作及谋求发展的重要途径。

（3）绩效评估结果是人力资源管理系统中各环节的重要依据。

三、绩效评估的基本要素

绩效评估有三个基本要素：

（1）评估对象。在组织中，评估对象一般包括组织、部门和员工三个层面。本书所讲的绩效评估，主要是针对员工个人。

（2）评估内容。员工的绩效评估主要针对工作能力、工作态度和工作业绩等。工作能力和工作态度主要通过胜任素质来考核，胜任素质主要包括知识、技能、社会角色、自我概念、特质、动机等方面的内容；工作业绩是员工的直接工作结果，在某种程度上体现了员工的工作能力和工作态度，可以从数量、质量和效率三方面来衡量。

（3）评估主体。评估主体是指对员工的绩效进行评估的人员，主要包括直接上级、同级同事、直接下级、员工本人、客户等。

四、绩效评估的程序

从绩效评估过程的本质出发，我们认为绩效评估的过程实际上就是一个观察与记录被评估者绩效信息、分析与评价绩效信息以及提供反馈的过程。绩效评估的程序如图 5-3 所示。

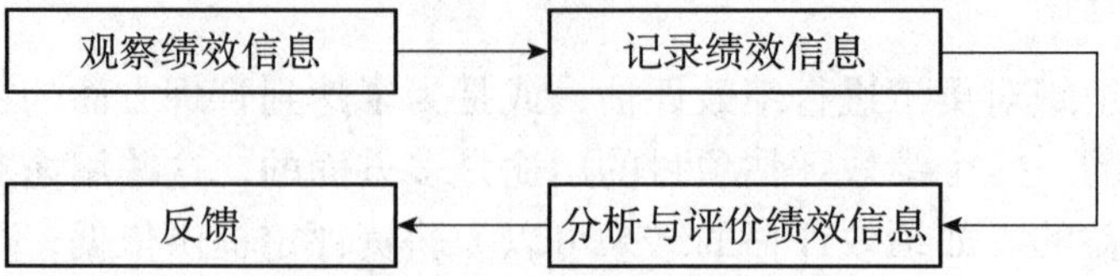

图5-3　绩效评估程序示意图

（一）观察绩效信息

观察绩效信息的主要工作是评估者在日常工作中对被评估者的工作行为、工作态度等进行观察。这可以看作整个绩效评估过程的起点，也有学者把这个部分看作绩效评估过程的准备阶段。观察绩效信息在整个绩效评估过程中的意义重大，因为所观察到的一切都将成为最终的绩效评估依据，它直接影响绩效评估结果的准确性和真实性。

（二）记录绩效信息

记录绩效信息主要是指评估者将被评估者的工作行为、工作态度等记录下来，作为被评估者整体绩效的一个组成部分。在这一过程中，评估者就已经形成了对被评估者的初步印象。

评估者记录被评估者绩效信息的方式实际上分两种，即大脑记录和书面记录。评估者不可能时时刻刻拿着纸和笔去记录被评估者的各种信息，因此，有时需要评估者将这种信息储存在记忆里。由于通过这种方式得来的信息有可能随着时间的推移而变得模糊，因此书面记录就成为一种很好的信息记录的补充方式。

（三）分析与评价绩效信息

分析与评价绩效信息的主要工作是将评估者记录的关于被评估者的所有信息与各个绩效维度进行对比审查，剔除不必要的信息，最终确定被评估者的评价等级。

（四）反馈

通过评估者与被评估者的充分沟通，被评估者能够充分了解评估的结果，这仅仅是绩效评估的目的之一。更重要的是，评估者要帮助被评估者认识到自己在工作中取得的进步和仍存在的问题。

通过这个程序可以看出，绩效评估并不仅仅是填写评估表格。评估者从一开始就要做好各方面的准备，在日常工作中主动地搜集与员工行为、表现有关的各种信息。同时，反馈也是评估者必须注意的绩效评估过程中的收尾工作。

子任务三 对评估结果进行绩效反馈

任务提示

绩效评估的直接目的是改进员工的绩效，绩效反馈不仅能帮助员工调整自我认知、自我评价和行为，还能提高员工的自我管理水平，使员工保持与组织目标一致，最终有助于绩效改进。绩效反馈是如何进行的？请进入本任务。

阅读材料

我怎么不知道？

在某公司的办公室内，员工小王对陈经理说："为什么小孙的工资比我要高将近5%？"

陈经理回答说："因为他当年的绩效评估结果是A，而你是B。"

小王说："我怎么不知道？"

陈经理："……"

许多企业并不是很重视绩效反馈这个环节，这是对绩效管理认识不全面的表现。怎样才算真正实施了完整的绩效管理？怎样才能尽量减少绩效评估环节的失误？怎样才能让被评估者了解自己的绩效状况？怎样才能将管理者、评估者的期望传达给员工？这些问题的答案就是绩效反馈。

我们可以从两个方面来看待将绩效反馈作为绩效管理不可缺少的环节的必要性。首先，绩效评估环节由于所依据的理论因素、功能性因素、评估者因素、被评估者因素等，会出现诸多盲点，影响绩效管理的最终结果。绩效反馈在减少盲点、提高绩效评估的效度方面显得特别必要。其次，绩效管理的目的是让被评估者改进绩效，通过绩效反馈，可以实现绩效管理激励、奖惩和培训开发功能，促进沟通功能的发挥。

一、绩效评估谬误与改善对策

"前事之不忘，后事之师。""前车覆，后车诫。"中国古人的伟大智慧对现代管理实践也有重大的启示。在绩效管理中，了解曾经发生的错误或出现的问题，有助于在后来的实践中掌握正确的方向和采取有力的行动。

（一）首因效应

首因效应是指个体在社会认知过程中，通过第一印象最先输入的信息对事物的认知产生的影响，比以后得到的信息对于事物整体印象产生的作用更强，持续的时间更长。这种效应导致评估者对被评估者的第一印象对评估结果影响过大，如果第一印象好，对被评估者各方面的评价都比较高；反之，则对其各方面的评价都比较低。在评估中，评估者往往会以貌取人。在初次见面时，如果评估者对被评估者的外表印象深刻或因其能言善辩、思路清晰而对其产生好感，在后面的评估中即使发现他有毛病，也会找理由为他开脱；相反，如果被评估者相貌平平、沉默寡言，不是评估者喜欢的类型，那么在后面的评估中，评估者对其成绩不以为然，对其缺点念念不忘，这样就会影响对被评估者的客观评价。

改善对策：为了避免这种误差，评估者在评估时要有意识地克服先入为主的印象，不带主观色彩，从实际情况出发作出恰当的评价。另外，要消除评估者的偏见。

（二）晕轮效应

晕轮效应又称光环效应，是指评估者在考查被评估者的工作业绩时，特别看重被评估者的某种特性，导致以偏概全，从而产生评估误差。如外表较好、衣着时髦的被评估者，会被认为有责任感或善于协调而受到较高评价。

改善对策：（1）培训评估者；（2）对各个特性分开评估；（3）不以一时印象为依据来进行评估，而是列举被评估者的具体行为事实；（4）不对一个被评估者连续进行所有评估要素的评估，而采取通过一个评估要素来评估所有被评估者的评估方式；（5）正确掌握事实；（6）以评估项目为标准，平时就注意观察被评估者；（7）就每个评估项目对每个被评估者进行评估，避免遗漏。

（三）近因效应

近因效应是指人们对近期发生的事情往往印象比较深刻，而对之前发生的事情印象比较淡薄。评估一个人时，只看其近期的表现和成绩，以近期的记忆或印象来代替被评估者在整个被评估期的工作表现情况，从而造成评估误差，这就是近因效应。如被评估者在一年中的前半年工作马马虎虎，到最后一个月才开始表现较好，以图令评估者在评价他时产生近因效应。

改善对策：（1）做好员工的日常表现记录，有利于从整个评估期的角度衡量员工的绩效；（2）搜集资料要准确；（3）每个评估项目都要考虑评估周期内自始至终的状况，而非一时的状况。

（四）刻板印象

刻板印象是指评估者对被评估者的看法往往会受到被评估者的性别、民族、身高、地位及其所属社会团体的影响。一般人的刻板印象包括：有社会地位的人比较文质彬彬，地位低微的人比较粗野；男性的工作能力较之女性的工作能力更容易受到肯定等。

改善对策：（1）评估者在反映个人偏好时必须小心谨慎，避免让自己的偏好影响对被评估者的评估结果；（2）选择信度与效度较高的评估方法；（3）选择与工作紧密相关的评估因素；（4）对评估者进行相关培训。

（五）趋中倾向

趋中倾向是指评估者基于不愿或无法明确区分被评估者的实质差异，同时为了避免太高或太低的评估结果而将评估结果集中于中等的倾向。如果评估等级是从第 1 级到第 7 级，那么评估者很可能既避开较高的第 6 级或第 7 级，又避开较低的第 1 级或第 2 级，而把大多数的被评估者都评定在第 3、4、5 这三个等级。

改善对策：（1）采用排列法或强制分布法；（2）充分掌握能评估被评估者好坏的具体事实；（3）将评估标准与现实情形进行比较和研究。

（六）宽容化 / 严格化倾向

这是与趋中倾向相反的一种倾向，即在评估过程中，一些评估者给所有的被评估者等级都很高或很低，正如有的老师喜欢给高分而有的则喜欢给低分一样。此外，由于评估者与被评估者关系密切或关系紧张，评估者往往忽视被评估者的绩效表现而给予其非常宽容或非常严格的评估结果。

改善对策：（1）采用强制分布法；（2）对员工进行严格判断，避免犹疑不决；（3）对自己在员工绩效方面的评估能力保持自信。

（七）对比误差

对比误差是指把某一被评估者与前一位被评估者进行对照，从而根据评估者的印象和偏好作出的与被评估者实际工作情况有偏差的结论。如果前一位被评估者在评估者看来各方面表现都很出色，那么在对比之下，就可能会给后一位被评估者带来不利的影响。相反，如果前一位被评估者的工作绩效及表现较差，那么后一位被评估者就可能被高估。

改善对策：（1）评估者应尽量避免对比这种心理现象的产生，使评估误差减小到最低限度；（2）采用强制分布法；（3）培训评估者客观评定绩效。

课堂讨论

试举例说明绩效评估中可能出现的谬误，并提出相应的改善对策。

二、绩效反馈及其作用

阅读材料

其实我最了解他的心

一把坚固的大铁锁挂在铁门上，强壮有力的铁杆费了九牛二虎之力，就是无法把他撬开。这时，纤细柔弱的钥匙来到铁锁旁，钻进锁孔轻轻一个转身，只听得“啪”的一声，铁锁打开了！铁杆很是纳闷：“我这么强壮，费了那么大力气都打不开，你那么柔弱，竟然轻而易举地就把它打开了，为什么会这样呢？”钥匙轻声细语地说：“其实我最了解他的心。”

信息的交流和信任的建立，对于私务、家务、商务、政务和国务，都具有重要的意义和价值。可以这样认为，误解的存在、矛盾的出现和冲突的发生是沟通不畅导致信息失衡、信任丧失的结果。

在绩效管理中也是如此。绩效评估的过程和结果往往会涉及绝大多数员工的切身利益。如果管理者和员工之间没有就绩效管理的目的、计划、措施和结果进行充分交流，员工对于绩效管理给自己的利益带来的影响就很难形成清晰的和积极的预期，管理者所期望的绩效管理能够带来的收益也一定会大打折扣。

绩效反馈是指通过正式面谈的方式，由评估者向被评估者告知绩效评估结果，并就绩效评估结果的信息进行检视与讨论。绩效反馈本质上是信息沟通的一种方式，其最重要的实现手段就是评估者和被评估者双方的有效沟通。

通过绩效反馈，评估者与被评估者就评估周期内的绩效情况进行面谈，在肯定成绩的同时，找出工作中的不足并讨论改进意见。被评估者可以在绩效反馈过程中，对评估结果予以认同，若有异议也可以向公司高层提出申诉，最终使绩效评估得到认可。由于绩效反馈在绩效评估结束后实施，而且是评估者和被评估者之间的直接对话，因此，有效的绩效反馈对绩效管理起着至关重要的作用。

首先，绩效反馈在评估者和被评估者之间架起了一座沟通的桥梁，使绩效评估公开化，确保评估的公平和公正。其次，绩效反馈使被评估者了解自己工作中的不足，有利于改善绩效。最后，绩效反馈可以排除目标冲突，有利于增强企业的核心竞争力。

三、绩效反馈的内容

绩效反馈的内容应包括以下几个方面：

（1）绩效评估的结果。

（2）员工在评估周期内的工作绩效情况以及员工对评估结果的看法。

（3）与员工探讨取得如此成绩的原因。

（4）根据员工的绩效评估结果，告知他将获得怎样的奖惩。

（5）表明组织对员工的要求和期望，了解员工在下一个绩效周期的打算和计划，并提供可能的帮助和建议。

在实际反馈中，许多内容是交叉在一起的，并且不可能面面俱到，管理者要灵活掌握、随机应变。

四、绩效反馈面谈

绩效反馈虽然有很多种形式，但面谈是最为重要、最为常用的形式之一。

（一）绩效反馈面谈的含义

绩效反馈面谈是指管理者就上一绩效周期中员工的表现和绩效评估结果，与员工进行正式的、面对面的谈话，彼此交换信息、意见，做情感上的交流，或相互磋商以解决问题。

（二）绩效反馈面谈的一般技巧

1. 不同类型员工的绩效反馈技巧

（1）明星型员工。这类员工的特点是能力强，不安于现状，想升职，想跳槽。对这类员工，反馈时管理者要适当挫其锐气，给予难度更大、更有挑战性的工作，以给予其更大的发展空间为激励其提高绩效的手段。

（2）潜力型员工。这类员工潜力十足，能力较强，但发挥不稳定。对这类员工，反馈时管理者要先沟通、倾听，然后对症下药，找出适合其发展的方向，为发掘其潜力指明道路。

（3）领袖型员工。这类员工基本上都是非正式组织的核心人物，也有人称这类员工为“地下主管”。对这类员工，反馈时管理者要在适当的时机与之亲切恳谈，尽可能消除相左意见，引导其按组织的目标发展。

（4）抱怨型员工。这类员工事事觉得不满意，极易把情绪传染给其他员工，使其他员工的情绪也变得消极。对这类员工，反馈时管理者宜与之私下交流，帮其寻找并解决问题，将其不满情绪转变为积极向上的情绪。

（5）抗拒型员工。这类员工因循守旧、有不易改变的惰性，他们抗拒变革并影响他人。对这类员工，反馈时管理者要让他看到变革带来的好处。

（6）盲从型员工。这类员工的特点是不知道努力方向，业绩较差，业务报告一团糟，没有主见，盲从他人。对这类员工，反馈时管理者应有针对性地加强其专业训练，提高其素质和技能。

2. 语言沟通技巧

在语言沟通上，管理者应做到对评估结果进行描述而不是判断。

3. 非语言沟通技巧

面部表情、身势语言、空间位置等非语言沟通对绩效反馈也有很大影响。为消除双方的错觉或偏差，管理者对员工的非语言性信息的流露应有所重视，并需要注意细节。

阅读材料

如何使绩效反馈面谈更有效？

经理：小A，有时间吗？（评：面谈时间没有提前预约）

小A：什么事情，领导？

经理：想和你谈谈，关于你年终绩效的事情。（评：谈话前没有缓和气氛，沟通很难顺畅）

小A：现在？要多长时间？

经理：嗯……就一小会儿，我九点还有个重要的会议。哎，你也知道，年终大家都很忙，我也不想浪费你的时间。可是人力资源部门总给我们添麻烦，总要求我

们这样那样的。（评：推卸责任，无端发牢骚）

小 A：……

经理：那我们就开始吧，我一贯强调效率。

于是小 A 就在经理放满文件的办公桌的对面，不知所措地坐下来。（评：面对面的谈话容易造成心理威慑，不利于沟通，双方最好呈 90° 直角落座）

经理：小 A，今年你的业绩总的来说还过得去，但和其他同事比起来还差了许多。你是我的老部下了，我还是很了解你的，所以给你的综合评价是 3 分，怎么样？（评：评估没有数据和资料支持，主观性太强，趋中效应严重）

小 A：领导，今年的很多事情你都知道的，我认为自己还是做得不错的，年初安排到我手里的任务我都完成了，另外我还帮助其他的同事做了很多工作……

经理：年初是年初，你也知道公司现在的发展速度，在半年前部门就接到新的市场任务，我也向大家宣布了，结果到了年底，我们的新任务还差一大截没完成，我的压力也很大啊！

小 A：可是你也并没有因此调整我们的目标啊？！（评：目标的设定和调整没有经过协商）

这时，秘书直接走进来说："经理，大家都在会议室里等你呢！"

经理：好了好了，小 A，写目标计划什么的，都是人力资源部门要求的，他们哪里懂得公司的业务。现在我们都是计划赶不上变化，他们只是要求你的表格填得完整、好看（评：人力资源部门在考核的时候注重形式而忽视了内容），而且，他们还给每个部门分配了指标。其实大家都不容易，再说了，你的工资也不错，你看小王，他的基本工资比你低（评：将评估与工资混为一谈），工作却比你做得好，所以我想你应该心理平衡了吧。明年你要是做得好，我相信你会得到满意的结果（评：轻易许诺，而且有第三人在场）。好了，我现在很忙，下次我们再聊。

小 A：可是领导，去年年底评估的时候……

经理没有理会小 A，匆匆地与秘书一起离开了办公室。

这是一次失败的绩效反馈面谈，由于经理缺乏准备和依据，绩效评估流于形式，最终未能达成一致意见，必然会使员工产生不满情绪。不难看出，这次谈话之所以不成功，主要存在这样几个问题：一是评估的着眼点重过去，不重将来；二是针对人，评价性格；三是气氛严肃；四是让人感到突然；五是缺乏资料、数据支持；六是凭主观印象；七是单向沟通。

课堂讨论

设计一个绩效反馈面谈的情境并进行演绎，注意遵循面谈的一般技巧。

子任务四　绩效评估结果的应用

任务提示

绩效评估结果出来了就意味着绩效评估过程结束了吗？实际上，绩效评估结果除了用于管理者和员工共同探讨绩效改进以外，还可作为员工培训与开发、薪酬管理和职位调整等决策的依据。要了解这些，请进入本任务。

阅读材料

绩效评估结果对工作有用吗？

生产部郭经理向人力资源部林经理抱怨："每年都要搞绩效评估，工作量太大，我又得罪了不少员工，可是对工作似乎也没什么促进作用。"这种现象说明企业没有很好地运用绩效评估的结果。

许多人都认为得出绩效评估结果就代表绩效评估过程的结束，实则不然。传统的绩效管理研究没有把对绩效评估结果的处理作为一个与绩效计划、绩效实施、绩效评估、绩效反馈等相提并论的重要过程，是因为在传统的绩效管理中，绩效评估被"工具化"了，往往只用于区分员工绩效的优劣，进而用于薪酬方面的决策，完全忽视了绩效管理最直接、最本质的目的——改进员工绩效。现代绩效管理中，在绩效评估过程中获得的大量有用信息完全可以应用到员工绩效的改进中，此时绩效评估的结果便成为绩效改进和衡量改进效果的依据。由于改进员工的绩效才是绩效管理的最重要目的，因此，作为绩效管理体系重要组成部分的绩效评估结果的应用是否充分，在某种程度上也是绩效管理体系是否成功实施的重要标志。

此外，如图 5-4 所示，绩效管理在整个人力资源管理体系中居于重要地位，绩效管

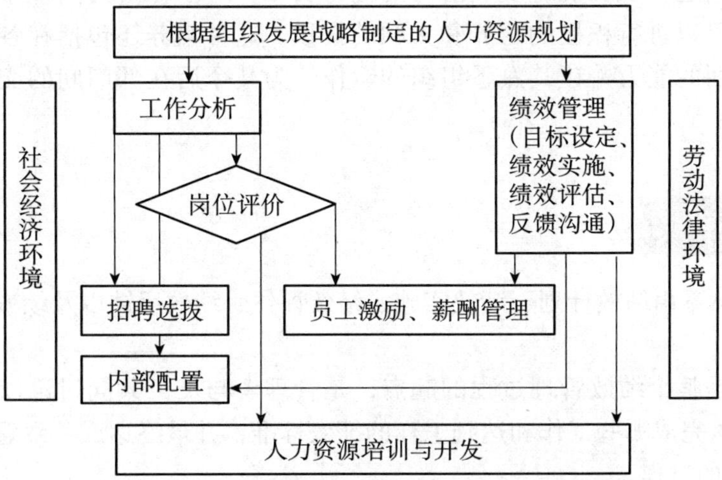

图5-4　绩效管理与人力资源管理其他功能关系图

理的成功实施有赖于人力资源各功能之间的有效配合，而绩效评估的结果也在人力资源管理的很多方面得到应用，为人力资源管理的其他功能提供支持。绩效管理和人力资源管理的其他功能之间是相辅相成、相互服务的关系。我们可以从两个方面来理解：一是绩效评估结果可以用来检查组织管理的各项政策，如人员聘用、配置方面是否有误，还存在哪些问题；二是为人事决策如薪酬、奖励等提供依据。

下面我们对绩效评估结果在人力资源管理的三个方面的应用展开分析。其他方面内容太多，此处不再一一分析了。

一、员工培训与开发

通过绩效评估的结果可以发现员工培训与开发的需要。将员工的实际评估结果与职位要求相比较，发现员工因在某方面存在不足而导致不能完全胜任工作，并可以通过培训弥补时，就需要对员工进行培训。组织也有可能对未来的变化进行考虑，当绩效评估结果显示员工不具备未来所需要的知识或技能时，对员工进行培训与开发是很常见的选择。另外，绩效评估结果还可以作为培训的“效标”，也就是绩效评估结果衡量的效度。

二、薪酬管理

绩效评估结果是薪酬管理最直接的依据之一。绩效评估最初的目的就是更好地评价员工对团队或组织绩效的贡献，以更好地在薪酬分配的过程中体现公平性原则。一般而言，为了强调薪酬的公平性并发挥薪酬的激励作用，员工的薪酬中都会有一部分与绩效挂钩。当然，职位不同，与绩效挂钩的薪酬在总薪酬中所占的比重也会有所不同。

三、职位调整

绩效评估可以反映出员工的优缺点，也为职位的调整提供了依据。理想的做法是，通过职位调整，让每个员工都从事最适合他的工作，扬长避短，取得最大绩效。同时，绩效评估还可以发现有发展潜力的优秀员工，对于在潜力测评中表现出特殊管理才能的员工可以进行积极的培养和大胆的提拔。这种培养还包括在各个职位间的轮岗，培养其全面的能力并让其熟悉组织的运作，为其今后在部门间的交流与协调做好准备。

任务小结

绩效管理体系由绩效计划、绩效实施、绩效评估、绩效反馈以及绩效评估结果的应用五部分构成。

绩效计划是整个绩效管理过程的起点，是管理者与员工共同讨论以确定员工绩效管理周期内应该完成哪些工作和达到怎样的绩效标准，并最终达成一致意见、形成契约（绩效计划书）的过程。

绩效实施是指员工根据已经制订好的绩效计划开展工作，管理者对员工的工作进行指导和监督，对发现的问题及时予以协助解决，并根据实际工作进展情况对绩效计划进行适当调整的过程。

绩效评估又称绩效考评、绩效考核、员工考核等，是评估主体对照既定的工作目标或绩效标准，采用一定的评估方法，评定员工的工作任务完成情况、工作职责履行程度、员工的发展情况等，并将上述评定结果反馈给员工的过程。

绩效反馈是指通过正式面谈的方式，由评估者向被评估者告知绩效评估结果，并就绩效评估结果的信息进行检视与讨论。绩效反馈本质上是信息沟通的一种方式，其最重要的实现手段就是评估者和被评估者双方的有效沟通。

绩效管理最直接、最本质的目的是改进员工绩效。现代绩效管理中，绩效评估的结果是绩效改进和衡量改进效果的依据。作为绩效管理体系的重要组成部分，绩效评估结果的应用是否充分在某种程度上也是绩效管理体系是否成功实施的重要标志。

关键术语

绩效管理体系　绩效计划　绩效实施　绩效评估　绩效反馈　绩效评估结果的应用

技能自测

一　单项选择题

1. 管理者与员工共同讨论以确定员工绩效管理周期内应该完成哪些工作和达到怎样的绩效标准，并最终达成一致意见、形成契约（绩效计划书）的过程，是（　　）。

A. 绩效计划　　B. 绩效实施　　C. 绩效评估　　D. 绩效反馈

2. 评估者在考察被评估者的工作业绩时，特别看重被评估者的某种特性，造成以偏概全，产生评估误差，这种误差是（　　）。

A. 首因效应　　B. 晕轮效应　　C. 刻板印象　　D. 对比误差

3. 绩效反馈最重要、最为常用的形式之一是（　　）。

A. 绩效面谈　　B. 绩效辅导　　C. 绩效沟通　　D. 绩效改进

二　多项选择题

1. 绩效管理体系的构成有哪些？（　　）

A. 绩效计划　　B. 绩效实施　　C. 绩效评估

D. 绩效反馈　　E. 绩效评估结果的应用

2. 在绩效管理中，常见的谬误有（　　）。

A. 首因效应　　B. 晕轮效应　　C. 刻板印象

D. 趋中倾向　　E. 对比误差

三 判断题

1. 绩效实施要严格遵循绩效计划，不可以对绩效计划进行调整。（　）

2. 绩效评估是员工改进工作及谋求发展的重要途径。（　）

3. 在绩效管理中，得出绩效评估结果代表绩效评估过程的结束。（　）

4. 评估一个人时，只看其近期的表现和成绩，以近期的记忆或印象来代替被评估者在整个被评估期的工作表现情况，因而造成评估误差，这是首因效应。（　）

四 分析题

1. 绩效反馈面谈有哪些技巧？

2. 针对一名绩效表现不佳的员工，拟订一份绩效评估后的面谈计划。

3. 假设你是一名主管，你在准备对一名职员进行绩效评估时，可能会犯哪些错误？可以采用什么样的方法来避免这些错误的发生？

案例分析

公司的绩效考核

林某是一家高科技企业的年轻的客户经理，有着双学位的学历背景和较好的客户资源，但是个性较强的林某常常是公司各种规章制度的“钉子户”。果不其然，在公司新的绩效考核方法推行的过程中，林某又一次“撞到枪口上”。

林某所在的公司推行的新的考核办法是根据每个员工本月工作的工时和工作完成度对其工作进行考核，考核结果与工资中的岗位工资和绩效工资挂钩，绩效工资和员工创造出的相关效益挂钩。该公司有良好的信息化基础，工时是根据员工每日在信息化系统中填写的工作安排和其直接上级对员工工时的核定来累计的，员工的工作完成度也是上级领导对员工本月任务完成情况的客观反映。上月月末，该公司绩效考核专员根据信息化系统所提供的数据，发现林某上月的工时与标准工时差距很大，而且林某的工作完成度也偏低，经过相关工资计算公式的演算，林某上个月工资中的岗位工资和绩效工资要扣掉几百元钱。

拿到工资后的林某，面对工资数额的减少，非常激动，提出了如下几点质疑：

（1）工作安排不满不是他的错，是因为上级朱某没有及时下达任务。

（2）没有完成相关的经济目标，责任也不应该全由他承担，因为这和整个公司的团队实力有关。

（3）与他同一岗位的同事相比，他认为自己的成绩比别人好，而拿到手的工资却比别人低得多，这太不公平。

带着一身的怨气，林某走进了一向以严明著称的公司董事长赵某的办公室……

思考：

该公司的绩效考核制度存在什么问题？应该如何改进？

任务三 正确选择绩效评估的方法

学习目标

◆ 知识目标

理解和掌握排序法、配对比较法、强制分布法、关键事件法、行为尺度评定量表法、360度绩效评估法等传统的绩效评估方法

熟悉并掌握关键绩效指标法、平衡计分卡法、目标管理法等现代的绩效评估方法

了解发展式绩效评估思路

◆ 技能目标

能正确选择并灵活运用绩效评估的方法进行绩效评估

能运用发展式绩效评估思路，指导实际工作

◆ 职业素质和态度目标

培养勤于思考、善于思考的工作习惯，具有敬业、坦诚的职业素质，熟练运用绩效评估的方法进行绩效评估

具有大胆创新的意识和精神

具有自主学习、持续发展的意识和素质

任务导入

“体贴”下属的陈总监

陈平是电子公司的生产总监，他平时总是尽可能帮助员工，如帮助员工渡过“经济危机”、帮助员工减少离职损失等，为此，他备受下属的爱戴。

一个名叫王霞的员工经常不来上班。据了解，王霞的丈夫得了重病后一直在家休养；前不久，她的儿子又得了肺炎住院。这对债台高筑的王霞来说，无疑是雪上加霜。

终于到了年底绩效评估的时候了，陈平决定尽可能地帮助王霞。虽然王霞各方面的表现都不突出，但实际上，陈平在每一项考核指标上都给了她“优秀”。由于公司的薪酬制度与业绩评价制度是挂钩的，因此，除了正常的生活补贴及福利提高之外，王霞有资格得到丰厚的绩效奖金，还有可能加薪。

由于陈平的车间在本年年底已超额完成了任务，于是他给工作不太积极的下属张明的表格中的工作数量和工作质量情况栏填了“优秀”，而在工作态度栏填了“较差”，但在表格的评价栏中没作任何说明。当填到员工赵杰的评价表时，陈平心中升起一股内疚感。他知道赵杰被调离现职与自己有关，因而，为了避免尴尬，便给了赵杰较高

的分数。

陈平把绩效评估表整理好时，脸上露出了轻松的微笑。一年一度的考核难关终于过去了。

陈总监就这样完成了一年的绩效评估，好在他的车间本年度超额完成了任务，要是明年完成不了，陈总监是否还能“体贴”下属呢？请对陈总监的评估方法进行评价。

任务分析：这往往是绩效评估中方法运用失当的表现：对绩效评估定位的模糊与偏差，绩效指标的确定缺乏科学性，评估周期的设置不合理，绩效评估与其相关的其他后续工作环节衔接不到位等。

子任务一　灵活运用绩效评估的方法

任务提示

绩效管理在人力资源管理活动中处于中心环节，而绩效评估又是绩效管理不可或缺的重要环节，因此，灵活地运用各种绩效评估的方法显得尤为关键。那么，现代企业中有哪些绩效评估的方法可供选择呢？我们应该如何根据企业的实际情况来选择合适的绩效评估方法呢？请进入本任务。

阅读材料

绩效评估为什么给我个 C？

在休息室中，员工小朱对小沈发牢骚：“经理水平也太差了，绩效评估莫名其妙地给了我个 C，我的工作不是和得 A 的人一样吗？”这往往是企业在绩效评估中没有运用适当方法的结果。

绩效评估方法是指企业绩效评估的具体方法与手段。一套好的绩效评估方法可以有效地为调资、升职、调动、培训等决策提供更多的信息，是企业开展绩效评估的总体手段，进而可以支撑企业持续产生高绩效，保证企业的长久发展。

一、传统的绩效评估方法

（一）排序法

排序法（Ranking Method）是一种相对比较法，是根据员工某个评估因素上的表现，按照绩效最好的员工到绩效最差的员工进行排序，如表 5-2 所示。排序法主要有简单排序法和交替排序法两种。

表5-2　排序法示例

评估因素1		评估因素2		评估因素3	
序号	员工姓名	序号	员工姓名	序号	员工姓名
1		1		1	
2		2		2	
3		3		3	
4		4		4	
5		5		5	
6		6		6	

排序法的优点是：简单实用，评估结果一目了然，有利于识别绩效好的员工和绩效差的员工。对于某个评估因素上绩效有问题的员工，可以考虑安排他们接受该方面的培训。因此，排序法能够为员工培训奠定良好的基础。排序法的缺点是：当被评估的人较多时，排序费时费力，且效果不一定好；当个人绩效水平相近时，难以进行准确排序；不适用于工作性质差异较大或不同部门的人的评估；容易给员工造成心理压力，使部分员工在感情上难以接受，甚至可能会造成员工之间的相互攀比和不正当竞争，排名靠后的员工可能会使用不正当手段破坏评估的公平性，从而导致绩效评估结果缺乏客观性。因此，排序法适用于评估人数较少的情况。

（二）配对比较法

微课　配对比较法

配对比较法（Paired Comparison Ranking Method）又称两两比较法，是指在每一个评估因素上将每一个员工与其他所有员工进行比较的方法，然后把在逐对比较中被评为优的次数相加，用得到的总数来确定等级名次，如表 5-3 所示。

表5-3　配对比较法示例

评估因素	比较对象	被比较对象							得分合计
		A	B	C	D	E	F	G	
操作熟练程度	A	—	1	1	0	1	1	1	5
	B	0	—	0	0	1	0	1	2
	C	0	1	—	0	1	1	1	4
	D	1	1	1	—	1	1	1	6
	E	0	0	0	0	—	0	0	0
	F	0	1	0	0	1	—	1	3
	G	0	0	0	0	1	0	—	1

从表 5-3 所示的 7 名被评估者的情况来看，在操作熟练程度方面由高到低的排列顺

序是：D、A、C、F、B、G、E。

配对比较法的优点是：它是通过将被评估者两两进行比较而得出的次序，其评估结果更为可靠。配对比较法的缺点是：它受到被评估者人数的制约，当有大量员工需要评估时，这种方法显得复杂和浪费时间。因此，配对比较法一般适用于 10 人左右的绩效评估。

（三）强制分布法

为了避免出现因大多数员工都得到相近的等级而没有将真正绩效优秀的员工区分出来的情况，可以使用强制分布法，即对各个等级的人数比例作出限制。强制分布法（Forced-Distribution Method）是指对每一个团队和部门，规定不合格、合格和优秀等级的比例，迫使管理者将员工绩效分出差异。一般来说，各个等级的比例分布应该是接近正态分布的，如图 5-5 所示。采用这种对评估等级进行强制分布的方法可以规避趋中倾向、宽容化倾向 / 严格化倾向。

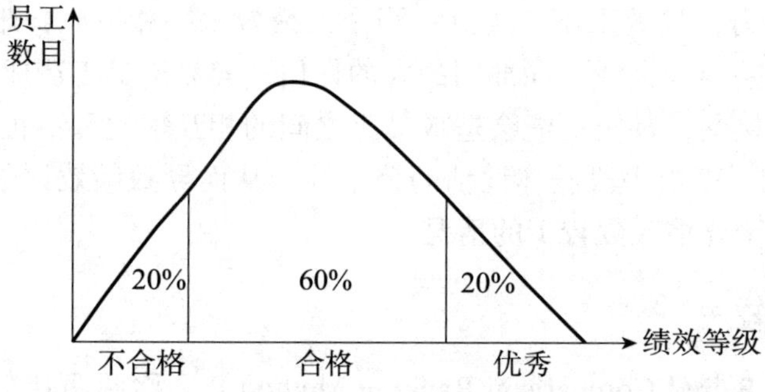

图5-5　强制分布法示意图

强制分布法的优点是：有利于管理控制，特别是在引入员工淘汰机制的企业中，它能明确筛选出淘汰对象；鉴于员工因担心多次落入绩效最低区间而遭解雇的心理，该方法具有强制激励和鞭策功能。强制分布法的缺点也很明显：如果一个部门的员工的确都十分优秀，还要强制进行正态分布划分等级，可能会带来多方面的弊端。

（四）关键事件法

关键事件法（Critical Incidents Technique，CIT）是一种由工作分析专家、管理者或员工在大量搜集工作相关信息的基础上，详细记录其中的关键事件以及具体分析其岗位特征和要求的方法。

将关键事件法运用于绩效评估，可使评估更具有针对性，因为它是利用从一线管理者或员工那里搜集到的有关工作表现的特殊事例进行评估。通常，在运用这种方法时，一线管理者和员工会搜集一系列与特别好或特别差的员工表现有关的实际工作经验，而平常的或一般的工作表现均不予考虑。特别好或特别差的工作表现可以把最好或最差的员工从一般员工中区别出来。因此，关键事件法强调的是最好或最差表现的关键事例所代表的活动。

阅读材料

典型关键事件

编写得较差的关键事件：

——A 警官对火势采取措施，使用灭火器将火扑灭。虽然随后的爆炸造成了相当的破坏，但是 A 警官的反应避免了更严重的伤亡和破坏。

——B 消防队员学习了两节培训课程，但是他缺乏天赋，浪费了两周的培训时间。

编写得较好的关键事件：

——停在油泵边的一辆汽车起火，A 警官驾车巡逻经过，发现了火情，停车后迅速从巡逻车里取出灭火器将火扑灭，其迅速的反应避免了更大的火灾和爆炸。

——B 消防队员在为期两周的培训中学习了两节培训课程。在培训结束时，他不能完成课程要求的任务，也不能回答有关课程内容的简单问题。因为他没有掌握这些技能，所以他只能在出现火情时作为其他队员的辅助人员。

关键事件法被广泛应用于人力资源管理的许多方面，如甄选标准与培训需求的确定、绩效评估的行为尺度评定与行为观察等。关键事件法的优点是：运用这种方法时要对行为进行观察和测量，因而对工作行为的描述和行为标准的建立更加准确，能更好地确定每一行为的作用。关键事件法的缺点是：搜集与整理关键事件要花大量的时间和精力，对中等绩效的员工关注不够。

（五）行为尺度评定量表法

行为尺度评定量表法由美国学者史密斯和肯德尔于 1963 年提出，也称行为锚定等级评价法（Behaviorally Anchored Rating Scale，BARS），是一种对同一职务工作可能发生的各种典型行为进行评分度量，建立一个锚定评分表，并以此为依据，对员工工作中的实际行为进行测评分级的考评办法，如表 5-4 所示。

行为尺度评定量表法实质上是把关键事件法与评级量表法结合起来，兼具两者之长。对每一种具体行为特征的说明，被称为“尺度”或“锚”。

表5-4　某企业内训师授课行为尺度评估（垂直式尺度）

维度：课堂培训教学技能	
优秀：7	授课深入浅出，对问题把握到位，融会贯通
6	能清楚、简明、正确地回答学员的问题
5	当试图强调某一点时，能使用例子
中等：4	能用清晰、使人明白的方式授课
3	讲课时表现出许多令人厌烦的习惯
2	在课堂上不合理地批评学员
极差：1	没有准备或准备不充分，缺乏重点，东拉西扯，极不规范

行为尺度评定量表法的优点是：工作承担者直接参与绩效评估，具有可操作性，能

准确地为员工提供评估反馈。行为尺度评定量表法的缺点是：文字描述耗时耗力；表格多，不便管理；经验性的描述有时易出现偏差。

在此基础上，结合传统业绩评定表法，人力资源专家拉萨姆和瓦克斯雷提出了行为观察量表法，又称行为评价法、行为观察法、行为观察表评价法。行为观察量表（Behavior Observation Scale，BOS）法是根据各项评估指标给出一系列有效行为，将观察到的员工的每一种行为同评价标准比较并进行评分，从而得出行为出现的频率及其分数的评估方法。这种方法的优点是它基于系统的工作分析，明确员工的工作规范，提供较为有效的行为标准，其本身可以单独作为职位说明书或作为职位说明书的补充；缺点是观察到的工作行为可能带有一定的主观性，过分强调行为表现，且有时不切实际。

（六）360 度绩效评估法

360 度绩效评估法又称 360 度考核法、360 度绩效反馈（360-Degree Feedback）法，是从与被评估者发生工作关系的多方主体那里获得其信息，据此对被评估者进行全方位、多维度的绩效评估的方法，其示意图如图 5-6 所示。

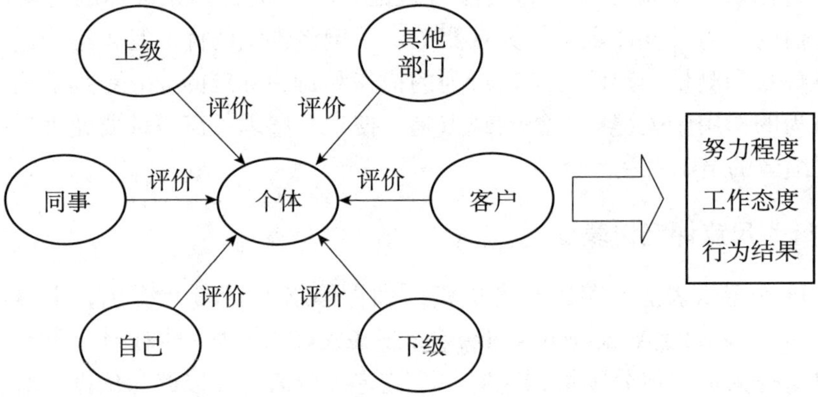

图5-6　360度绩效评估法示意图

获取信息的来源包括上级、下级、同事、其他部门、自己等，有时甚至包括客户（包括外部客户和内部客户）。管理者根据有关人员对被评估者的评估，对比被评估者的自我评估，向被评估者提供反馈，以帮助被评估者提高其能力水平和业绩。360 度反馈与传统的自上而下反馈的本质区别在于其信息来源的多样性和匿名性，从而保证了反馈的准确性、客观性和全面性。

360 度绩效评估法的优点是：方法较简单，可操作性强；更具民主性；管理者可获取第一手资料。360 度绩效评估法的缺点是：带有一定的主观性，评估偏差有时源于个人的某些不合群的嗜好，有时会出现小团体主义倾向。

课堂讨论

老师让班长就某项工作任务完成情况给全班同学打分，而班长最后打分的结果都很接近且不符合实际，老师该怎么办？

二、现代的绩效评估方法

（一）关键绩效指标法

关键绩效指标法（Key Performance Indicators，KPI）是目标管理法与帕累托定律（80/20 定律）的有机结合。它对企业的战略目标进行全面的分解，分析和归纳出支撑企业战略目标的关键成功因素，继而从中提炼出企业、部门和岗位的关键绩效指标，是把企业战略目标分解为可运作的远景目标和量化指标的有效工具。其核心思想是：企业 80% 的绩效可通过 20% 的关键指标来把握和引领，企业应当抓住主要矛盾，重点评估与其战略目标实现关系最密切的那 20% 的关键绩效指标。

关键绩效指标法是对传统绩效评估理念的创新，是将企业宏观战略目标经过层层分解产生可操作性的战术目标，是一套衡量、反映、评估企业业务运作状况的、可量化的关键性指标，它通过关键绩效指标的牵引，使员工个人工作目标、职能部门工作目标与企业战略发展目标之间达到同步。

关键绩效指标法的优点是：对关键事件的行为观察客观、准确，能够为更深层的能力判断提供客观的依据，对未来行为具有一种预测的效果。关键绩效指标法的缺点是：耗时耗力；对关键事件的定义不明确，对不同的人有不同的理解；容易引起员工与管理者之间的摩擦。

关键绩效指标的确立要遵循一个很重要的原则——SMART 原则，如图 5-7 所示。

Specific 明确/具体性	绩效指标要切中特定的工作目标，不是笼统的，而应该适度细化，并且随情境变化而变化
Measurable 可衡量性	绩效指标或者是数量化的，或者是行为化的，同时须验证这些绩效指标的数据或信息是可以获得的
Attainable 可实现性	绩效指标在付出努力的情况下是可以实现的，主要是为了避免设立过高或过低的指标，从而失去设立该指标的意义
Relevant 相关性	实现此目标与其他目标的关联情况，如果实现了这个目标，但与其他的目标完全不相关，或者相关度很低，那这个目标即使实现了，意义也不是很大
Time-bound 时限性	在绩效指标中要使用一定的时间单位，即设定完成这些绩效指标的期限，这也是关注效率的一种表现

图5-7　SMART原则

（二）平衡计分卡法

微课
平衡计分卡法

平衡计分卡法（Balanced Score Card，BSC）是由美国哈佛商学院的罗伯特·卡普兰和美国诺朗诺顿研究所所长戴维·诺顿提出的。它把对企业业绩的评价划分为财务、内部运营、客户、学习与成长四个方面。它不仅是一个指标评价系统，而且是一个战略管理系统，是企业战略执行与监控的有效工具。

其特点是始终把企业愿景和战略放在其变化和管理过程中的核心地位，构建“以战略为核心的开放型闭环组织结构”，使财务、内部运营、客户、学习与成长四个因素互动互联，浑然一体。

其核心构想是企业只有通过创新与学习，持续改善企业内部运作过程，获得最大化的客户满意，才能获得不凡的财务收益。平衡计分卡的基本格式如图 5–8 所示。

平衡计分卡法的优点是：以企业愿景和战略为出发点；全面动态地评估；有效防止次优化行为（如有的企业仅仅是为了得到较好的应收账款周转率，因而减少对优质客户的赊销，其后果是大量销售收入的流失。运用平衡计分卡法，就可以防止这种次优化的行为）；提出具体的改进目标。平衡计分卡法的缺点是：对信息系统的灵敏性要求较高；对企业管理基础的要求较高。

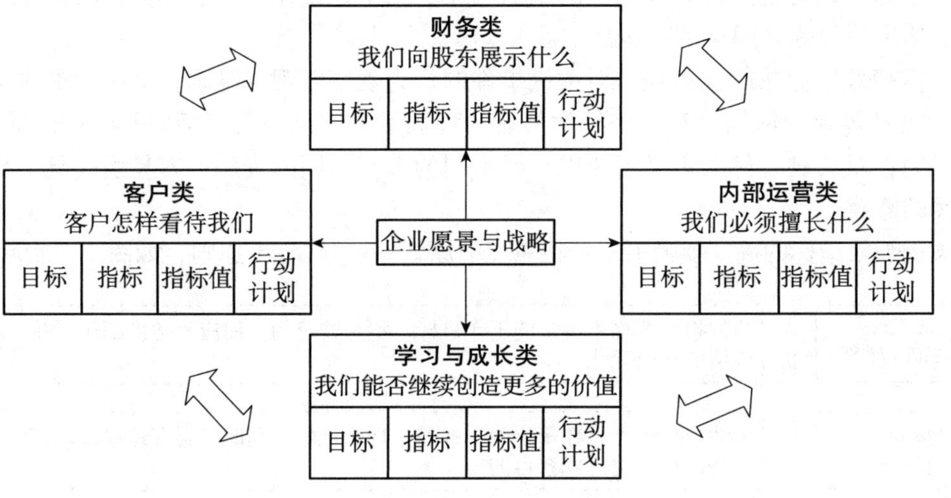

图5–8　平衡计分卡基本格式

（三）目标管理法

如何使全体员工与所有部门都能积极主动地为组织的总目标而努力工作，这就是目标管理法要解决的问题。目标管理是管理大师彼得·德鲁克于 1954 年提出并倡导的一种科学且优秀的管理模式，被广泛应用于绩效评估，即将组织目标分解到部门与个人进行评估的方法。目标管理的核心是强调组织群体共同参与制定具体的、可行的且能够客观衡量的目标。

目标管理法（Management by Objective，MBO）是主管人员和下属共同参与制定双方认可的目标，从而使组织目标得以确定和满足的一种方法。这些目标是详细的、可测量的、受时间控制的，而且集合在一个行动计划中。在以双方确定的客观绩效标准为中心的绩效评估期间，每一个进步的取得和目标的达成都是可以测量和监控的。

目标管理法的优点是：权力、责任明确，强调员工参与，注重结果，吸纳了任务管理法和人本管理法的优点。当然，目标管理法也有一些缺点和潜在的问题：没有具体指出达成目标所要求的行为；倾向于短期目标，可能导致员工为短期目标而牺牲长期目标；绩效标准因员工等级的不同而不同，不同等级的员工间缺乏比较的基础；目标带来的压力和紧张感导致目标管理法经常不能被使用者接纳。

子任务二　了解发展式绩效评估思路

任务提示

在已有的绩效评估方法框架内，绩效评估实践中常遇到的诸如“对难以量化的工作如何评估”“如何让员工在未来创造更高的绩效”等问题很难解决。有没有什么绩效评估指标设计方法或理论，能解决这些问题呢？请进入本任务。

一、发展式绩效评估理论

人力资源的价值最终要通过为组织创造绩效来体现，而绩效评估作为衡量人力资源价值的一种手段，不可避免地成为人力资源管理的核心环节。与其他类型的有形资源“越用越少”的情况不同，人力资源应该是“越用价值越高”。因此，绩效评估体系只有达到以下两重功效，才算合格。

第一，能够保障人力资源在当前产生很高的绩效。

第二，能够保障人力资源在未来为组织创造更高的绩效。

以上两条在绩效评估实践中都遇到了一些难题：第一条的难点是“对难以量化的工作如何评估”，第二条的难点是缺少系统的理论来解决“如何让员工在未来创造更高的绩效”。这里，给大家介绍一套系统的解决方案——发展式绩效评估（Developing Performance Appraisal，DPA）。

发展式绩效评估综合了多种绩效评估的理论，提出了绩效指标设计的“四化”方法，从“量化、细化、流程化、特征化”四个维度来进行绩效指标的设计，打破了单一量化所带来的困难，对绩效评估中的定量指标和定性指标的设计都具有很好的参考价值。

（一）绩效指标设计的“四化”方法

1. 量化

量化是对绩效进行定量评估的一种方式，在绩效评估中的应用很广泛。如出勤率、次品率、销售人员的销售额、打字员的打字速度等，都可以给出一个明确的标准，然后将被评估者的实际绩效与设定的标准数值相比较，以便得出对绩效的判断。

量化指标的好处是标准明确、客观，受主观因素的影响较小，不同的评估者评价的结果能够一致，容易做到公平公正。在评估标准设定以后，评估者只要将被评估者的实际绩效与标准数值相比较，就可以判断绩效，操作简单，不需要专门的培训。

正是因为标准客观、操作简单，又容易满足公平公正的需要，所以量化成了许多绩效评估的理论研究者和实务操作者极力追求的方式。但过度强调量化，标准制定和实施的过程太烦琐，反而会降低绩效。因此，仅仅采用量化的方式还不足以满足绩效评估的需要。

2. 细化

“细化”是对“量化”方法第一个层次的补充。对于很多难以“量化”的工作，可以先将这项工作分解成若干个主要工作要素，针对每个要素制定一个衡量指标，然后衡量员工在每个工作要素上的达标程度。例如：某公司对前台接待人员有一项要求是及时主动接待客户，怎样衡量一名前台接待人员接待客户是否及时主动呢？该公司对前台接待人员经常做的工作进行了如下细分：

（1）电话铃响 3 声之内接听。

（2）客户到大厅门口时主动帮客户开门。

（3）客户到接待室后 1 分钟之内为客户倒水。

（4）客户离开出门之前说“谢谢您的光临，再见”。

（5）提供的服务超出客户期望。

这样细化了工作之后，就容易找到可以作为指标的评估标准，评估的方法也相对简单，如上例，只要评估员工有没有做到每一项内容，做到的项得 1 分，没做到的项得 0 分，最后统计总分，即可得到此项工作的绩效得分。由此可见，细化的思想是把一个大的评估项进行细分之后寻找可评估的指标。

3. 流程化

有了“细化”的方法之后，虽然能够对更多的难以量化的工作进行评估，但仍然存在一些问题。绩效评估时，应该如何评分？关于这个问题的解决，“流程化”的思想就能产生很好的效果。

“流程化”的评估思想借鉴了作业标准法和标准作业程序的思想，把评估的重点放在了“员工是否依据作业流程工作”，而不是把员工的绩效结果作为最关注的事情。因此，“流程化”评估思想的运用，能够通过绩效评估的方法，发现组织工作流程中的问题，并且能够提供足够的信息和数据供决策者参考，便于组织改善、发展和优化组织流程。

4. 特征化

但是，日常管理中的变数太多，很难事事都制定一个流程，而且如果组织仅仅强调依据流程行事，则容易出现钻流程空子的现象。更高的境界应该是提升员工的责任心、团队精神、良好的意识等软性素质。但如何评估这些指标？如何制定相关的评估标准？“特征化”的评估方法便提供了解决的方案。

“特征化”的方法是综合了行为尺度评定量表法、行为观察量表法和关键事件法的优点而形成的一种新的绩效评估方法。借鉴行为尺度评定量表法的思想，以特征行为的描述代替“行为锚”；借鉴行为观察量表法的思想，以员工行为出现的频率而不是以单次行为作为评价的依据；借鉴关键事件法的思想，在评估表中，需要评估者或者被评估者给出与分值匹配的特征行为描述，以说明所给的评价是合理的。

通过“细化”“流程化”“特征化”三种制定指标的方法的补充，我们发现关于绩效评估的方法论的思路拓宽了许多。并且，传统的“量化”思想和补充的“细化”“流程化”“特征化”结合在一起，可以作为一套系统的绩效评估指标制订的解决方案，这就是我们命名为“四化法”的绩效评估指标设计方法。

课堂讨论

怎样把绩效评估指标设计的“四化法”运用到实际的工作中去？

（二）三重“发展”

把“四化法”和当前比较前沿的“优势理论”结合起来，能够产生“发展员工、发展流程、发展文化”的三重“发展”效果。

1. 发展员工

把评估的主要指标和考核重点放在寻找、识别并帮助员工发展自己的优势和专长方面，使优势更优、长板更长，而在短板方面只要不至于影响正常的工作就可以放过，员工可以把更多的精力用在自己的优势领域。

2. 发展流程

有时，员工没有达到预期的绩效，未必是员工本身有问题，可能是组织的制度、流程有问题。在这种情况下，员工对绩效的结果根本没有控制权，如果根据绩效结果评价员工的话，会使员工产生抵触情绪。因此，流程化绩效评估的依据是员工是否依照流程工作，而不是实际产生的绩效结果。当员工依据工作流程工作而产生不良绩效时，就很容易发现流程中存在的问题，使组织能及时对流程进行改进和优化。

3. 发展文化

组织文化对绩效的影响力也非常大。把最高标准的“行为特征”写入指标，借此发现员工最擅长的一面，虽然达到这个最高标准的人不是很多，但是这些指标起到了引导员工的价值观和行为取向的作用，发展了组织文化。

课堂讨论

怎样理解发展式绩效评估的“发展员工、发展流程、发展文化”？

二、与发展式绩效评估相关的前沿理论

（一）优势理论

研究者经过调查发现，世界顶级的经理在管理中常遵循以下两大理念：

第一，每个人的才干都与众不同。

第二，每个人最大的成长空间在于其最强的优势领域。

只有优势才可以让一个人反复地、愉快地和成功地做一件事情，成功之道在于发挥优势，而不是克服弱点。但这并不等于无视弱点的存在，对弱点只要做到有效控制，不要阻碍工作就可以了，这样就可以腾出时间把自己的优势磨炼得更加明显。

阅读材料

发现你的优势

一个作家不会电脑打字可能会影响写作的速度，这个时候只要能用最简单的拼音输入法进行文字编辑，速度比手写快一些就可以了，而不需要花很多时间把五笔输入法练得很熟，因为即使一分钟能打200字也不能让这个人成为更优秀的作家。

马库斯·白金汉等人在《首先，打破一切常规》和《现在，发现你的优势》两本书里提出一套优势理论——补短板不能让一个人走向卓越，发挥优势和才干才能让一个人更容易成功。

优势理论的提出，引起了我们对绩效评估新的思考。绩效评估不仅要成为发现员工能力缺口的手段，还要成为发现员工优势和专长的手段。发现了员工的能力缺口和优势专长后，管理者的主要精力不应放在帮助员工弥补能力缺口上，而是应该把重点放在帮助员工发挥优势和专长上，并给员工安排适合发挥他的优势和专长的岗位。

基于这个思想，在绩效评估中，我们把提高员工的优势和专长作为重要的评估项目，让员工的优势和专长得到更大的发挥，从而为组织创造新的价值。

（二）蓝海战略

如果说优势理论可以作为绩效评估的一种新的思想，那么蓝海战略就能够为这种思想提供一套解决方案。

《蓝海战略》是由欧洲工商管理学院的W.钱·金（韩国）和勒妮·莫博涅（美国）经过20年的研究合著的一本关于战略的著作。

许多企业的战略思想是基于迈克尔·波特的“竞争”思想，因此，企业通常都是在“差异化”和“成本领先”战略之间选择其一，确立自身的产品或服务在市场中的独特定位，以便打败竞争对手，最大限度地占有市场份额。W.钱·金教授和勒妮·莫博涅教授将此种战略称为红海战略。

蓝海战略的基石是价值创新。要想开创“蓝海”，必须做到在降低成本的同时创造更高的买方价值。要做到这一点，两位教授提出了创造“蓝海”的四步动作框架，即通过减少一些元素的含量使之到行业标准以下，并且剔除一些被产业认定为理所当然的元素，从而达到降低成本的目的；同时增加一些元素的含量使之到行业标准以上，并且创造一些行业从未有过的元素，从而达到增加买方价值的目的。

任务小结

绩效评估方法是指企业绩效评估的具体方法与手段。常见的传统绩效评估方法主要包括排序法、配对比较法、强制分布法、关键事件法、行为尺度评定量表法、360 度绩效评估法等；常见的现代绩效评估方法主要有关键绩效指标法、平衡计分卡法、目标管理法等。

关键事件法（CIT）是一种由工作分析专家、管理者或员工在大量搜集工作相关信息的基础上，详细记录其中的关键事件以及具体分析其岗位特征和要求的方法。

行为尺度评定量表法（BARS）是一种对同一职务工作可能发生的各种典型行为进行评分度量，建立一个锚定评分表，并以此为依据，对员工工作中的实际行为进行测评分级的考评办法。

360 度绩效评估法是指从与被评估者发生工作关系的多方主体那里获得其信息，据此对被评估者进行全方位、多维度的绩效评估的方法。

关键绩效指标法（KPI）是通过关键绩效指标的牵引，使员工个人工作目标、职能部门工作目标与企业战略发展目标之间达到同步。

平衡计分卡法（BSC）把对企业业绩的评价划分为财务、内部运营、客户、学习与成长四个方面，它不仅是一个指标评价系统，而且是一个战略管理系统，是企业战略执行与监控的有效工具。

目标管理法（MBO）是将组织目标分解到部门与个人进行评估的方法，其核心是强调组织群体共同参与制定具体的、可行的且能够客观衡量的目标。

针对绩效评估实践中难以解决的一些问题，将以“四化法”为核心的绩效评估指标设计方法与当前比较前沿的优势理论结合起来，能够产生“发展员工、发展流程、发展文化”的三重“发展”效果，即发展式绩效评估。

关键术语

排序法　配对比较法　强制分布法　关键事件法　行为尺度评定量表法　360 度绩效评估法　关键绩效指标法　平衡计分卡法　目标管理法　发展式绩效评估

技能自测

一　单项选择题

1. 绩效评估中，对每一个团队和部门，规定不合格、合格和优秀等级的比例，迫使管理者对员工绩效分出差异的评估方法是（　　）。

A. 图表评定法　　B. 交替排序法　　C. 配对比较法　D. 强制分布法

2. 360 度绩效评估法的信息来源有（　　）。

A. 上级

B. 上下级和同事

C. 上下级、同事和客户

D. 上下级、同事、客户、自己和其他部门

3. 平衡计分卡法的特点是始终把（　　）放在其变化和管理过程中的核心地位。

A. 企业战略和愿景　　B. 公司和员工

C. 客户和流程　　D. 销售和财务

4. 目标管理法是由（　　）提出来的。

A. 德鲁克　　B. 斯金纳　　C. 班杜拉　　D. 巴甫洛夫

二 多项选择题

1. 常见的传统的绩效评估方法有（　　）。

A. 排序法　　B. 强制分布法　　C. 关键事件法

D. 行为尺度评定量表法　　E. 360 度绩效评估法

2. 常见的现代的绩效评估方法有（　　）。

A. 关键绩效指标法　　B. 平衡计分卡法　　C. 目标管理法

D. 关键事件法　　E. 行为尺度评定量表法

3. 行为尺度评定量表法的主要优点有（　　）。

A. 能准确地为员工提供评估反馈　　B. 有利于综合评价判断

C. 绩效评估指标更加明确　　D. 实施的费用较低

E. 具有良好的连贯性和较高的信度

4. 从企业的一般情况来看，绩效管理的参与者一般主要涉及评估者、（　　）等人员。

A. 企业决策层　　B. 被评估者　　C. 被评估者的同事

D. 被评估者的下级　　E. 企业外部人员

三 判断题

1. 关键绩效指标的确立要遵循一个很重要的原则——SMART 原则。（　　）

2. 采用配对比较法进行绩效评估可以规避趋中倾向、宽容化 / 严格化倾向。（　　）

3. 平衡计分卡不仅是一个指标评价系统，还是一个战略管理系统。（　　）

4. 平衡计分卡法始终把企业愿景和战略放在其变化和管理过程中的核心地位。（　　）

四 分析题

1. 哪些绩效评估方法适合与你们专业相关的企业？为什么？

2. 360 度绩效评估法通常从哪些渠道搜集信息？

案例分析

小王的苦恼

小王在一家民营公司做基层主管已经有3年了。这家公司以前不是很重视绩效评估。去年，公司从外部引进了一名人力资源总监，至此，绩效评估制度才开始建立起来，大多数员工也开始知道了一些有关员工绩效评估的具体要求。在去年年终考评时，小王的上司要同他谈话，小王很是不安，虽然他对一年来的工作很满意，但是不知道他的上司对此怎么看。小王是一个比较内向的人，除了工作上的问题，他并不经常和上司交流。在谈话中，上司对小王的表现总体上来讲是肯定的，同时指出了他在工作中需要改进的地方。小王也同意上司的看法，他知道自己有一些缺点。整个谈话过程是令人愉快的，离开上司办公室时，小王感觉不错。但是，当拿到上司给他的年终考评书面报告时，小王感到非常震惊，并且难以置信：书面报告中写了他很多问题、缺点等负面的东西，而他的成绩、优点等正面的东西只有一点点。小王觉得这样的结果好像有点不可思议。从公司公布的绩效评估规则上看，年终考评书面报告是要长期存档的，这对小王今后在公司的工作影响很大，小王感到不安和苦恼。

思考：

你认为该公司的绩效评估有没有问题？如果有问题，怎样解决？

实训操作

［实训名称］制定企业绩效评估方案。

［实训内容］寻找一家企业，为该企业制定一套合理的企业绩效评估方案。

［实训目标］

（1）掌握绩效评估的核心内容，能够分析该企业绩效评估中的主要问题。

（2）根据本任务目标，以小组为单位设计一套企业绩效评估方案。

［实训组织］每5～6名学生分为一组，每组设组长一名，对企业进行观察和了解。

［实训要求］各组对任务进行分工。小组成员应做到既要分工又要协作，按计划步骤完成项目作业，即撰写一份企业绩效评估方案的实训报告。

［实训成果及评价］各组上交实训报告，教师点评，全班同学投票选出最具吸引力方案和最具可行性方案。按实训目标完成本任务，撰写出一份企业绩效评估方案的实训报告，内容到位、条理基本清晰、语言较为流畅的小组为良好；除完成实训任务外，方案全面且有创意、符合该企业实际、条理清晰、富有逻辑性、理由充分、语言流畅的小组为优秀。

项目六　薪酬与福利管理

任务一　认知薪酬管理

学习目标

◆ **知识目标**

掌握薪酬的含义、构成与作用

掌握薪酬管理的含义、内容、流程、原则、意义

掌握设计薪酬制度的依据

掌握职位评价的步骤与方法

◆ **技能目标**

能判断直接薪酬与间接薪酬、内在报酬与外在报酬

能根据薪酬管理的基本流程进行薪酬管理

能运用职位评价的方法进行职位评价

◆ **职业素质和态度目标**

具备较强的全民守法意识和道德品质

具备吃苦耐劳、不畏挫折的职业素质

具备爱岗敬业、尊重劳动的职业意识和良好的团队合作精神

遵循分配制度的“三公”原则，树立社会责任感

任务导入

如何做好薪酬体系设计？

每年调薪，都有不少人不满意：老员工总是抱怨新员工的工资高，新员工认为老员工没有技术却待遇高。主动调薪坑死老板，被动调薪逼走员工……企业的薪酬问题，似乎一年比一年严重。但作为企业最敏感也是最重要的工作之一，做好薪酬设计是所有人力资源管理人员的必修课。

任务分析：企业的薪酬是企业管理者可以支配的最有效的激励手段之一。薪酬对企业和员工都具有十分重要的意义。合理的薪酬设计对于企业吸引和保留优秀的员工、塑造优秀的企业文化有着重要意义。如何设计薪酬体系，以达到激发员工积极性、提升员工工作效率的目的，这是企业面临的一个重大问题。本任务中我们将来探讨薪酬设计方面的问题。

子任务一　掌握薪酬与薪酬管理

任务提示

薪酬管理是人力资源开发与管理的重要一环。企业推行战略性的人力资源管理，应当使员工清楚地认识到：员工所获得的薪酬和享受的福利保险是企业成功发展的结果。一个现代企业应当坚持“对外具有竞争力，对内具有凝聚力”的原则，构建和完善企业的薪酬制度。那么，什么是薪酬？薪酬如何区别于其他相关概念？什么是薪酬管理？如果你是企业管理者，你如何理解薪酬和薪酬管理的内涵？如何熟练运用薪酬管理激励员工？请进入本任务。

薪酬管理是员工发展和组织稳定的生命线，是人力资源管理的重要环节。薪酬管理是否科学合理，不仅关系到员工个人的切身利益，也将直接影响组织的效率和劳动生产率，从而影响组织战略目标的实现。我们首先从薪酬与薪酬管理的内容开始介绍。

微课

薪酬的内容与构成

一、薪酬的基本含义

说到薪酬这个词，大家都很容易理解。但是，要准确定义什么是薪酬并不是一件容易的事情。不同的学者对薪酬有不同的定义。目前，被大多数学者所接受与认可的一种定义如下：薪酬是指企业为认可员工的工作与服务而支付给员工的各种直接的和间接的经济收入，是指员工由于提供劳动或劳务所得到的各种货币与非货币报酬的总和。一般来说，在企业中，员工的薪酬由三部分组成：基本薪酬、可变薪酬、间接薪酬。

（一）基本薪酬

基本薪酬也称基本工资，是指一个组织根据员工所承担或完成的工作本身或者员工所具备的完成工作的技能或能力面向员工支付的稳定性报酬。大多数情况下，企业是根据员工所承担工作本身的重要性、难度或对企业的价值来确定其基本薪酬的。另外，企业还会根损员工所拥有的工作技能或能力来确定其基本薪酬。在国外，基本工资往往有小时工资、月薪和年薪等形式；在我国大多数企业中，提供给员工的基本工资往往以月薪为主。

基本薪酬的特点有：（1）常规性。基本薪酬是劳动者在法定工作时间和正常条件下所完成的定额劳动的报酬。（2）固定性。员工的基本薪酬数额以企业所确定的基本薪酬等级标准为依据，等级标准在一定时期内相对稳定，员工的基本薪酬数额也相对固定。（3）基准性。它包括两层含义：第一，基本薪酬是其他薪酬形式的计算基准，其他薪酬形式的数额、比例及其变动均以基本薪酬为基准，基本薪酬有总体薪酬的“平台”之称。第二，为保证员工的基本生活需要，政府对员工基本薪酬的下限做强制性规定，推行最低工资保障制度。对于不能保证获得其他薪酬的员工，其基本薪酬的数额不能低于法定的最低工资标准，因此基本薪酬也被称为标准薪酬。基本薪酬通常由基本工资、工龄工资、职位工资、职能工资中的一种或几种构成。一般情况下，企业使用较多的基本薪酬是职位工资制、职能工资制以及薪点工资制，或是由上述几种工资制组合成复合工资制。

（二）可变薪酬

可变薪酬是薪酬系统中与绩效直接挂钩的部分，有时也称浮动薪酬或奖金。可变薪酬的目的是在绩效和薪酬间建立一种直接联系，因此可变薪酬对员工有很强的激励性，对企业绩效目标的达成有非常重要的作用。

可变薪酬一般可以分为短期和长期两种。短期可变薪酬（短期奖金）一般是建立在非常具体的绩效目标基础上的，如月超产奖、节约奖等；长期可变薪酬（长期奖金）的目的则在于鼓励员工努力实现年度或多年度的绩效目标，如期权等。

可变薪酬的特点有：（1）补充性。基本薪酬具有相对稳定和固定的特点，不能及时反映员工实际工作绩效和企业需要的变化，而可变薪酬可以作为其补充形式；（2）激励性。可变薪酬在企业目标的指导下，通过支付方式、支付标准、支付时间的变化，把员工利益和企业的发展联系在一起，起到激励员工实现企业目标的作用。

（三）间接薪酬

间接薪酬主要是指员工的福利与服务，因此也称福利薪酬，是薪酬结构中不可或缺的组成部分。间接薪酬主要是指企业为员工提供的各种物质补偿和服务形式，包括法定福利和企业提供的各种补充福利。从支付形式上看，传统的员工福利以非货币的形式支付，但随着企业部分福利管理职能的社会化，一些福利也以货币形式支付，即货币化福利。员工福利与服务之所以被称为间接薪酬，因为它与上面所提到的基本薪酬和可变薪酬存在一个明显的不同点，即福利与服务不是以员工向企业供给的工作时间为单位来计算的薪酬组成部分。.

间接薪酬一般包括带薪非工作时间（如年休假、承担法院陪审任务而不能工作等）、提供员工个人及其家庭服务（儿童看护、家庭理财咨询、工作期间的餐饮服务等）、健康以及医疗保健、人寿保险以及养老金等。一般情况下，间接薪酬的费用全部由雇主支付，但是有时也要求员工承担其中的一部分。

间接薪酬具有多种作用：第一，它是货币工资的替代形式，具有劳动报酬的性质和功能，又以多种灵活的形式支付，所以有“柔性薪酬”之称；第二，它可降低企业人工成本，享受国家税收方面的优惠等；第三，它可以满足员工多种工作和生活需要，具有货币薪酬所不能比拟的提供服务、增强企业凝聚力等功能。

此外，在人力资源管理中，人们经常混淆薪酬与另一个概念——报酬。报酬是指员工从企业那里得到的作为个人贡献回报的他认为有价值的各种东西。报酬一般可以分为内在报酬和外在报酬两大类。

（1）内在报酬。内在报酬通常是指员工由工作本身获得的心理满足和心理收益，如参与决策、工作自主性、个人的成长、挑战性的工作等。

（2）外在报酬。外在报酬通常是指员工所得到的各种货币收入和实物，包括两种类型：一种是经济性报酬，也就是这里所说的薪酬；另一种是非经济性报酬，如宽敞的办公室、私人秘书、动听的头衔、专属停车位等。

薪酬的构成及其与报酬的关系如图 6-1 所示：

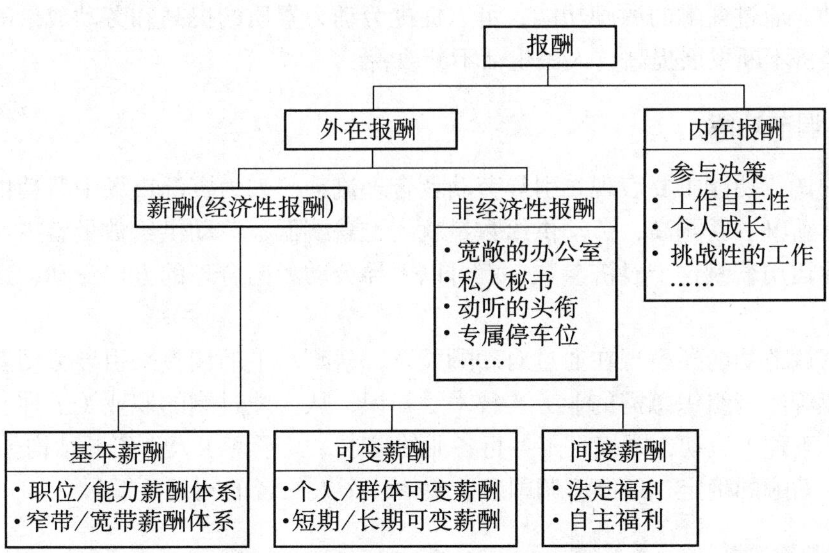

图6-1　薪酬的构成及其与报酬的关系

二、薪酬的功能

（一）战略导向功能

对企业而言，有效的薪酬政策应力求促进员工的态度和行为与企业价值观等文化内涵一致。通过薪酬水平的变动，结合其他的管理手段，合理配置和协调企业内部的人力资源和其他资源，并将企业目标、核心价值观传递给员工，促使员工个人行为与组织行为相融合。

（二）补偿功能

员工的薪酬水平决定着他们的生存、营养和文化教育的条件，是保证企业劳动力生产和再生产的基本因素。

职工在劳动过程中体力与脑力的消耗必须得到补偿，以保证劳动力的再生产，促进社会不断进步与发展。同时，职工为了提高劳动力素质，要进行教育投资，这笔费用也需要得到补偿。在市场经济体制下，以上两方面的补偿一部分由社会承担，还有相当一部分由个人承担。对职工来说，通过取得薪酬，以薪酬换取物质、文化生活资料，保证劳动力消耗与劳动力生产费用支出的补偿。补偿功能符合按劳分配原则，多劳多得薪酬（补偿），少劳少得薪酬（补偿）。

（三）激励功能

薪酬作为企业人力资源管理的重要工具，合理地运用可以用来评价员工的工作绩效，激发员工的工作热情，促进员工工作数量和质量的提高。员工为了提高生活水平，就要通过付出更多劳动，不断地、全面地提高自身的素质，以求能够提供数量更多、质量更高的劳动，从而获得更多的薪酬。同时，薪酬制定得公平与否，会直接影响员工积极性的调动。通过薪酬的激励功能，可以促进劳动力素质的提高和劳动成果的增加，使全社会的经济不断发展提高，人民生活不断改善。

（四）调节功能

薪酬的调节功能主要表现在引导劳动者合理流动。人力资源市场中劳动供求的短期决定因素是薪酬。薪酬高，劳动供给数量就大；薪酬低，劳动供给数量就少。因此，科学而合理地运用薪酬这个经济参数，就可以引导劳动者向合理的方向流动，达到劳动力的合理配置。

薪酬的调节功能还表现在通过对薪酬关系、薪酬水平的调整来引导劳动者努力学习和钻研企业等经济组织急需的业务（技术）知识，从人才过剩的职业（工种）向人才紧缺的职业（工种）流动，既满足了各行各业的需求，又平衡了人力资源结构。

最后，薪酬的确定，还能协调国家、集体、个人三者的利益关系。

阅读材料

猴子分水果

出走的母狮子看到一群猴子在树上摘水果，就跑过去问它们："猴子兄弟，我看你们也是集体生活，可来摘水果的总是你们几个，水果拿回去后，你们是怎么分配的？"

猴子回答说："我们摘到的水果全部上缴，猴王按拿回去的水果数量给我们分配食物，一般能分到采摘水果的1/10，而且越难摘的水果的分配比例越高。另外，如果采摘的食物超过了一定的数量，还会分配到更多的食物。比如，如果今天我能摘到30根香蕉的话，前20根按照1/10的比例分，后10根则按照1/5的比例分，这样我就可以得到4根香蕉。”母狮子听了非常羡慕。

猴子对水果的分配是如何实现薪酬功能的？

三、薪酬管理

（一）薪酬管理的含义

薪酬管理是指企业在经营战备和发展规划的指导下，综合考虑内外部各种因素的影响，确定自身的薪酬水平、薪酬结构和薪酬形式，并进行薪酬调整和薪酬控制的整个过程。在这一过程中，企业必须不断地在薪酬体系、薪酬水平、薪酬结构、薪酬形式等方面作出决策；同时，要持续不断地制订薪酬计划、拟订薪酬预算，就薪酬管理问题与员工进行沟通，对薪酬系统的有效性作出评价并不断予以完善。

（二）薪酬管理的内容

薪酬管理主要包括以下内容：确定企业的薪酬体系、薪酬水平、薪酬结构、薪酬形式和薪酬管理政策，做好薪酬系统运行管理工作。

1. 薪酬体系

薪酬体系是决定该企业的基本薪酬到底以什么为基础设立。目前，企业广泛使用的有职务薪酬体系、技能薪酬体系和能力薪酬体系，它们分别依据员工所从事工作的相对价值、员工所掌握的知识技能、员工所具备的能力（或任职资格）来确定不同员工的基本薪酬。

微课

技能薪酬体系

2. 薪酬水平

薪酬水平是指企业内部各类职位以及企业整体平均薪酬的高低状况，反映了企业支付薪酬的外部竞争力。薪酬水平是在内部公平性和外部竞争性之间权衡的结果，会对吸引和留住人才产生重大影响。

3. 薪酬结构

薪酬结构是对同一组织内部的不同职位或者技能之间的工资率所做的安排，反映了组织内部员工间的各种薪酬的比例及其构成，是在内部公平性与外部竞争性这两种薪酬设计标准间权衡的结果。

4. 薪酬形式

薪酬形式是确定分配给每位员工总体薪酬的各个组成部分及其比例关系和发放方式。比如：企业确定某位员工在一定时期内应当享受的总体薪酬水平是3 000元，接下来则要进行薪酬形式决策，也就是要具体确定这 3 000 元中以货币直接支付的基本薪酬占多少比例、与绩效挂钩的激励薪酬占多少比例、以福利和服务形式表现的间接薪酬占多少比例，还有薪酬的各部分以什么形式支付等。

5. 薪酬管理政策

薪酬管理政策主要涉及企业的薪酬成本与预算控制方式以及企业的薪酬制度、薪酬水平是否保密的问题。薪酬管理政策必须确保员工对薪酬系统的公平性看法，以及薪酬系统有助于企业及员工个人目标的实现。薪酬管理的目的是让员工了解薪酬分配的原则和依据，使员工理解企业对什么样的行为和绩效感兴趣。因此，薪酬制度和薪酬水平是否保密还取决于能否化解员工的不满情绪及能否保证薪酬激励功能的实现。

6. 薪酬系统运行管理

薪酬体系设计完成后，在其运行过程中还涉及对其运行过程中出现问题的管理，包括薪酬预算、成本控制、薪酬诊断与薪酬调整等问题。有效的运行管理可以更好地保证薪酬系统的实施效果。

（三）薪酬管理的基本流程

薪酬管理的基本流程如图 6-2 所示。

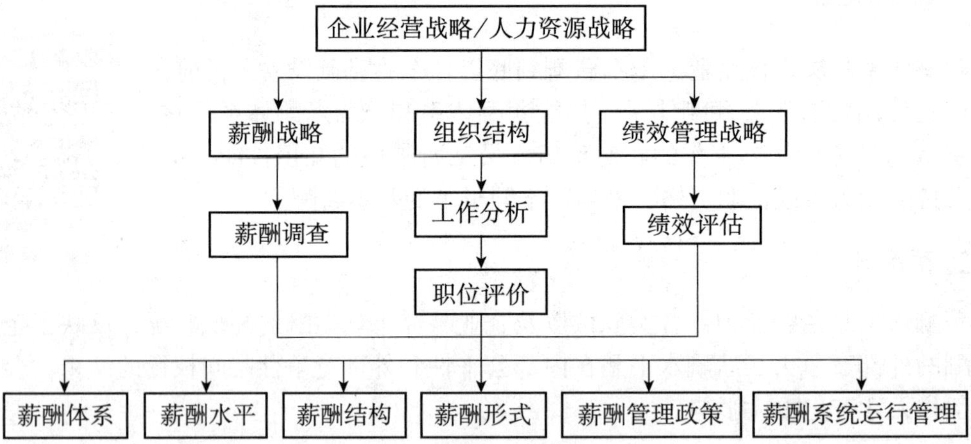

图6-2　薪酬管理流程图

（四）薪酬管理的原则

有效的薪酬管理，应当遵循以下几项原则：

1. 合法性原则

合法性原则是指企业的薪酬管理政策要符合国家法律和政策的有关规定，这也是薪酬管理应遵循的最基本原则。任何企业的薪酬设计必须以合法性为前提和基础，特别是国家的强制性规定，如国家有关最低工资标准的规定、员工加班加点的工资支付问题等，这在企业的薪酬管理中是不能违反的。因此，企业对薪酬管理人员的要求必须符合国家的法律法规。

2. 公平性原则

公平性原则是实施薪酬管理时应遵循的最重要原则，斯塔西·亚当斯的公平理论是这一原则的理论基础。公平性包括三个层次的含义：一是外部公平性，指在不同企业中，类似职位或技能的员工的薪酬应当基本相同；二是内部公平性，指在同一企业中，不同职位或技能的员工的薪酬应当与各自对企业的贡献成正比；三是个人公平性，指在同一企业中，相同或类似职位员工的薪酬应当与其贡献成正比。企业薪酬管理中出现的问题的症结大多在于公平性，特别是在后两种公平性方面没有做好。

3. 激励性原则

在公平性原则中，外部公平是与竞争性原则相对应的，内部公平则是与激励性原则相对应的。对于企业而言，通过薪酬设计来激励员工的工作积极性和责任心是一种最常用的方法。由于员工的个人能力不一样，导致员工对组织的贡献也不一样，因此，要真正解决内在公平问题，就需要根据员工的能力和贡献大小适当拉开收入差距，让贡献大者获得较高的薪酬。同时，组织的薪酬设计相对于竞争者的更合理、更科学，同等能力员工在相似岗位上具有更高的薪酬水平，也就更能激励员工。

4. 竞争性原则

企业在市场上提出较高的薪酬水平，无疑会增强企业对优秀人才的吸引力。过低的薪酬水平在人才竞争中会使企业处于劣势，甚至导致企业优秀人才的流失。除了较高的薪资水平和正确的薪酬价值取向外，灵活多样化的薪资结构、人力资源市场的供求情况等也会影响企业薪酬的竞争力。

5. 经济性原则

经济性原则是指企业应当在自身可以承受的范围内支付薪酬，虽然高水平的薪酬可以更好地吸引和激励员工，但是由于薪酬毕竟是企业的一项很重要的支出和成本，因此企业必须考虑自身承受能力的大小，超出承受能力的过高薪酬必然会给企业带来沉重的负担。有效的薪酬管理应当在竞争性和经济性之间找到恰当的平衡点。

6. 动态性原则

由于企业面临的外部环境处于不断的变化之中，因此薪酬管理还应当坚持动态性原则，应根据环境的变化随时进行调整，以确保企业薪酬的适应性。这表现在两个方面：一是企业整体的薪酬水平、薪酬结构和薪酬形式要保持动态性；二是员工个人的薪酬要具有动态性，要根据其职位的变动、绩效的表现进行薪酬的调整。

课堂讨论

某公司的员工薪酬如下：

会计经理（5 年经验），月薪 6 000 元；

生产经理（5 年经验），月薪 4 200 元；

会计员甲（3 年经验），月薪 3 000 元；

会计员乙（3 年经验），月薪 2 100 元。

市场一般薪酬为：经理月薪 5 400 元；会计员月薪 2 550 元。试对该公司的薪酬结构作出评价，并分析其犯了什么错误，应该怎样解决。

（五）薪酬管理的意义

作为人力资源管理的一项主要职能活动，薪酬管理具有非常重要的意义，这主要表现在以下几个方面。

1. 吸引和保留优秀的员工

从经济学的角度来说，薪酬实际上是劳动力这种生产要素的价格。其作用就在于通过市场将劳动力，尤其是具有一定知识、技能和经验的稀缺人力资源配置到各种不同的用途上去，这是薪酬管理最为基本的作用。企业支付的薪酬，是员工最主要的经济来源，是他们生存和发展的重要保证。薪酬管理的有效实施，能够给员工提供可靠的经济保障，从而有助于吸引和保留优秀的员工。

2. 实现对员工的激励

马斯洛的需要层次理论指出，人们存在五个层次的需要。有效的薪酬管理能够不同程度地满足这些需要，从而实现对员工的激励。薪酬是个人和组织之间的一种心理契约，这种契约通过员工对薪酬状况的感知影响员工的工作行为、工作态度以及工作绩效，即产生激励作用。

3. 改善企业的经营绩效

薪酬不仅决定了企业可以招聘到的员工的数量和质量，还决定了现有员工受到激励的状况，影响员工的工作行为、工作态度和工作业绩，从而影响企业的生产能力和生产效率。薪酬管理实际上是让员工了解什么样的行为、态度和业绩是受到鼓励的，从而引导员工向企业期望的方向发展。通过薪酬管理来改善企业的经营绩效，是薪酬管理的重要功能。

4. 塑造良好的企业文化

良好的企业文化对于企业的正常运转具有重要的作用，而有效的薪酬管理则有助于企业文化的塑造。首先，薪酬是进行企业文化建设的物质基础，如果员工的生活不能得到保障，企业文化的建设就是一纸空文。其次，企业的薪酬政策本身就是企业文化的一部分，如奖励的导向、公平的观念等。最后，企业的薪酬政策能够对员工的行为和态度产生引导作用，从而有助于企业文化的建设。

子任务二　设计薪酬制度的依据

任务提示

企业在为员工提供收入的同时，还需要建立一套科学有效的薪酬支付体系，即进行科学的薪酬制度设计，为员工提供一个公平的、规范的、可靠的薪酬管理环境。那么，薪酬制度的设计依据是什么？如果你是企业管理者，如何根据国家法律法规和企业自身情况，在遵循薪酬管理的原则前提下，设计合理的企业薪酬制度，从而有效激励员工？请进入本任务。

薪酬制度的设计和实施是企业在整个人力资源管理中最复杂的工作。薪酬制度的设计必须明确分配什么、分配多少、怎样分配等问题。

在现代企业中，员工的薪酬最终不是由人力资源市场直接决定的，而是通过企业薪酬管理制度来加以确定和调整的。企业根据自身生产经营需要，建立体现自身特点的员工价值测量尺度，以此确定员工的薪酬。因此，员工薪资同时具有劳动力价格、企业经营成本、员工激励方式、人力资本收益四重属性。这是进行薪酬制度设计的依据。

一、劳动力价格

（一）劳动力价格的标准由劳动力再生产所需的费用决定

企业向员工支付的薪酬首先是一种劳动力价格，其标准由劳动力再生产所需的费用决定。劳动力再生产的费用由三部分组成：

（1）维持劳动者自身生存所需要的生活费用。

（2）劳动者养育子女所必需的生活资料费用。

（3）为提高劳动力水准所必需的教育和其他成本。

（二）劳动力价格还受劳动力供求关系影响

劳动力作为一种商品，其价格还受到劳动力供求关系的影响。同样的劳动力在不同的供求关系下，形成不同的价格。因此，企业在确定员工薪酬时，必须参考人力资源市场价格。如果低于市场价格，可能无法吸引所需劳动者；如果不恰当地高于市场价格，可能增加企业人工成本，削弱企业竞争力。

二、企业经营成本

薪酬设计的经济性原则强调，企业设计员工薪酬时，要考虑企业经营成本，也就是必须充分考虑企业自身的发展情况和支付能力。

（一）考虑企业支付能力

从短期来看，企业的销售收入在扣除各项非人力资源费用和成本后，要能够支付企业所有员工的薪酬；从长期来看，企业在支付所有员工的薪酬以及补偿所有非人力资源费用和成本后，要有盈余，这样才能支撑企业追加和扩大投资，获得可持续发展。

（二）考虑人力、物力、财力间的优化配置，寻找最佳结构

人力资源开发与管理的核心就是要求企业利用现代化和科学的方法对人力、物力、财力等资源进行合理的管理和优化配置，从而促使企业组织目标、过程的实现。企业在设计员工薪酬时要充分考虑这一点。

（三）考虑企业的经营战略

企业采取不同的经营战略，其薪酬战略就不同。例如：实行人才竞争战略的企业，以高于市场价格的水平支付员工薪酬；实行成本控制战略的企业，以低于市场价格的水平支付员工薪酬。

在同一企业战略引导下，对于不同类型员工也可能以不同原则支付薪酬。对于企业重要的员工，可能支付高于市场的薪酬；反之，则相反。

三、员工激励方式

人力资源具有主观能动性，受行为动机支配，而行为动机又受多方面需求的影响，产生不同期望，因此，薪酬设计也应从多方面考虑。

员工对薪酬的期望一般有两个方面的内容：

（一）期望收入较高

对于有些员工来说，他们期望自己的报酬处于更高的水平，甚至有时不惜牺牲一些休息时间或自由支配的时间。他们勇于冒险，认为高风险高收益。

（二）期望收入较稳定

对于有些员工来说，他们更期望自己工作稳定、收入稳定，不愿意过多地去面对可能的风险。

为了提高薪酬的激励强度，企业必须充分了解员工的期望，关注薪酬的差异性与变化性，使之与职务、绩效、能力挂钩。通过不同的挂钩方式，企业能够使薪酬分配体现不同特点，适应不同的对象和情况，从而实现有效的激励。

四、人力资本收益

随着市场经济的发展，稀缺人才对于企业越来越重要。部分员工以其劳动能力为依托获得了经营效益分享权，成为企业的主人。他们的薪酬正在成为人力资本收益，是承担经营风险的投资回报。例如：作为年薪收入的股票期权，就是人力资本收益的体现形式。

子任务三　进行职位评价

任务提示

职位评价是制定科学合理的薪酬制度的前提和依据。职位评价不仅可以使管理者与员工之间、员工与员工之间对薪酬的看法趋于一致，而且能有效实现“以事定岗、以岗定人、以职定责、以责定权定酬”的组织薪酬目标。那么，怎样进行职位评价？职位评价有哪些方法？不同的职位如何设置薪酬？请进入本任务。

一、职位评价概述

对企业的各个职位进行评估是保证企业薪酬体系内部公平性的重要手段。职位评价不仅可以使企业了解企业内部各个职位之间的相对价值，还可以为企业的薪酬调查做准备，可以避免因职位名称不同，但实际工作内容和工作职责相同而给企业的薪酬调查带来的不便，使企业内部各职位之间及不同企业相同职位之间的薪酬水平能够进行公平、客观的比较。

职位评价（Job Evaluation）又称岗位评估、岗位评价或工作评价，是通过一套逻辑和系统的方法来分析职位对组织的影响度和任职的复杂度，从而有效地评估不同职位的相对价值，在企业内判断其合理的职位级别。职位评价实质上是在工作分析的基础上，对职位的影响范围、职责大小、工作强度、工作难度、任职条件等特征进行评价，以确定职位在组织中的相对价值，并据此建立职位价值序列的过程。

企业进行职位评价的目的主要在于：评估职位对于公司的相对价值，可以根据职位评价得出一个量化的价值；基于各个职位的量化的价值建立一套有序的职位分类体系，从而创建薪酬级别结构；根据职位评价，区别职位级别，建立职业晋升发展的通道。

职位评价的对象是企业各个职位而不是职位上的员工。职位评价所得出的是企业内部职位间的相对价值，而不是绝对价值。

职位评价不仅可以使员工清楚地了解职位之间在薪酬上存在差距的原因和企业中的薪酬差额如何制定，还可以让员工更好地了解企业各个职位之间的差别，了解自己努力的方向，从而向更合适、更高的职位努力。

二、职位评价的步骤

企业进行职位评价的步骤主要有 5 步。企业可将工作描述作为基础，确定企业中各个职位的级别和结构，选择恰当的职位评价的要素，进行职位评价并最终对应到组织中进行一致性的核查以决定职位的职责等。具体步骤如图 6-3 所示。

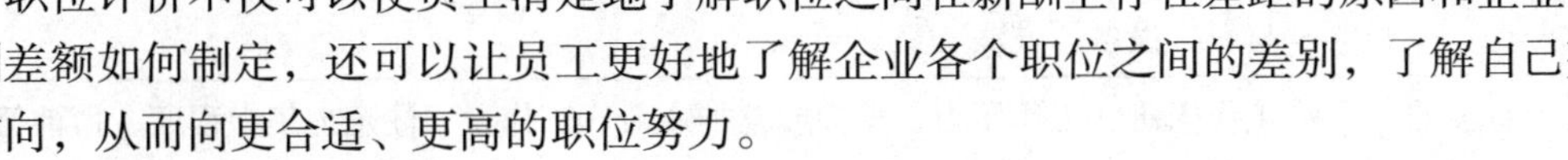

图6-3　职位评价的步骤

（一）工作描述

职位评价的基础是工作描述。工作描述确定了被评职位的直接主管、被评估职位的工作内容和目的、主要职责、管理权限和任职的主要资格。职位评价必须基于工作描述中的有关信息，并且结合对职位工作的了解，这样才能对职位进行正确的评估。

（二）职位层级确定

以职位描述为基础，接下来要进行职位层级的确定。企业中包含不同层次的职位，职位层级是对企业中职位相对价值的一种区分。不同的层级代表不同的职位任职要求，并且对组织的影响程度也有大有小。

（三）要素设计

确定职位层级后即进入职位评价的实施阶段，要确定各个职位的报酬要素。报酬因素又称报酬要素、薪酬因素或薪酬要素，简称要素或因素，是指在多种不同的职位中都存在的，组织愿意为之支付报酬的一些具有可衡量性的特征、要求或结构性因素。简单地讲，报酬因素就是影响职位价值的共同因素。常见的报酬因素如表 6-1 所示。

表6-1　常见的报酬因素

因素种类	报酬因素
与知识、技能等有关的因素	● 智力、创造力、分析能力、判断力、心理要求、才艺 ● 身体或机械技能、做详细工作的能力、做常规工作的能力、办公室工作技能、身体灵活性 ● 教育、技术要求、工作准备、必要的知识、经验、培训经历 ● 自我表现能力、人际关系能力、社会技能 ● 管理技巧、决策能力
与工作要求有关的因素	● 行政职责、人事职责、监督职责、财务职责、市场职责 ● 责任的复杂性、错误的影响、对公司决策的影响、对其他工作的影响 ● 准确性的要求、与他人接触的要求、与公众和客户的接触、对合作的要求 ● 材料、设备、方法
与努力有关的因素	● 工作困难、工作压力、身体或精神疲劳、工作量、注意力集中程度、精神努力、身体努力、肌肉或精神紧张
与工作条件有关的因素	● 工作条件、劳动条件、自然环境、心理环境、单调性、长期出差、职业病、机器或设备危险、工伤事故危险、抬举重物的危险

职位评价的要素分析法的应用是非常广泛的，也是非常重要的。要素分析法是指在企业中确定一些普遍存在的要素，这些要素与评估组织内的职位相对价值有着直接的联系，通过这些要素对职位进行价值评估。每个评估要素都分成不同的层次，各个层次的描述对应不同的职位级别。在要素计分法的评价方案中，报酬因素非常关键，发挥着核心的作用。

（四）职位评价

确定好职位评价的要素后，企业应该组织一个专门的评估小组作为具有独立性的项目团队开展职位评价工作。评估小组基于工作描述，对各个评估要素不同层次的描述进行评分，相加得出被评估职位的总分。

（五）具体职位级别的确定

职位评价的得分对应一个相应的职位级别，在完成职位评价工作后，应当由相关负责人对各个职位所对应的级别进行综合回顾和调整，避免主观评定中不合理现象的产生。

三、职位评价的方法

企业在选择职位评价的方法时，必须考虑很多的因素，如企业规模、工作数量和种类、组织结构、经营业务、行业特点、战略规划、价值观和文化、可用的内外部资源等。总之，只有选择适合的职位评价方法才最可能获得成功。下面着重介绍五种方法——职位排序法、配对比较法、职位分类法、要素计分法和要素比较法，简单介绍一种方法——海氏三要素评估法。

（一）职位排序法

职位排序法（Job Ranking Method）又称职位排列法，是几种方法中最简单的一种，它是根据一些特定的标准（工作的复杂性、对组织的贡献大小等）对各个职位的相对价值进行整体比较，再将职位按照相对价值的高低排序。常用的职位排序法有简单排序法和交替排序法两种。

1. 简单排序法

简单排序法是根据职位的价值大小依次从高到低或从低到高进行排序。例如：某公司在职位排序时，每位评价者将所要评价的职位依次从 1 到 8 进行排序，综合 5 位评价者的排序，最后得到职位排序结果，如表 6–2 所示。

表6–2　某公司的职位排序（简单排序法）

职位	评价者1	评价者2	评价者3	评价者4	评价者5	综合	名次
项目经理	1	1	1	2	1	1.2	1
市场经理	2	2	2	1	2	1.8	2
市场专员	3	4	3	3	3	3.2	3
项目助理	4	3	4	4	4	3.8	4
会计	5	5	6	5	5	5.2	5
人事助理	7	6	5	7	6	6.2	6
出纳	6	7	7	6	8	6.8	7
前台	8	8	8	8	7	7.8	8

2. 交替排序法

交替排序法是首先从待评职位中找到价值最高和最低的职位，分别排在第一和倒数第一，接着再从剩余的职位中找出最高和最低的职位，分别排在第二和倒数第二，如此循环，直到所有职位都排列好为止。例如：表 6-2 中的公司在职位排序时，每位评价者在所要评价的职位中找出最高的职位和最低的职位，分别排在第 1 和第 8，再从剩余的职位中找出最高和最低的职位，分别排在第 2 和第 7，如此循环，直到所有职位都排列好为止。综合 5 位评价者的排列，最后得到职位排序结果。

职位排序法的优点主要有：（1）成本低，无需大量的时间成本和管理成本；（2）操作简单、容易且省时省力；（3）统计方便。此方法的缺点是：（1）主观性强，排序的标准或因素不明确，凭评价者主观判断；（2）只能排序而无法量化；（3）仅适用于小规模组织。

（二）配对比较法

配对比较法（Paired Comparison Ranking Method）又称两两比较法、相互比较法，就是将所有要评价的职位列在一起，两两配对比较，价值较高者得 1 分，然后将各职位所得分数相加，再按分数高低将职位进行排列，即可划定职位等级，分数最高即等级最高。配对比较法具体实例如表 6-3 所示。

表6-3 某公司的职位排序（配对比较法）

职位	行政秘书	文员	电脑操作员	系统分析员	程序设计员	得分	名次
行政秘书	—	1	1	0	0	2	3
文员	0	—	0	0	0	0	5
电脑操作员	0	1	—	0	0	1	4
系统分析员	1	1	1	—	1	4	1
程序设计员	1	1	1	0	—	3	2

表 6-3 中职位由高到低排序为：系统分析员、程序设计员、行政秘书、电脑操作员、文员。

（三）职位分类法

职位分类法（Job Classification Method）在公共部门中十分流行，常常是先根据一系列的因素（如技能水平、责任、职位所要求的教育水平或经验、职责的复杂性、技术知识、决策权限、监督职责等）来建立职位等级标准，并给出明确的定义，然后将需要评价的职位与各类设定的标准进行比较以归入相应的职位类别。这种方法的假设前提是，不同类别之间的差距是相等的，在同一类别中的所有工作是等价的。

职位分类法的一般实施步骤如下：

（1）职位分类。不同的组织中有不同的分类方法，类别数目也和组织所处的行业、组织规模的大小、职位的性质、薪酬制度、企业文化等密切相关。比如某 IT 企业，首先将所有的职位分为市场、管理、研发、生产等类型，再在研发类下细分软件研发、硬件研发等职位，在市场类下细分营销、售前、产品等不同职位。

（2）分级。将每类职位分为若干等级，等级数的多少取决于上面所列的一系列因素，具体的等级数没有统一的标准。

（3）定义标准。该标准为薪酬的建立提供了依据，因此这一步非常重要。很多组织都通过对标杆职位进行分析来制定职位的分级标准。

（4）具体职位归类。根据工作分析的结果，并结合制定分级标准，对各项职位进行归类。

职位分类法示例如表 6-4 所示。

表6-4　职位分类法示例（报酬因素：工作复杂性）

序号	等级	等级描述
1	处理例行事务的职位	按照既定的程序和规章工作，处在主管人员的直接监控之下，不带有技术色彩
2	需要一定独立判断能力的职位	具有初级的技术水平，需要一定的经验，需要主管人员监督
3	从事中等复杂程度工作的职位	根据既定的政策、程序和技术能独立思考，需要接受专业训练并具备一定的经验，无须他人监督
4	从事复杂工作的职位	独立作出决策，监督他人工作，需要接受高级的专业训练并具有较丰富的经验

职位分类法的优点主要有：（1）操作简单，对环境变化的适应性强，可以对大量的职位进行评估。（2）方法简单、清晰，容易被员工理解和接受。（3）灵活性比较强，当组织中的职位发生变化时，可以迅速将新出现的职位归类到合适的等级中去。此方法的缺点是：（1）主观性强；（2）等级的划分和界定不易；（3）难以量化，确定薪酬比较困难。

（四）要素计分法

微课　要素计分法

要素计分法（Point-factor Method）又称计点法、要素计点法、因素评分法等，是一种量化的职位评价方法，它和前面介绍的几种方法最大的不同就在于为评价工作制定了明确的标准——报酬因素。在美国，有 60% ～ 70% 的公司采用此法。我国政府从 20 世纪 90 年代初开始在国有企业中大力提倡职位技能工资制，与之相配套确定职位等级的方法——职位测评，也属于要素计分法。要素计分法是指通过对基准职位特征的分析，选择和定义一组通用性评价指标作为报酬因素，再根据各因素在各职位中的体现对其量化，并根据它们对组织的重要程度来赋予适当的权数，权数又对应不同的点数，最后将待评价职位依据各个报酬因素来计算总点数，以衡量该职位的相对价值。要素计分法有三个基本特征：报酬因素，因素的等级可以量化，权数反映各因素的相对重要性。

要素计分法的实施步骤如下：

（1）基准职位分析。基准职位又称基准岗位、标准岗位，是指在不同企业中普遍存在的、在某类职位中具有代表性的、工作内容相对稳定的、具有得到公认的市场工资水平的职位。基准职位是指其他职位能与之比较并能确定相对价值的那些职位，基准职位的正确选取是要素计分法获得成功的基础。这个过程中的具体工作包括：做好职位分析，撰写职位说明书，同时对职位进行分类，如分成销售职位、行政职位、生产职位等。

（2）确定报酬因素。报酬因素是要素计分法的中心，是指那些在工作中受组织重视，有助于追求组织战略并实现其目标的特征，并且全体员工一致认同这些报酬因素对它们的总体价值的相对贡献程度。比如，该职位对企业的影响、职责大小、工作难度（包括解决问题的复杂性、创造性）、对任职者的要求（包括专业技术要求、能力要求、生理要求等）、工作条件、工作饱和度等。我国的企业，特别是国有企业，在职位测评中常用的四大评价因素是职位责任、职位要求技能、劳动强度、劳动条件。外企采用的多是 HAY、Watson Wyatt 等咨询公司的模式，主要偏重于决策自由度、最终结果的影响力、责任的重要性、沟通技巧、任职资格、解决问题难度、工作条件等因素。

（3）量化报酬因素。确定报酬因素后，应首先根据这个因素在全部报酬因素中的重要性来确定各报酬因素的权重，然后根据权重对每个报酬因素赋予不同的分值（或点数）。图 6-4 为报酬因素的选择与权重的一个示例。

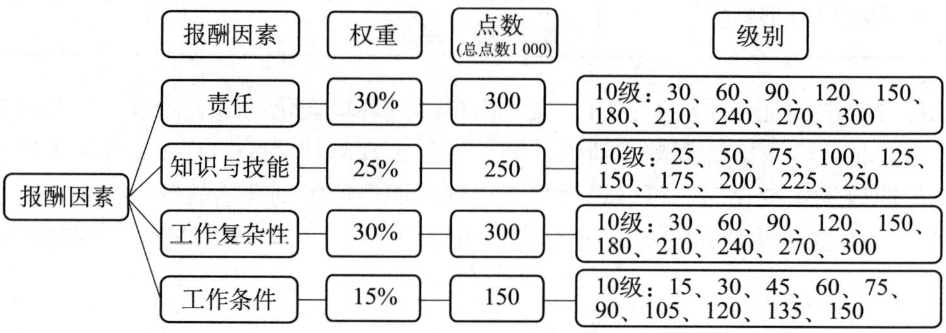

图6-4　报酬因素的选择与权重

（4）分级报酬因素。对每一报酬因素进行分级（比如分成 5 级），对每个等级还要给出具体的定义，如表 6-5 所示（注意：每一相邻等级必须是清晰可辨的），并给出每级所对应的分值（或点数）。

表6-5　等级描述示例（报酬因素：责任大小）

等级	等级描述
1	无任何责任
2	仅有一些小的责任。一旦发生问题，不会对公司造成多大影响
3	有一定的责任。一旦发生问题，对公司造成的影响能明显感觉到
4	有较大的责任。一旦发生问题，会对公司造成严重的损害
5	有极大责任。一旦发生问题，对公司造成的影响不仅无法挽回，而且会导致公司发生经济危机甚至倒闭

（5）确定每个职位在每一报酬因素项上的分值或点数。表 6-6 中的斜体字部分为某职位在每一个报酬因素上的分值。

（6）把各项得分汇总，得出每个职位的总分（见表 6-6 中右上角的斜体字）。

表6-6　要素等级表

总点数：480

报酬因素	1级	2级	3级	4级	5级	6级	7级	8级	9级	10级
责任	30	60	90	*120*	150	180	210	240	270	300
知识与技能	25	50	75	100	125	*150*	175	200	225	250
工作复杂性	30	60	90	120	*150*	180	210	240	270	300
工作条件	15	30	45	*60*	75	90	105	120	135	150

（7）按照一定的定级标准（如每 100 分相差一级），确定职位级别，如表 6-7 所示。

表6-7　定级表

点数范围	1～100	101～200	201～300	301～400	401～500	501～600	601～700	701～800	801～900	901～1 000
级别	1 级	2 级	3 级	4 级	5 级	6 级	7 级	8 级	9 级	10 级

要素计分法的优点在于：（1）保证评价结果的公平性和准确性，并且根据评价结果制定各个职位的薪酬数据时，后期的工作量较小，这是它最大的优点；（2）它也非常易于推广，对环境变化的适应性强，各个指标能够有效地传达组织认同的有价值的因素；（3）职位之间量化的价值可以很容易地用来决定内部职位价值与外部职位价值之间的关系。其不足之处主要表现在两个方面：（1）评价指标体系的确定需要相关人员的主观判断，难免存在偏误和随意性；（2）前期的实施过程复杂且周期长，所耗用的时间、费用也非常大，导致组织和员工沟通困难。尽管如此，要素计分法仍然是国外很多企业在确定薪酬体系时最常用的职位评价方法之一。

（五）要素比较法

1. 概念

要素比较法（Factor Comparison Method）又称因素比较法，是一种量化的职位评价方法，它是在选定基准职位和报酬因素的基础上，将基准职位按报酬因素制成等级基准表，以此确定待评估职位的等级。

要素比较法是运用可比较的因素来打破工作职位的界限，并以这些因素来决定职位的价值。这种方法的特点是运用与职位有关的因素作为确定工资的基础，较好地解决了外部公平与内部公平的问题。

2. 步骤

（1）选择基准职位。由评价小组挑选出 15 ～ 20 个基准职位，使待评职位能与之比较并确定相对价值，这是要素比较法成功的关键。在要素比较法中，基准职位的选择是一项既困难又重要的操作，因为评价结果的可靠性是以所选择的基准职位为依据的。获选的基准职位必须具备两个条件：这些职位必须具有代表性，能体现出职位的等级，并充分显示每一因素重要程度的不同等级；这些职位在确定的范围内能够被准确地界定。

（2）分析这些基准职位，找出一系列共同的报酬因素。比较科学的做法是将职位内容抽象成下述五种因素：智力、技能、体力、责任及工作环境 / 条件。

（3）将基准职位按照选定的因素进行排列。基准职位被确定后，要按照所选定的因素按相对重要程度依次排列，制定基准职位分级表。排列工作由评定小组的每一个成员分别进行分级，然后将分级结果提交给评定小组做综合分析。如表 6–8 所示。

表6–8　对基准职位的报酬因素进行排序

职位	智力	技能	体力	责任	工作环境/条件	得分	名次
职位 A	1	2	4	2	3	2.4	3
职位 B	3	3	3	3	2	2.8	2
职位 C	2	1	1	1	4	1.8	4
职位 D	4	4	2	4	1	3	1

（4）将每个基准职位的工资率或分值分配到相应的报酬因素上。对基准职位进行排列之后，要素比较法直接对每一职位确定工资值，即根据每个因素在该工作中的重要程度，按一定比例确定其相应的工资值，并据此对职位重新进行排列。工资值一般通过工资率或分值来计算，工资率是指单位时间内的劳动价格。如表 6–9 所示。

表6–9　基准职位报酬因素等级基准表

工资率（元/月）	智力	技能	体力	责任	工作环境/条件
100	职位 A	职位 C			职位 D
200			职位 C	职位 C	
300		职位 A		职位 A	职位 B
400	职位 C		职位 D		
500		职位 B	职位 B		职位 A
600	职位 B			职位 B	
700			职位 A		职位 C
800	职位 D				
900		职位 D		职位 D	

（5）评定待评职位。将待评估职位在每个报酬因素上分别与已评定的基准职位相比较，确定待评估职位在各个报酬因素上的工资率或分值。再将各个报酬因素上的工资率或分值进行累计，得到待评估职位的工资水平。如表 6–10 所示。

表6-10　待评职位报酬因素等级表

工资率（元/月）	智力	技能	体力	责任	工作环境/条件
100	职位 A	职位 C			职位 D
200			职位 C	职位 C	
300	职位 X	职位 A		职位 A	职位 B
400	职位 C	职位 X	职位 D	职位 X	
500		职位 B	职位 B		职位 A
600	职位 B		职位 X	职位 B	职位 X
700			职位 A		职位 C
800	职位 D				
900		职位 D		职位 D	

课堂讨论

试计算上例中待评职位 X 的工资率。

要素比较法也是一种量化的职位评价方法，同时是在这四种主要方法中最复杂、最难以对员工作出解释的。要素比较法和要素计分法有一定的相似之处，但二者的区别也很明显。首先，要素比较法在操作过程中需要将基准职位按照给定的要素进行重要性比较并二次排序，而要素计分法并不这么做；其次，要素比较法直接以报酬金额来体现职位在每一个要素上的重要程度，而要素计分法却是根据职位的总点数来衡量其相对价值。二者的不同之处见表 6-11。

表6-11　要素比较法和要素计分法的不同

维度	要素比较法	要素计分法
定义	确定基准职位在人力资源市场薪酬标准，将待评职位与之相比较来确定待评职位的薪酬标准	选择报酬因素和权重划分等级，对每个职位进行评价
优点	能量化，避免主观因素	能直接得到各职位的薪酬水平
缺点	设计复杂，对管理水平要求较高	要经常做薪酬调整，成本较高
适用企业	对职位设置不稳定，对精确度要求较高	能够随时掌握较为详细的市场薪酬标准

要素比较法的优点主要有：（1）评价结果较为公正。把不同职位的相同因素相互比较，再将各因素的工资累计，减少了主观性。（2）耗费时间少。所选影响因素较少，避免了重复。（3）减少了工作量。先确定基准职位的等级，再评定待评职位，大大减少了工作量。此方法的缺点是：（1）有一定的主观判断，影响评定的精确度；（2）操作起来相对复杂，而且给因素注上工资率时解释困难。

（六）海氏三要素评估法

海氏（Hay Group）三要素评估法是国际上使用得最广泛的职位评估方法之一。据统计，世界500强的企业中有1/3以上的企业在进行职位评估时都采用该方法。海氏三要素评估法是世界著名的薪酬问题咨询公司——美国海氏咨询集团开发出来的一套职位评价体系，它将报酬要素确定为三类，即知能水平、解决问题的能力和承担的工作责任，并设计了三套相应的标尺性评价量表作为职位评价的依据，通过三个方面对职位价值进行评估，并通过较为正确的分值计算确定职位的等级。

海氏三要素评估法认为一个职位存在的最关键、最根本的要素就是其要承担的工作责任，即该职位的产出。那么，要想获得这样的产出应该有怎样的投入呢？这就需要该职位上的员工具备相应的知识和技能，即知能。具备知能的员工通过在职位中解决所面临的问题，获得最终的产出——承担的工作责任。海氏三要素评估法根据这三个方面的因素及相应的标准给被评估职位打分，最后的总分 = 知能得分 + 解决问题得分 + 应负责任得分。当然，该评估方法也考虑到了不同的职位对于各方面所要求的比重是不同的。因此，针对不同的职位，这三个方面的权重也各有不同。

课堂讨论

假设你是某企业的人力资源主管，在准备对一个职位进行评估时，你会采用怎样的方法？会考虑哪些因素？

任务小结

企业的薪酬是企业管理者可以支配的最有效的激励手段之一，薪酬对企业和员工都具有十分重要的意义。

薪酬是指雇员由于提供劳动或劳务所得到的各种货币与非货币报酬的总和。狭义的薪酬主要包括基本薪酬、可变薪酬、间接薪酬三大部分。

薪酬管理是指企业在经营战备和发展规划指导下，综合考虑内外部各种因素的影响，确定自身的薪酬水平、薪酬结构和薪酬形式，并进行薪酬调整和薪酬控制的整个过程。企业薪酬管理包括薪酬体系、薪酬水平、薪酬结构、薪酬形式、薪酬管理政策及薪酬系统运行管理等内容。

职位评价是比较内部职位相对价值的重要手段，既能体现不同职位在组织战略中的地位和作用，将组织的战略意图分解到具体的职位上，又能对职位的责任、任职要求等进行横向比较，达成内部公平。

关键术语

薪酬　薪酬管理　薪酬制度　职位评价　职位排序法　配对比较法　职位分类法　要素计分法　要素比较法　海氏三要素评估法

技能自测

一　单项选择题

1. 雇员由于提供劳动或劳务所得到的各种货币与非货币报酬的总和称为（　　）。

A. 薪酬　　B. 薪酬管理　　C. 工资　　D. 奖金

2. 休假属于薪酬体系中的哪一类报酬？（　　）

A. 直接报酬　　B. 间接报酬　　C. 内在报酬　　D. 非经济性报酬

3. 虽然高水平的薪酬可以更好地吸引和激励员工，但企业应当在自身可以承受的范围内支付薪酬，这体现了薪酬管理的（　　）原则。

A. 公平性　　B. 激励性　　C. 竞争性　　D. 经济性

4. 企业的薪酬管理体系和管理过程要符合国家的相关法律法规，这体现了薪酬管理的（　　）原则。

A. 公平性　　B. 有效性　　C. 明确性　　D. 合法性

5. 根据各个职位在报酬要素上的得分来确定职位价值的相对大小的职位评价方法是（　　）。

A. 职位排序法　　B. 归类法　　C. 要素比较法　　D. 要素计分法

6. 间接薪酬主要是指（　　）。

A. 员工福利与服务　　B. 工资　　C. 奖金　　D. 以上都不对

二　多项选择题

1. 薪酬的功能主要体现在（　　）。

A. 战略导向功能　　B. 补偿功能　　C. 激励功能

D. 调节功能　　E. 增值功能

2. 有效的薪酬管理，应当遵循（　　）原则。

A. 合法性原则　　B. 公平性原则　　C. 激励性原则

D. 竞争性原则　　E. 动态性原则

3. 员工薪酬同时具有（　　）属性，这是进行薪酬制度设计的依据。

A. 劳动能力价格　　B. 调整工资设定　　C. 企业经营成本

D. 员工激励方式　　E. 人力资本收益

4. 职位评价的方法主要有（　　）。

A. 职位排序法　　B. 职位分类法　　C. 要素计分法

D. 要素比较法　　E. 配对比较法

5. 海氏三要素评估法是国际上使用最广泛的一种职位评估方法，它将报酬要素确定为（　　）等几类。

A. 知能水平　　B. 解决问题的能力　　C. 承担的工作责任

D. 存在的社会价值　　E. 智能开发

三 判断题

1. 薪酬是指员工因劳动所获得的各种形式的报酬，薪酬的本质就是一种交换关系，因此薪酬是劳动的报酬，薪酬所指向的对象是劳动行为，而不是劳动的结果。（ ）

2. 内在报酬通常是指员工由工作本身所获得的心理满足和心理收益，如宽敞的办公室、私人秘书、动听的头衔等。（ ）

3. 薪酬管理主要包括以下内容：确定企业的薪酬体系、薪酬水平、薪酬结构、薪酬形式和薪酬管理政策。（ ）

4. 要素计分法直接以报酬金额来体现职位在每一个要素上的重要程度，而要素比较法却是根据职位的总点数来衡量其相对价值。（ ）

5. 海氏三要素评估法认为一个职位存在的最关键、最根本的要素就是其要承担的工作责任，即该职位的产出。（ ）

四 分析题

1. 选择一个校企合作单位，对该企业的职位进行评估。
2. 选取一个企业，分析其薪酬构成。
3. 针对某公司的实际进行薪酬结构的研究与设计。

案例分析

D公司职位评价

D公司共有80多个职位，有管理类、技术类、营销类3种职位类别。D公司在进行了工作分析，获取职位信息以后，就着手进行职位评价，以确定职位的相对价值。

为合理地确定职位相对价值，D公司成立了以人力资源部经理为首的职位评价小组，并邀请了外部专家参与职位评价过程。在外部专家的建议下，D公司采用了国际通行的职位评价工具。

职位评价小组从中选择了约30个职位作为标杆。为保证职位评价的公平性，D公司采取了三方评价的方式：上级评价占40%、专家评价占30%、员工个人评价占30%。

职位评价方案一经出台，立刻在员工中引起轩然大波。员工纷纷将自己职位评价的结果与其他职位进行对比，然后通过正式或非正式渠道向公司反映。职位评价小组经过仔细审查，发现确实有很大的出入，在职位评价的各维度上，各职位也缺乏可比性，如人力资源部文员的得分比营销部主管还要高。这些有失公平的评判，直接导致了职位评价的最终失败。

思考：

1. D公司职位评价存在哪些问题？
2. 如果你负责这次的职位评价，你将如何做？

任务二　设计薪酬管理体系

学习目标

◆ **知识目标**

掌握薪酬体系设计的基本程序

理解并掌握各类薪酬体系设计

掌握员工薪酬方案的设计

◆ **技能目标**

能应用薪酬体系设计的基本流程

能设计企业各类薪酬体系

能针对不同员工进行薪酬方案设计

◆ **职业素质和态度目标**

具备吃苦耐劳、不畏挫折的职业素质，善于运用现代信息手段，设计企业薪酬管理体系

具有较强的创新意识和精神，创造性地进行薪酬方案的设计

任务导入

母狮子的出走

森林中住着几群狮子，每一个狮群中都有狮子王、小狮子、公狮子和母狮子。狮子是群居动物，每只狮子都有明确的分工，狮子王不用干活儿，负责狮群的整体管理和猎物分配，公狮子在家照顾年幼的小狮子，并解决与其他狮群的冲突，而年轻的母狮子负责狩猎，捕捉到的猎物先让狮王吃，再分配给公狮子，然后分配给小狮子，狩猎的母狮子总是最后才分到食物。

一年一度的旱季又来了，猎到的食物数量明显减少，狩猎的难度也越来越大，母狮子经常吃不饱。一头母狮子产生了许多的怨气，认为自己年轻力壮，捕捉到的猎物不少，但为什么每次都要饿肚子？最终它决定单干，于是就离开了狮群。

任务分析：案例中，一头母狮子因为对狮群的分配不满出走了。分配问题存在于社会的每个角落。从宏观层面（国家角度）讲，分配问题解决不好，可能会导致社会的贫富不均；从微观层面（企业角度）讲，可能导致员工离职或工作积极性受挫，影响企业的发展。

子任务一　薪酬体系设计的基本程序

任务提示

对企业而言，具备完善的薪酬体系很重要，但这些都要建立在制度之上。如何建立和完善企业基本薪酬制度，可以说是企业整个薪酬体系构建的核心内容。如果你是企业管理者，将如何进行企业薪酬体系设计？如何建立和完善企业基本薪酬制度？请进入本任务。

科学合理的薪酬体系是企业人力资源管理的一项重要工作，而薪酬体系的设计是薪酬管理的重中之重。薪酬设计的要点在于“对内具有公平性，对外具有竞争力”。薪酬的设计是一个系统工程，它首先要根据企业的经营战略制定薪酬策略，然后进行工作分析和职位评价，通过薪酬调查来确定薪酬水平，并在划分职位等级的基础上确定薪酬结构和薪酬等级，还要设计薪酬的实施、修改和调整方案。薪酬体系设计的基本流程如图 6-5 所示。

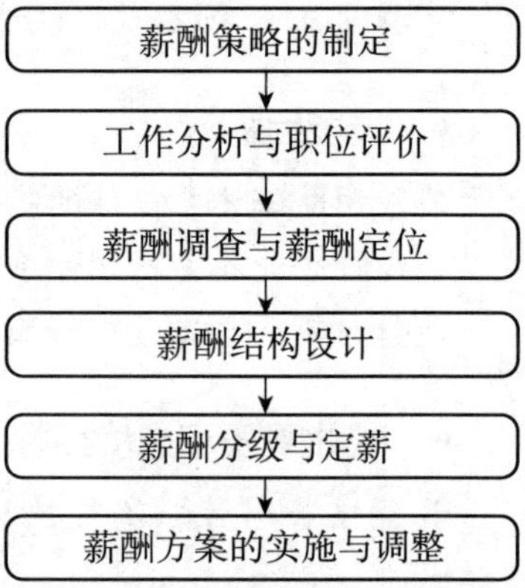

图6-5　薪酬体系设计的基本流程

一、薪酬策略的制定

（一）薪酬策略概述

薪酬策略是指将企业战略和目标、文化、外部环境有机结合而制定的薪酬管理的指导原则。它强调的是相对于同规模的竞争性企业来讲，自身薪酬支付的标准和差异性。企业薪酬策略的制定会影响薪酬竞争力的建构，而薪酬竞争力直接影响企业实现薪酬目标的能力，这种能力最终会影响企业的绩效。制定薪酬策略的主要目标在于确定最合理的薪酬水平，吸引、保留和激励员工，控制劳动力成本，塑造组织形象。

一个企业应当根据其经营发展战略、人力资源战略、内外部环境、市场竞争需要、财务实力等要素，合理而慎重地对薪酬策略作出抉择和重构。

（二）常见的薪酬策略

1. 薪酬领先策略

薪酬领先策略又称领先型薪酬策略，即将自己企业的薪酬水平定位在市场平均薪酬水平之上，以领先于市场和竞争对手的薪酬水平来制定自己企业的薪酬制度的政策。这一策略的主要优点在于：（1）能够吸引和留住高素质、高技能的人才，提高招聘员工的质量；（2）提高员工离职的机会成本，降低离职率，保持高效率员工队伍；（3）节省监督管理成本，减少劳动纠纷，提高企业的形象和知名度。采用这一策略的主要缺点是，带来了企业人力成本的增加和巨大的管理压力。如果不能将薪酬上的高投入转化为生产经营的高效率和高利润，则高薪酬和高素质员工就可能成为企业的一种负担。

采用薪酬领先策略的企业往往具有这样几个特征：投资回报率较高、规模较大、行业的规范化程度较高、薪酬占总成本的比重较低、产品在市场上竞争者较少。

2. 薪酬跟随策略

薪酬跟随策略也称薪酬居中策略或追随型薪酬策略，它是指企业始终跟随市场平均薪酬水平来进行薪酬定位，将自己企业的薪酬水平定位在等于或接近市场平均薪酬水平上，从而构建自己的薪酬制度的政策。事实上，这是一种通用的薪酬策略，大多数企业都是这种策略的执行者。实施这种薪酬策略的优点在于：（1）确保自己的薪酬成本与产品竞争对手的成本保持基本一致，从而不至于在产品市场上陷入不利地位；（2）能够保留一定的员工吸引力，不至于在人力资源市场上输给竞争对手；（3）企业的风险可能是最小的。然而，采用这种薪酬策略的企业在很多情况下根据市场水平进行薪酬调整会存在时滞，企业可能是在一些优秀的员工已经离职后才发现自己的薪酬水平已经落后于市场。因此，这种力图确保自己企业的薪酬水平与市场薪酬水平保持一致的企业必须坚持做好市场薪酬调查工作，以确切掌握市场薪酬水平的变化。

3. 薪酬滞后策略

薪酬滞后策略又称滞后型薪酬策略，它是企业按照低于市场薪酬水平或者竞争对手薪酬水平的标准进行自己企业的薪酬定位，以滞后于市场和竞争对手的薪酬水准来构建和管理自己企业的薪酬制度的政策。采用这种薪酬策略的优点在于：（1）可以使企业减少薪酬开支，维持比较低廉的劳动成本，降低成本费用；（2）有助于提高产品定价的灵活性，并增强企业在产品市场上的竞争力。但是，实行这种策略往往会使企业难以吸引高素质人才，员工不满意度上升、流失率提高、工作的积极性和对企业的忠诚度降低。当然，如果这样做是以提高未来收益作为补偿的，反而可能有助于提高员工对企业的责任心度、培养他们的团队意识，并进而改善绩效。比如：在一些高科技企业中，支付给员工的基本薪酬可能会低于市场水平，但是员工却可以获得企业的股票或者股票期权，这种将滞后型的基本薪酬策略和未来的较高收入结合在一起的薪酬组合非但不会影响企业的员工招募和保留能力，反而有助于增强员工的工作积极性和责任感。

4. 薪酬混合策略

薪酬混合策略是指企业根据不同的职务类别或员工类别分别制定不同的薪酬策略，或者根据不同的薪酬形式（基本工资、激励工资、福利等）而制定不同的薪酬策略，从而把上述三种薪酬策略有效结合，混合使用，进行企业薪酬水平的定位，构建自己企业的薪酬制度政策。薪酬混合策略的最大的优点就是灵活性和针对性，对于人力资源市场上的稀缺人才以及企业希望长期保留的关键职位上的人才采取薪酬领先策略，对于人力资源市场上较充裕的劳动力以及鼓励流动的低级职位上的员工采取市场跟随策略甚至滞后策略。这样既有利于企业保持自己在人力资源市场上的竞争力，又有利于合理控制薪酬成本开支。此外，对企业薪酬构成中的不同组成部分采取不同的市场定位策略，还有利于企业传递自己的价值观以及完成自己的经营目标。

二、工作分析与职位评价

企业在制定薪酬策略之后，就要进行相应的工作分析和职位评价，这是因为职位评价是制定科学合理的薪酬制度的前提和依据。通过工作分析，企业能够明确职位的工作性质、所承担责任的大小、劳动强度、工作环境的优劣以及劳动者所应具备的工作经验、专业技能、学识、身体条件等方面的具体要求。在此基础上，企业根据工作分析所采集的数据和资料采用系统科学的方法，对组织内各个层次和职别的工作职位的相对价值作出客观的评价，并依据职位评价的结果，按照各个职位价值的重要性由高至低进行排列，以作为确定组织基本薪酬制度的依据。关于工作分析与职位评价，本书分别在项目一和项目六任务一中已作了详细介绍，这里不再赘述。

三、薪酬调查与薪酬定位

（一）薪酬调查的含义

薪酬调查是指企业通过搜集薪酬市场信息来判断其他企业（包括自己的竞争对手）向员工支付薪酬的水平和薪酬结构等方面的信息。这样，企业就可以根据调查结果来确定当前的薪酬水平相对于竞争对手的薪酬水平在既定人力资源市场上的位置，从而根据自己的薪酬策略来确定和调整自己的薪酬水平乃至薪酬结构。企业自己也可以委托专业的咨询公司进行这方面的调查。薪酬调查的对象最好是同自己有竞争关系的企业或同行业的类似企业。企业应重点考虑员工的流失方向和招聘来源，同时要采用相同的标准进行工作评估，并分别提供真实的薪酬数据，只有这样才能保证内部调查的准确性。另外，还应当在适当的时期，针对不同层次和不同职群的员工进行内部调查，掌握其满意度及需求动向。

（二）薪酬调查的方法与步骤

企业在进行薪酬调查之前要先确定薪酬调查的方法。通常来讲，薪酬调查方法包括书面问卷、电话访谈、个人面谈等。不同调查方法的成本、效率和质量大不一样。使用哪种调查方法受到很多因素的影响，包括调查要求的期限、调查成本、数据要求的准确程度、参加调查的公司数量以及调查的职位数量等。

电话调查通常是最迅速、成本最低的薪酬调查方法之一，适合调查相近职位的简单信息，但调查结果的可靠性较低。个人面谈是成本最高、最耗时的调查方法之一，但能获得最有效的薪酬信息。而企业自身常用的调查方法主要是书面问卷，这种方法具有调查面较广、信息相对可靠和较为经济的特点。

在确定薪酬调查的方法之后，就可以实施薪酬调查了。一般情况下，薪酬调查分为三个阶段：准备阶段、实施阶段、结果分析阶段。三个阶段的主要工作如下：

1. 准备阶段

在准备阶段，首先，企业要根据需要审查已有薪酬调查数据，确定调查的必要性及其实施方式（许多企业通常会让第三方来完成薪酬调查）；其次，企业要界定人力资源市场的范围，明确作为调查对象的目标企业及其数量；再次，企业要选择准备调查的职位及其层次；最后，企业要选择所要搜集的薪酬信息内容。一般薪酬调查的信息内容如表 6-12 所示。

表6-12　薪酬调查的信息内容

信息类别	具体内容
组织层次的信息资料	企业基本情况（如名称、地址、经验范围、联系人） 企业财务状况（如净资产、营业额、利润额等） 企业规模（如员工人数、生产线、利润等） 企业结构（如组织结构图等）
薪酬制度的信息资料	现金薪酬形式（如基本工资、长短期激励工资、红利、津贴、工资增加表、生活费用调整等） 非现金薪酬形式（如工时制度、有薪假期、福利和服务组成及覆盖面）
拟研究的基准职位的信息资料	工作类别、职位描述、员工要求（类别、学历、单位、受雇日期等）以及员工实际薪酬（基本工资、奖金、补贴、红利等）

2. 实施阶段

这个阶段要设计薪酬调查问卷并实施调查，调查常采用两种基本的方法：访谈和邮寄调查问卷。调查通常的目的和采集数据的详细程度决定方法的选择。

3. 结果分析阶段

这个阶段对调查得到的数据进行核查以及分析。薪酬数据的分析方法一般包括频度分析、居中趋势分析、离散分析以及回归分析等。

在大规模的薪酬调查中，调查组织者要将最终的薪酬调查分析结果进行整理，并撰写调查报告。一般的薪酬调查报告主要包括职位描述、该行业基本薪酬水平、薪酬组成分析、综合分析等。

（三）薪酬定位的含义

薪酬定位是指在薪酬体系设计过程中，确定企业的薪酬水平在人力资源市场中的相对位置的决策过程，它直接决定了薪酬水平在人力资源市场上的竞争力。

薪酬定位是薪酬管理的关键环节，是确定薪酬体系中的薪酬政策线、等级标准和等级范围的基础。薪酬定位的目标主要有：（1）确定合理的薪酬水平；（2）吸引、保留和激励员工；（3）控制劳动力成本；（4）塑造组织形象。企业薪酬水平定位会影响其薪酬策略和薪酬竞争力的建构，薪酬竞争力直接影响企业实现薪酬目标的能力。薪酬水平及其竞争力是影响企业等组织业绩的关键策略之一。

制约薪酬定位的因素有很多。从企业的内部环境来说，首要因素是薪酬战略和薪酬理念，其次是人力资源规划，最后是战略规划。另外，企业的支付能力、业务扩张速度、人才培养速度、内部人力资源市场的流动性等也都是需要考虑的相关因素。从企业的外部环境来说，在进行薪酬定位决策时需要重点考虑目标人力资源市场内人才竞争的激烈程度以及产品市场的差异化程度等因素。

企业的薪酬水平定位实质上是一种突破成本和需求双重障碍的市场竞争力选择。企业既要控制人工成本，保持核心员工的相对稳定，又要提高员工士气和工作满意度，还得保持合理的员工流动率。为了完成这些目标，企业必须从自身实际情况出发，针对不同职务类别、员工类别，分别进行薪酬定位。

（四）薪酬定位的步骤

一般情况下，薪酬定位主要分为四个阶段：内部环境审视、外部环境审视、灵敏性分析、确定薪酬定位。四个阶段的主要工作如下：

（1）内部环境审视：对企业的薪酬理念、薪酬战略、人力资源规划、战略规划、财务支付能力等内部制约因素进行分析。

（2）外部环境审视：对目标人力资源市场的竞争程度、产品市场的差异化程度、相关的法律环境等外部制约因素进行分析。

（3）灵敏性分析：充分考虑薪酬定位对现有的人力资源管理体系、企业文化、核心竞争力以及企业战略实现进程等相关领域的影响程度。

（4）确定薪酬定位：通过对以上因素的通盘考虑，最后确定企业的薪酬定位。

四、薪酬结构设计

（一）薪酬结构的含义

薪酬结构是指在同一组织内部不同职位或者不同技能的薪酬水平的排列形式。它强调薪酬水平之间的级差，以及决定薪酬级差的标准。尽管薪酬结构所强调的是同一组织内部的一致性问题，但它不是一个脱离外部竞争性而独立决策的过程。事实上，薪酬结构决策是在内部一致性和外部竞争性这两种薪酬有效性标准之间进行平衡的一种结果。在有些时候或有些场合，薪酬结构考虑内部一致性因素多一些；而在另一些时候或场合，则考虑外部竞争性因素多一些。

（二）薪酬结构的内容

通常情况下，一个完整的薪酬结构应该包括以下几项内容：一是薪酬的等级数量，二是基本薪酬变动范围（最高值、中值和最低值），三是相邻两个基本薪酬等级之间的交叉与重叠。

1. 薪酬的等级数量

薪酬结构特点之一就是分等，即确定等级的数目和等级之间的关系。因为薪酬结构反映了组织设计和组织工作流程，所以有些薪酬结构层次较多，有些薪酬结构层次较少。例如：甲公司把同一职位分为六个等级，如表 6-13 所示。

表6-13　甲公司工程技术职位结构

新手	工程师
↓	高级工程师
↓	系统工程师
↓	主管工程师
↓	指导工程师
公认权威	咨询工程师

2. 基本薪酬变动范围

基本薪酬变动范围又称薪酬区间，实际上是指在某一薪酬等级内部允许薪酬变动的最大幅度。薪酬变动范围说明的是在同一薪酬等级内部，最低薪酬和最高薪酬之间的绝对差距问题。而薪酬变动比率通常是指同一薪酬等级内部的最高值与最低值之差与最低值之比。通常情况下，薪酬变动比率的大小取决于特定职位所需的技能水平等综合因素，技能水平要求较低的职位的薪酬等级变动比率要小些，而技能水平要求较高的职位的薪酬等级变动比率要大一些。

3. 相邻两个基本薪酬等级之间的交叉与重叠

从理论上说，在同一组织中，相邻的薪酬等级之间可以设计成有交叉重叠的，也可以设计成无交叉重叠的。有交叉重叠的是指各相邻薪酬等级的最高值和最低值之间往往会有一段交叉和重叠的区域。如表 6-14 所示的某公司基本薪酬等级及其对应薪酬区间采取的就是这种设计方式。而无交叉重叠又可以分为衔接式的（上一个薪酬等级的薪酬区间下限与下一个薪酬等级的薪酬区间上限在同一条水平线上）和非衔接式的（上一个薪酬等级的薪酬区间下限高于下一个薪酬等级的薪酬区间上限）两种。

表6-14　某公司基本薪酬等级及其所对应薪酬区间表

基本薪酬等级	对应薪酬区间（元/月）	基本薪酬等级	对应薪酬区间（元/月）
一级	8 000 ～ 15 000	五级	3 500 ～ 5 500
二级	6 000 ～ 12 500	六级	2 500 ～ 4 200
三级	5 500 ～ 9 500	七级	2 000 ～ 3 500
四级	4 200 ～ 7 000		

（三）建立薪酬结构的流程

建立薪酬结构的流程如图 6-6 所示。

（1）运用某种职位评估方法，对职位进行初步的排序以及分组。在这一步骤中需要注意的问题是：职位评价是否建立在对职位充分理解的基础之上？职位描述是否完备？

在对职位进行比较时，所选择的参照对象是否合适？

（2）确定职位的等级数量，即把相对价值基本相同的不同职位归集在一起使其成为一个等级。问题在于如何确定哪些职位价值大体相同，从而把它们划为同一等级。这就需要职位分析员重新考虑职位评价的结果。在不同等级内，有不同的薪酬浮动幅度。尽管等级有很大的灵活性，但也对设计者提出了挑战。等级设计的目的是把价值相似的职位划为同一等级。如果职位评价的点数落在两个等级的临界点附近，那么薪酬差异的程度与职位价值差异的程度就不相称了。解决这个两难问题就需要了解组织中特殊职位、职业生涯和工作流程，设计符合组织特点的等级结构，并需要反复修正。

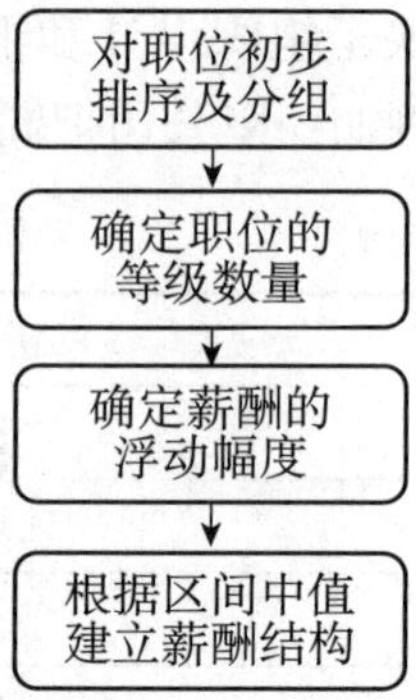

图6-6　建立薪酬结构的流程

（3）确定薪酬浮动幅度（最低点、中点和最高点）。浮动幅度的中点常根据薪酬水平设定。薪酬政策线穿过每一等级上的这个点就称为这一等级薪酬浮动幅度的中点。浮动幅度的中点通常被称为控制点。在中点值和浮动幅度确定以后，就可以计算浮动的上限和下限了：

下限=中点/［100%+（50%×浮动幅度）］

上限=下限+（下限×浮动幅度）

例如：假设浮动幅度为30%，中点值为10 000元，那么：

下限=10 000/（100%+15%）≈8 696（元）

上限=8 696+（8 696×30%）=8 696+2 608.8≈11 305（元）

（4）根据确定的各职位等级的区间中点值建立薪酬结构。只要在考虑各职位等级内各种职位的价值差异大小及相应的外部市场薪酬水平的情况下，确定各个薪酬区间的变动比率，就可以建立起一个薪酬结构。有时候，为了管理的方便，薪酬管理人员会在一个薪酬等级内再划分几个小的层级，这些层级既可以相互重叠，也可以相互衔接。此外，在整体薪酬框架中，同一家企业中可以采用多种薪酬结构，以反映企业的管理哲学和经营状况。比如：企业在设计销售人员和技术研发人员的薪酬结构时，完全可以采用两种不同的模式。

五、薪酬分级与定薪

企业的薪酬结构设计好以后，基本的框架就都定好了。接下来就要根据薪酬结构具体地实施工资的分级以及定薪。工资的分级即薪酬结构中薪酬水平等级的多少，按照某种职位评价方法可以把工作按照一定的顺序排列，把工资水平相近的归为一组，就可以得出不同的等级。最后，给每一个等级进行最后的定薪。薪酬的内容有很多，每一个员工最后的定薪组成包括基本工资、激励工资、津贴、福利等。对于特殊的管理人员，还可以加上股票期权等不同的薪酬形式。

薪酬分级的数量不能过多，也不能过少。级数过多会增加工作的复杂程度，级数太少则使相对价值相差很大的职位处于同一薪酬等级，就起不到激励作用。实践中，有的企业薪酬系列中只有4～5级，也有的级数为此几倍。一般薪酬等级以10～15级为宜。

六、薪酬方案的实施与调整

在设计完成薪酬方案之后，就要付诸实施了。在制定和实施薪酬方案过程中，及时的沟通、必要的宣传或培训是保证薪酬设计成功的因素之一。从本质意义上说，劳动报酬是对人力资源成本与员工需求进行权衡的结果。企业有必要在适当的时期，或者定期对员工薪酬需求及满意度情况进行调查，以了解员工对目前企业薪酬设计调整的真实观点及对未来薪酬设计调整的想法。因此，企业需要设计相应的调查问卷。该问卷通常由被调查者基本信息、对薪酬的评价、薪酬改进建议三部分组成。这项调查可用来确定企业薪酬体系的基本组成，并适时地加以调整。

企业在实施薪酬方案的过程中，可能遇到很多问题，其中最主要的是薪酬的调整和薪酬总水平的控制。薪酬调整的依据主要来自三个方面：一是员工的意见和建议，二是组织的环境变化，三是组织经营战略的调整。对薪酬总水平的控制首先要对其进行预算。目前，大多数企业是财务部门在做预算，但有时财务部门并不清楚具体的工资数据和人员变动情况，因此，为了保证数据的准确性，最好同时由人力资源部门做测算。人力资源部门需要建好薪酬台账，并设计一套比较好的测算方法。

课堂讨论

选择一个校企合作企业，了解以下情况：该企业运用的是怎样的薪酬策略？该企业是按什么样的程序进行薪酬体系设计的？该企业是如何对内部各个职位进行评估的？该企业是如何设计员工薪酬结构的？确定的依据是什么？

子任务二　进行薪酬体系设计

任务提示

完成以上任务后，你已基本掌握薪酬体系设计的基本程序。我们知道，组织存在的目的是实现特定的组织目标，而在组织中工作的员工在提供组织实现目标所需要的行为时，作为回报得到的货币收入、商品和服务等，就构成了员工的薪酬。薪酬体系在组织实现自己的竞争优势和战略目标的过程中具有十分关键的作用。如果你是企业管理者，该如何设计和完善企业的薪酬体系，既让员工感到内部公平，又能在一定程度上对员工进行激励？请进入本任务。

阅读材料

牧羊犬的舌头

牧羊人养了两只牧羊犬，平时，牧羊人将羊群和牧羊犬带到水草丰盛的地方就离开了，羊群完全交给两只牧羊犬看管。刚开始两只牧羊犬都很卖力，可时间长了，其中一只牧羊犬发现了牧羊人的规律，他每次出去大约3小时。这只牧羊犬就在牧羊人出去的时候休息，等快到牧羊人回来的时间，它就使劲地跑两圈，跑得满身是汗，舌头伸出很长。牧羊人总是给这只牧羊犬发更多的奖赏。另一只牧羊犬问那只牧羊犬："老兄，这是为什么啊？我明明比你卖力得多，为什么牧羊人更欣赏你呢？"

这只牧羊犬笑着说："兄弟，牧羊人判断我们是否卖力的标准有两个：一是看羊有没有丢，二是看我们谁的舌头吐得长。我这样跑两圈，累出很多汗，舌头自然会伸出来。不像你，天天那么卖力，牧羊人回来的时候，舌头却伸不长。哈哈！"

牧羊人的问题出在哪里？如何改进？

薪酬体系要能体现公平性和激励性，并能激发员工的积极性和创造性。对于一个企业而言，选择何种类型的薪酬体系，取决于企业所面对的多种内外部因素。其中，外部因素主要是指国家的法规政策、社会经济发展状况、人力资源供给状况、外部市场薪酬水平等；内部因素主要包括企业的性质、发展规模、战略目标、组织文化、现行的薪酬政策等。

从总体上来看，企业可以从职位、绩效、能力三种要素中选择一种来作为确定某一薪酬系统的依据。其中，以职位为基础确定基本薪酬的薪酬系统被称为职位薪酬体系，以绩效和能力为基础确定基本薪酬的薪酬系统分别被称为绩效薪酬体系和能力薪酬体系。在实践中，一家企业既可以只选用一种薪酬体系，也可以同时选用几种薪酬体系。由于不同的薪酬体系有不同的适用对象、特点和导向性，也有各自的优缺点，因此企业应根据自身特点，分情况加以采用。

一、职位薪酬体系设计

（一）职位薪酬体系及其优缺点

1. 职位薪酬体系概述

职位薪酬体系是一种比较传统的薪酬模式，即通过对职位的职责、劳动强度、劳动条件等因素的测评，按职位的相对价值来决定员工的工资水平，以职定薪，易职易薪。此种薪酬体系主要依据职位在企业内的相对价值为员工付酬。职位的相对价值越高，薪酬水平就越高，反之亦然。企业通常会成立专门的职位测评小组或聘请咨询公司来对内部的所有职位进行评估，得出每个职位的薪点，并按薪点数的大小对职位进行排序、归类，形成职位工资等级体系。其导向的行为是：员工会遵从严格的等级秩序和规章制度，千方百计获得晋升机会，注重人际网络关系的建设，为获得职位晋升采取政治性行为。

职位薪酬体系主要适用于职位级别比较多、企业外部环境相对稳定、市场竞争压力不是非常大的企业。就职位类别而言，其比较适用于职能管理类职位。这些职位上的员工有效地履行职能职责是最重要的，只有这样，职位的价值才能得到真正体现。

2. 职位薪酬体系的优点

（1）按照员工的职位等级规定薪酬等级和薪酬标准，同一职位上的员工，无论其能力和资历如何，都对其执行同一薪酬标准，真正实现同工同酬，内部公平性比较强；（2）职位晋升，薪酬也晋级，调动员工努力工作以争取晋升机会的积极性。

3. 职位薪酬体系的缺点

（1）灵活性不够，比较僵化，尤其是一些技术人员，如果不走管理路线，很难获得高工资；（2）如果一个员工长期得不到晋升，尽管岗位工作越来越出色，但其收入水平很难有较大的提高，进而影响其工作的积极性；（3）员工都走管理路线，不利于形成良好的工作环境与企业文化；（4）由于它更看重内部职位价值的公平性，因此企业在从市场上选聘稀缺人才时，很可能因薪酬体系的内向性而满足不了稀缺人才的薪酬要求，也就吸引不来急需的专业人才和管理人才。

（二）职位薪酬体系的设计流程

职位薪酬体系的设计流程如下：

（1）建立一套规范的职位管理体系，包括规范的职位设置、职位序列等。

（2）运用科学的量化评估系统对职位价值进行评价即进行职位评价。职位评价是实施基于职位的薪酬制度的关键环节。由于一些企业因人设事，不重视职位管理，连基本的职责定位都很混乱，因此在确定职位的相对价值时就无法进行下去。

（3）员工能力要与职位要求基本匹配，即能岗匹配。

（三）职位薪酬体系的基本前提

职位薪酬体系的基本前提如下：

（1）职位的重要性及其对组织的贡献是可以评价并准确计量的。

（2）职位本身的价值与该职位的员工关系不大，即员工的实际能力大小不会影响该职位的职能。

（3）组织的结构体系基本稳定且所有职位都是经过合理配置的。

只有在基本前提成立的条件下，职位薪酬才能准确地反映员工的业绩水平，才能有效地发挥作用。

课堂讨论

结合某企业实际，进一步分析该企业职位薪酬体系。

二、绩效薪酬体系设计

（一）绩效薪酬体系及其优缺点

1. 绩效薪酬体系概述

绩效薪酬体系主要是根据员工的工作业绩来支付薪酬。工资支付的根据主要是工作业绩，即以实际的最终劳动成果确定员工薪酬的制度。其主要有计件工资制和佣金制等形式。

绩效薪酬体系的适用范围：就企业而言，处在竞争性强的环境中的企业适宜采用此体系，尤其是一些经营型企业，薪酬独立性高、结构性低，更强调个人的绩效表现而非合作；就职位而言，如果员工自身的努力对其工作产出有较大影响，企业就可以采用以绩效为主的薪酬制度。当然，具体还要参考企业发展情况、战略、产品性质等。

2. 绩效薪酬体系的优点

（1）有利于员工薪酬与可量化的业绩挂钩，将激励机制融于企业目标和个人业绩的联系之中；（2）有明确的绩效目标，能够把员工的努力集中在一些企业认为重要的目标上，从而有利于企业通过灵活调整员工的工作行为来完成重要目标；（3）薪酬支付实际上成了一种可变成本，它的实施减轻了企业固定成本开支的压力，有利于企业根据自身的经营状况灵活调整自己的支付水平。

3. 绩效薪酬体系的缺点

（1）由于员工报酬与个人绩效挂钩，因此员工为了提高个人绩效，可能会减少合作，从而造成部门或团队内部成员的不良竞争；（2）绩效评估往往很难做到客观准确，这样必然会造成新的不公平；（3）业绩产生的原因是复杂的、多方面的，有时与个人努力并无直接因果关系，组织品牌、市场环境、工具设备、同事合作等都是影响业绩的重要因素；（4）很多常规工作、基础工作并不直接与业绩相联系，很难用业绩来测算。

（二）绩效薪酬体系的设计流程

绩效薪酬体系的设计流程如下：

1. 制定评估目标

业绩评估不仅是为付给员工合理的报酬提供依据，更是为了发挥员工个人的能力和创造性，使员工个人发展目标与企业发展目标趋向一致。

2. 确定业绩要点

业绩评估要选择一些有代表性的业绩要点，这些要点能够全面、客观地反映被评估者的业绩，有利于评估者作出公正的评价。

3. 确定评估方式

业绩评估的方法有很多，如自我评估法、等级评分法、多人比较法、评估报告法等。在评估过程中，先进的评估方法要体现规范化和程序化，注重评估效果。

4. 选择合适的绩效薪酬形式

根据支付对象的不同，绩效薪酬可分为组织绩效薪酬、团队绩效薪酬和个人绩效薪酬。组织绩效薪酬是根据组织的整体绩效来确定薪酬，团队绩效薪酬是根据团队或部门的绩效来确定薪酬，个人绩效薪酬是根据员工个人的工作绩效决定其薪酬。企业应根据自己的特点，选择最适合自身的形式。

（三）实行绩效薪酬体系的注意事项

实行绩效薪酬体系的注意事项如下：

（1）建立科学客观的绩效考核体系。如果没有公平合理、准确完善的绩效考核系统，绩效薪酬就难以真正发挥作用。

（2）绩效薪酬制度必须与组织战略及其文化价值观保持一致。实现企业战略目标或经营目标以及维护企业的价值规范是实行绩效薪酬制度的主要目的，但如果组织价值观和战略目标不清晰或者员工对其不理解，就很可能发生企业所激励的行为和结果与组织目标相背离的情形。

（3）绩效薪酬体系应保持一定的动态性。绩效薪酬是围绕企业经营目标、企业外部的经营环境以及员工的工作内容、工作方式等情况的变化而不断变化的，因此要取得绩效薪酬体系实施的成功需要不断地修正组织的经营目标，并对原有的考核计划进行调整，保持一定的动态性。

（4）平衡各成员的角色。在一些具有特殊组织文化的企业中，绩效薪酬制度的推行可能会破坏工作气氛，打击员工的士气。可行的弥补措施是以团队为单位进行绩效考核，然后将绩效工资在各成员间平均分配。但这样可能会导致团队中业绩优秀的员工不满，甚至促使其离开团队或公司。因此，在重视团队合作的经营环境中，平衡各成员的角色显得非常重要。

三、能力薪酬体系设计

随着市场竞争的加剧，人力资源管理部门已经不仅是一个支持服务性的部门，而且已经成为企业的战略合作伙伴。同时，基于职位及绩效的薪酬体系的问题越来越突出。为了弥补传统职位薪酬体系和绩效薪酬体系的缺陷，基于能力的薪酬体系应运而生。

（一）能力薪酬体系及其优缺点

1. 能力薪酬体系概述

所谓的能力是一种绩效行为能力（Competency），即完成某种特定绩效或是表现出某种有利于绩效完成的行为能力，而不是一般意义上的能力（Ability）。绩效行为能力又称素质能力或胜任能力，它是指与实现高绩效的行为有关的各种素质和能力，包括知识、技能、行为方式、价值观、个性特征和动机等要素。员工的这种能力不仅与高绩效的工作密切相关，还可以从一种工作带到另一种工作中。因此，能力薪酬也称胜任力薪酬，它是根据员工具备的与实现高绩效相关的知识、技能、行为方式、个性、动机等素质或胜任能力来决定其工资水平的薪酬方案。

能力薪酬体系主要适用于从事复杂工作和创造性工作的知识型员工。

2. 能力薪酬体系的优点

（1）有利于向员工传递关注自身发展、不断提高技能的信息，激励员工不断开发新的知识和能力；（2）在员工配置方面为组织提供了更大的灵活性；（3）能吸引有才能的人，满足企业各方面需要；（4）有助于人才稳定并激励人才的成长。

3. 能力薪酬体系的缺点

（1）可能会大大增加企业成本。首先，由于工资具有刚性的特点，组织实施这一薪酬体系往往意味着人工成本的增加；其次，为了保证技能与能力薪酬方案的顺利实施，企业需要为员工提供大量的培训机会以满足员工不断增长的培训需求；最后，能力薪酬体系的引入、维持和更新是一个费时费钱的过程，它通常会大大增加管理成本。（2）能力薪酬体系在推行过程中可能会受到抵制。（3）员工在实际工作中难以应用自己的全部能力。（4）能力薪酬体系的实施过程比较复杂，如能力的评价就比较困难。

（二）能力薪酬体系的操作步骤

能力薪酬体系的操作步骤如下：

（1）确定哪些能力是支持组织战略、为组织创造价值，从而应当获得报酬的。也就是说，要求界定组织准备支付报酬的能力到底有哪些。因为在不同的战略导向和不同的行业中，报酬对象组合很可能存在差异。

（2）确定这些能力可以由哪些品质、特性和行为组合表现出来，即具备何种品质、特性以及行为的员工最有可能是绩效优秀者。组织明确员工应具备的绩效行为能力后，还必须明确如何衡量这些能力。

（3）检验这些能力与工作绩效之间的关联性。员工的工作行为隐含和反映了很多能力。这些能力和行为有的与工作绩效直接相关，有的却没有关系。组织在制定基于能力的薪酬制度时，首先要确定哪些能力是与优秀的工作绩效相关的及其相关程度，关注那些真正有效的能力和行为。

（4）评价员工能力，将能力与薪酬结合起来。根据界定好的能力类型及等级定义，对员工在某领域中具备的绩效行为能力进行评价，然后将评价的结果与他们应得的薪酬结合在一起。在这种薪酬制度中，员工的薪酬取决于他们对于工作、角色或者团队功能的理解和执行能力，他们可以因具备某些既定能力或能力水平的提高而使薪酬得到提升。

（三）能力薪酬体系的重要补充说明

能力薪酬体系的重要补充说明如下：

（1）建立一套能力模型后再制定一套新的薪酬方案还不足以达成企业的期望，对能力的强调必须贯穿员工招募、晋升、绩效管理以及薪酬管理等整个人力资源管理系统。

（2）因为能力增强是确定基本薪酬以及加薪的基础，所以实施能力薪酬体系还要求组织建立对工作或者角色进行评价的系统，获得确定薪酬水平的市场数据并能灵活追踪各种浮动薪酬的管理系统，制订综合性的培训和训练计划。

（3）因为存在额外的管理和人力资源方面的其他要求，所以如果管理不善，能力薪酬制度的优点就很可能被抵消。然而，其一旦得到有效的运用，就不仅能够为员工带到工作或角色上来的附加值提供报酬，而且有助于组织更好地关注其核心使命以及卓越的绩效对于实现组织的使命所产生的重要价值。

（4）能力薪酬并非绩效奖励计划的一种替代，相反，它必须与绩效奖励计划以及某些特定技能和能力的开发联系在一起。

四、其他薪酬体系设计

（一）市场薪酬体系及其优缺点

1. 市场薪酬体系概述

基于市场的薪酬体系根据市场价格确定企业薪酬水平，即根据市场对人才价值的评价来支付薪酬。市场薪酬体系的主要特征是：突出人力资源市场供需与价格的特征，目的是保持员工报酬的市场竞争力，以吸引和留住人才。市场薪酬体系目前在很多企业中得到了运用。如有些企业实行谈判工资制，或称协议工资制。这实际上也是一种基于市场的薪酬模式，就是根据人力资源市场上的供求状况，企业和劳动者双方在平等自愿的基础上协商约定劳动合同期限内的基本工资标准。再如有些企业，为了确保能够吸引优秀人才，对关键职位采取了高于市场水平的薪酬策略，对其他职位则采取了跟随市场水平的薪酬策略。如果按照传统的职位或者技能工资制度，也许高级产品开发工程师的薪酬等级要低于市场总监，但在市场导向的薪酬制度下，其薪酬水平完全可以和市场总监的工资相等甚至比其高一些。

实施市场薪酬体系的基础条件和关键环节是：首先，企业要有一定的职位管理基础，如果不能界定职位的职责或者技能等级的含义，则很难和市场标准职位的薪酬水平进行比较；其次，企业要通过专业机构或者自身进行信息搜集来确定薪酬的市场水平，这是最为关键的环节。

2. 市场薪酬体系的优点

（1）企业可以通过薪酬策略吸引和留住关键人才；（2）企业可以通过调整那些替代性强的人员的薪酬，节省人工成本，提高竞争力；（3）企业参照市场定薪酬容易让员工接受，从而减少企业内部的矛盾。

3. 市场薪酬体系的缺点

（1）市场薪酬体系要求企业具有良好的发展能力和盈利水平，否则难以达到和市场同步的薪酬水平。（2）员工只有非常了解市场薪酬水平，才能认同市场薪酬体系。因此，这种薪酬体系对薪酬市场数据的客观性提出了很高的要求，同时对员工的职业化素质也提出了要求。（3）完全按市场付酬，企业内部薪酬差距会很大，会影响组织内部的公平性。

（二）宽带薪酬

宽带薪酬是指对多个薪酬等级以及薪酬变动范围进行重新组合，从而变成只有较少的薪酬等级以及较宽的薪酬变动范围。宽带薪酬结构作为一种新型的薪酬结构设计方式，主要与企业组织扁平化、流程再造、团队导向、能力导向等新的管理模式相配合。其最大的特点是压缩级别，将原来十几个甚至几十个级别压缩成几个级别，并将每个级别对应的薪酬范围拉大，从而形成一个新的薪酬管理系统及操作流程，以便适应新的竞争环境和业务发展需要。宽带薪酬的具体特点可以从与传统薪酬的比较中体现，如表6-15所示。

宽带薪酬作为一种新的薪酬结构模式，为企业提供了一种良好的薪酬管理思路。然而，宽带薪酬的实施也会带来一系列问题。例如：宽带薪酬可能会导致企业人工成本增加，可能因绩效管理不力而导致不公平，对传统文化的冲击可能会带来负面效应，晋升的激励作用将被弱化，等等。这就要求企业根据自身的特点和发展方向来合理选择薪酬体系，在实施过程中也要建立相应的配套制度，只有这样才能真正使宽带薪酬体系为组织带来效益。

表6-15　宽带薪酬与传统薪酬之对比

	宽带薪酬	传统薪酬
与企业发展战略的关系	宽带薪酬战略与企业的发展战略是很容易配套的，实际上是企业经营战略、财务战略以及组织文化的一种延伸，具有灵活性、激励性、创新性的特点	传统薪酬战略与企业发展战略难以配套。一般而言，传统薪酬战略大都是激励和吸引员工，保持组织的稳定性，从而维持组织的正常运行
与人力资源市场的关系	宽带薪酬结构是以市行情为导向的，通过宽带薪酬结构，各级员工可以重新审视该工种的市场价值，从而更注重个人自身的发展	传统薪酬结构把人力资源市场放在第二位。由于实行国家统一的薪酬结构，企业基本上没有自主的弹性，在缺乏弹性和竞争力的工资结构下，企业在行业竞争、市场状况、人才流动等方面显得束手无策
直线经理的参与程度	直线经理有更多的参与。在宽带薪酬结构设计的情况下，部门经理可以在决策方面拥有更多的权力和责任，可以对下属的薪酬定位给予更多的意见和建议	传统薪酬结构中，直线经理几乎不参与。传统的薪酬体系强调的是内部一致、职位等级细分、薪酬等级分明
组织结构的特点	宽带薪酬结构支持扁平型组织结构。宽带薪酬结构的薪酬等级尽量压缩，压缩后又尽力拉大每个级别的薪酬范围，相邻两个薪酬等级之间有较大的叠幅	传统薪酬结构的特点是层级多，一般有十几个甚至几十个级别。薪酬变动范围窄，而且级别一般是与职位相挂钩的
与员工的工作表现的联系程度	宽带薪酬体系设计下，员工不需要为了薪酬的增长而去斤斤计较职位晋升等方面的问题，只要注意发展企业所需要的那些技术和能力就可以获得相应的报酬	传统薪酬结构与员工的工作表现联系不紧密。员工的表现、薪酬的增加都是与职位的晋升密切联系的，员工的薪酬增长往往取决于个人职务的提升而不是能力的提高

资料来源：陈昭颖，张静．传统薪酬结构与宽带薪酬结构的综合比较探究[J]．中国商贸，2011（15）．

总之，没有一个薪酬体系是至善至美的，薪酬体系的不断完善，不同薪酬体系之间的相互补充、取长补短是薪酬体系的改革方向。企业在设计薪酬体系时，必须以企业整体战略和核心价值观为基础，设计最适合自身的薪酬体系，以体现企业的个性化特征。

课堂讨论

选择一个校企合作企业，了解以下问题：这个企业是如何设计薪酬体系的？这样的薪酬体系完善吗？能否达到吸引、留住和激励员工的目的？有哪些需要改进的地方？

子任务三　员工薪酬方案设计

任务提示

完成以上任务后，你已基本掌握薪酬体系的设计，能进行职位薪酬体系设计、绩效薪酬体系设计、能力薪酬体系设计和其他薪酬体系设计了。接下来的重要环节是员工薪酬方案的设计。在企业生产经营活动中，不同职位对企业的价值是不同的，因此应该设计不同的薪酬方案，以满足不同职位人员的需求。想了解如何设计不同职位的薪酬方案，请进入本任务。

阅读材料

离职率为何这么高？

某公司对销售人员采用基本工资加业务提成的薪酬模式。基本工资根据销售人员的学历作了如下等级设计：（1）刚出校门，营销专业大专生，基本月薪 3 500 元；（2）有相关工作经验，非营销专业大专生，基本月薪 3 200 元；（3）有一定工作经验的中专生，基本月薪 2 000 元。所有员工提成都是业务额的 5%。公司整体业绩不错，老板和员工关系也很好，但离职率很高。

这种现象在很多企业里都存在，企业为何留不住人才？离职率为何居高不下？如何解决这个问题？要解决这些问题，必须对不同职位的员工设计不同的薪酬方案。

一、销售人员的薪酬方案设计

人才是一个企业的宝贵财富，销售人员更是宝中之宝，其工作质量的好坏、工作效率的高低直接关系企业整体利润水平的高低。为吸引、留住足够数量的销售人员，公司必须拟订一套具有吸引力的薪酬方案。纯佣金制、纯薪金制和两种结合的混合制薪酬模型是当前企业采用最多、运用时间最久的销售人员薪酬模型，它们也确实发挥了良好的作用。但在有些公司，这样的薪酬模型也往往会失去效果。

结合销售人员的特点及决定销售人员薪酬的关键因素，常见的销售人员的薪酬模型如表6-16所示。

表6-16　销售人员薪酬模型

模型	底薪	业务提成	奖金	福利
纯基本工资制	A	0	0	V
基本工资＋奖金制	A	0	B	V
基本工资＋业务提成制	A	N%× 业务量	0	V
基本工资＋业务提成＋奖金制	A	N%× 业务量	B	V
纯业务提成制	0	N%× 业务量	0	V

这五种薪酬模型各有优缺点，企业应结合行业特点及企业自身的实际情况采用最合适的薪酬模型。总之，销售人员薪酬模型设计的关键是以业绩为主，要求企业的业绩管理基础非常牢靠，有一条线应建设得比较完善，那就是目标线，即销售人员任务明确，目标分解合理。其中，业绩目标及任务标准的确定是关键环节。如果不能合理、实事求是地确定业绩目标，员工的努力没有明确的方向或根本实现不了设定的目标，那么对员工的激励作用就会大打折扣。

课堂讨论

讨论、分析影响销售人员薪酬方案设计的主要因素。

二、管理人员的薪酬方案设计

管理人员作为企业的重要组成部分，他们的工作不仅会直接作用于企业的经营方向和生产营销策略，其自身的工作作风和领导风格也会对企业的工作气氛、人际关系等产生举足轻重的影响。因此，与其他员工群体相比，管理层就成了企业进行薪酬管理时需要关注的诸多群体中最为重要的一个。管理人员受激励水平会直接影响组织的经营绩效和员工的工作满意度，进而影响企业的竞争力。

诸如企业规模、企业所处行业、企业生命周期、企业的治理结构、企业的业绩、管理人员的行为成本、管理人员的职业机会成本、管理人员的需要与偏好、管理人员的任期及其来源等因素都会影响管理人员的薪酬。企业在设计管理人员薪酬时需要考虑上述因素。

管理人员的薪酬主要由基本薪酬、奖金（可进一步分为短期奖金和长期奖金）以及福利等部分组成。基本薪酬一般会占薪酬总额的1/3 ～ 2/3不等，具体情况取决于管理者在组织层级结构中的位置，位置越靠近上层，则基本薪酬在薪酬总额中所占的比重也越低。管理人员的薪酬大体可由下式表明：

管理人员的薪酬=基本薪酬+津贴+风险收入（效益收入+奖金）+养老金计划

三、专业技术人员的薪酬方案设计

专业技术人员一般是指利用既有的知识和经验来从事解决企业生产和经营活动中的各种技术或管理问题，帮助企业实现经营目标的活动的人员。越来越多的企业认识到，吸引和留住拥有智力资本的专业技术人员是企业培育核心竞争力、获取竞争优势的关键环节，而薪酬管理作为一种吸引和留住专业技术人员的重要手段，也越来越引起企业管理者的广泛关注。

根据专业技术人员的特点，可以将其分为三个层次，即辅助层、中坚层和核心层。只有为不同层次的人员设计不同的薪酬，才能起到更大的激励作用。

辅助层专业技术人员的薪酬设计大体上可由下式表明：

总体薪酬=基本工资+加班工资+各种补贴+特殊贡献工资+晋升机会

中坚层专业技术人员的薪酬设计大体上可由下式表明：

总体薪酬=基本工资+加班工资+各种补贴+项目工资+特殊贡献工资+晋升机会+技术股份

核心层专业技术人员的薪酬设计可由下式表明：

总体薪酬=基本工资+加班工资+各种补贴+项目工资+特殊贡献工资+股权

课堂讨论

为某一校企合作单位设计管理人员薪酬方案。

任务小结

科学合理的薪酬体系是企业人力资源管理的一项重要工作，而薪酬体系的设计是薪酬管理的重中之重。薪酬体系设计的基本程序是根据企业的经营战略制定薪酬策略，然后进行工作分析和职位评价，通过薪酬调查来确定薪酬水平，并在划分职位等级的基础上确定薪酬结构和薪酬等级，同时要设计薪酬的实施、修改和调整方案。

薪酬体系要能体现公平性和激励性，要能够激发员工的积极性和创造性。从总体上来看，企业可以从职位、绩效、能力三种要素中选择一种来作为确定某一薪酬系统的依据，即进行职位薪酬体系设计、绩效薪酬体系设计和能力薪酬体系设计，还有其他薪酬体系设计。在实践中，一家企业既可以只选用一种薪酬体系，也可以同时选用几种薪酬体系。企业应根据自身特点，分情况加以采用。

在企业生产经营活动中，不同职位对企业的价值是不同的，因此应该设计不同的薪酬方案，以满足不同职位人员的需求。

关键术语

薪酬管理体系　职位薪酬体系　绩效薪酬体系　能力薪酬体系　宽带薪酬　薪酬方案设计

技能自测

一 单项选择题

1. 下列薪酬体系类型最适合劳动密集型企业的是（　　）。

A. 职位薪酬体系　B. 技能薪酬体系

C. 能力薪酬体系　D. 绩效薪酬体系

2. 宽带薪酬的特点不包括（　　）。

A. 支持组织扁平化

B. 强调团队导向

C. 适用范围广泛

D. 能够引导任职者将注意力转移到重视个人技能和能力的提升上

二 多项选择题

1. 常见的薪酬策略有（　　）。

A. 薪酬领先策略　B. 薪酬跟随策略

C. 薪酬滞后策略　D. 薪酬居中策略

E. 薪酬混合策略

2. 薪酬定位的目标主要有（　　）等。

A. 确定合理的薪酬水平　B. 吸引、留住和激励员工

C. 控制劳动力成本　D. 迫使竞争对手调整薪酬

E. 塑造组织形象

3. 绩效行为能力又称素质能力或胜任能力，它是指与实现高绩效的行为有关的各种素质和能力，包括（　　）和动机等要素。

A. 知识　B. 技能　C. 行为方式

D. 价值观　E. 个性特征

4. 薪酬体系的模式包括（　　）。

A. 职位薪酬体系　B. 技能薪酬体系　C. 能力薪酬体系

D. 绩效薪酬体系　E. 全面薪酬体系

三 判断题

1. 技能薪酬和能力薪酬一样，与职位的联系不大，都是以人本身为基础的薪酬。（　　）

2. 职位薪酬体系主要适用于职位级别比较多、企业外部环境相对稳定、市场竞争压力不是非常大的企业。（　　）

3. 绩效薪酬体系有利于企业通过灵活调整员工的工作行为来完成企业的重要目标。（　　）

四　分析题

1. 找一家当地企业，结合企业实际情况，对该企业的薪酬体系进行分析。
2. 针对某企业的销售人员设计一份销售人员薪酬方案。

案例分析

川妹子餐厅薪酬设计问题

川妹子餐厅坐落于一条繁华街道，餐厅规模不大，陈设幽雅，主要经营正宗的川菜。餐厅生意兴隆，餐厅老板程强决定扩大餐厅的规模。由于规模扩大了，服务员和厨师队伍里的帮工人手明显不够，因此程强聘请了 8 名员工，其中 2 名是 40 岁以上的当地下岗妇女，主要给厨师打打下手，从事食品的清洁和准备工作，工资为每人每月 1 800 元；1 名是他的一位亲戚，工资为每月 1 850 元；其余 5 名员工都是 20 ～ 30 岁的年轻人，他们或多或少有一些餐厅打工的经验，对于他们，程强则是每人每月给 1 600 元。虽然从表面上看，服务员的工资要低于厨房的工作人员，但是如果服务员尽职尽责，那么他们获得的提成也不会少。

然而，营业两个月来，程强逐渐发现厨房工作人员与服务员之间存在一种对抗。通过进一步的观察，程强发现他们矛盾的焦点是工资：厨房工作人员认为服务员工作轻松，而且如果没有他们的辛勤劳动，服务员就只能提供冰冷的食物，可服务员挣得却比他们多得多，这非常不公平。而服务员有自己的看法，他们认为虽然人人都会切菜、洗杯子，但他们所提供的服务却是专业化的。当问题一步步激化时，程强决定着手解决这个问题。因为他发现这种争执已经影响餐厅的正常营业。有时，客人在餐厅等了很久，菜却迟迟不能上来，原因就是心怀不满的厨房工作人员故意拖延时间，多次造成客人愤然离席。

事实上，由于以前餐厅规模小，员工基本上都是他的亲戚朋友，主厨廖辉也是以合伙人的身份在餐厅工作，与他的私人关系非常好，因此他们合作的这两年一直没有出现过什么不愉快。而程强本人也一直认为经营餐饮业最主要的是原材料的采购、菜肴的质量等方面，对员工的管理没有过多关注。直到最近问题出现了，程强不得不认真思考这一问题。经过反复考虑，程强决定给这两名在厨房工作的女工增加工资，由每月 1 800 元调至 2 000 元，以增强她们的工作积极性。决定一宣布，弥漫在餐厅中的紧张气氛似乎就消失了。但是，好景不长，不久程强就发现服务员的工作积极性开始下降了，甚至有一两个人还私下透露过跳槽的想法。他们觉得既然厨房工作人员的工资增加了，那么他们的底薪也应该增加，况且他们通过熟人了解到，在其他类似规模的餐厅，服务员每月的底薪就有 1 800 元。

这时，程强才发现问题不像他一开始想象的那样简单。为此，他曾考虑过辞退这批员工，重新招募一批新人，但是一想到招聘和培训的费用他又犹豫不决。而且，频频更换员工对餐厅来说有很多负面影响，但是员工的工资肯定不可能这样无限制地增加下去，该如何调动他们的工作积极性呢？

思考：

1. 川妹子餐厅的员工为什么对现行的薪酬方案不满意？请分析一下其中原因。

2. 请替老板程强设计一个合理的薪酬体系。程强还可以通过哪些措施和手段留住员工？

任务三 完善员工福利

学习目标

◆ **知识目标**

理解并掌握员工福利的内涵、特点及种类

熟悉员工的社会保险制度等

掌握员工福利制度设计

◆ **技能目标**

能根据企业实际设计员工福利制度

◆ **职业素质和态度目标**

具备较强的法制意识和全面的专业知识，能遵纪守法、诚实守信地进行员工福利管理

具有强烈的服务意识和较好的服务态度，重视全体员工的合法利益

任务导入

微软公司的员工福利

比尔·盖茨通过微软公司创造了亿万财富，多次登顶世界首富。众所周知，IT工作一向非常辛苦，微软公司作为世界最具影响力的高科技公司之一，其员工的工作压力可想而知。即便是这样，每年还会有很多人挤破头想进入微软公司，这是为什么呢？看了比尔·盖茨给员工的福利你就明白了。

微软公司搬到雷德蒙德以后，为员工修建了一个功能齐全、环境宜人的工作社区。社区拥有1.8万平方千米的绿化面积，有假山、池塘，还有草坪，简直就是一个公园。X形的工作社区内配有设备完善的健身场所，包括篮球场、小型足球场及各种室内锻炼场，方便员工在工作之余锻炼身体。公司还为每个员工提供一张健身卡，员工可以随时

去俱乐部健身。这里的餐厅配有几乎全世界各地的美食，有24小时营业餐厅，提供免费饮品。除此之外，公司经常举办音乐舞会，在这里也许还能碰到比尔·盖茨。不得不说，这样的环境的确很诱人。

作为一个IT公司的总裁，比尔·盖茨深知程序员工作的辛苦。为了更好地激发他们的灵感，比尔·盖茨给予程序员最大的自由——上班时间完全由自己决定，每个程序员都有自己的办公室，包括新人，而且可以完全按照自己的喜好来布置。办公室设计很讲究，在任何一个房间都能看到优美的风景。漫步在工作社区，经常有松鼠在松树上蹦来蹦去，或有人在池塘边拉小提琴，偶尔也会碰到年轻男女坐在草坪上谈恋爱，嬉戏打闹。在这里工作，员工完全可以放松身心，与大自然亲密接触。

微软公司也正是靠着这样优美的环境、灵活的公司制度和贴心的福利政策等，吸引了来自全世界的精英汇聚在此，为微软、为世界IT行业发展贡献自己的力量。

任务分析：员工福利对于提升员工的满意度、提升员工的归属感起到不小的作用。如何设计合理的员工福利制度，是摆在企业面前的一个现实问题。我们看到，优秀的企业在这方面已经做了很好的示范，让我们来探讨这方面的问题。

子任务一　掌握员工福利的内涵与作用

任务提示

在知识经济时代，如何设计科学合理的员工福利制度以吸引并留住人才，已成为企业长远发展战略的一项关键工作。那么，员工福利的内涵是什么？有何积极作用？请进入本任务。

员工福利与薪酬一起共同构成了一个平等的、有竞争性的企业薪酬体系。福利作为一种劳动报酬，是直接工资和奖金之外的员工待遇，体现企业内部的二次分配政策，通常采取延期支付和非货币支付的形式。最初设计的福利不按工作时间和个人贡献给付，只要是组织成员，一般都可以均等地获得福利，因此福利带有一定的普惠性质。

一、员工福利的内涵

员工福利（Employee Benefit）是整体薪酬的重要组成部分，是组织基于雇佣关系，依据国家的强制性法令及相关规定，以组织自身的支付能力为依托，向全体或部分员工提供的用以改善其本人和家庭生活质量的直接经济报酬以外的各种津贴、补贴、实物和服务等。通俗地说，福利是对员工生活的照顾，是组织为员工提供的除工资与奖金之外的一切物质待遇，是劳动的间接回报。

微课

员工福利的内涵与种类

二、员工福利的特点

员工福利具有以下几个方面的特点：

（1）均等性。所有履行了劳动义务的员工都有享受企业各种福利的平等权利。

（2）补偿性。员工福利是对劳动者为企业提供劳动的一种物质补偿，也是员工报酬的补充分配形式。

（3）集体性。兴办集体福利事业、员工集体消费或共同使用公共物品等是员工福利的主要形式，如员工食堂、员工俱乐部等。

（4）多样性。员工福利的给付形式多种多样，包括现金、实物、带薪休假以及各种服务，而且可以采用多种组合形式。最常用的是实物给付形式，并具有延期支付的特点。

（5）人性化。员工福利无论采用何种形式，都应是员工在生活中与工作中最需要的，贴近员工本身的需求。

三、员工福利的作用

员工福利具有间接和长期的激励功能。在现实中，员工福利不仅表现为经济性福利，而且延伸到非经济性福利，可满足员工更高层次的、更多方面的需求。它在降低劳动力成本、提高员工劳动积极性、降低离职率、增强员工凝聚力等方面有着其他方式无法替代的作用。

具体来说，良好的员工福利计划具有以下积极的作用：

（一）维护员工的健康

现代社会生活和工作节奏加快，员工的心理压力增大，在很大程度上影响员工的工作效率和身心健康，进而影响企业人力资本的质量和储备。而福利制度刚好为员工的身心健康提供了良好的基础保障，能够有效地减轻员工的生活压力，调节心理负担，从而使企业的人力资本能够正常地运转，保证企业健康运行。

（二）吸引和留住特殊员工

员工福利计划是企业体现其管理理念和特色的一种工具。一个有竞争力的员工福利计划往往传递了这样的信息，即企业愿意为员工的幸福提供保障。越来越多的员工在进行企业选择时，将福利作为一个非常重要的因素进行考虑。企业能否向核心员工提供有足够吸引力的、给员工带来切实效用的福利计划，成为公司能否吸引和留住核心员工的重要因素。有些公司的福利项目，如公司的补充医疗、养老保险、住房公积金等的设计与工龄有关，使福利成为员工的一种长期投资，既在相当程度上加大了员工的离职成本，也为公司留住员工创造了条件。

（三）营造和谐的组织文化，强化员工的忠诚感

良好的福利制度传递着组织文化和价值观，是组织营造良好的工作氛围和环境的重要手段。国内外成功企业，如海尔等的经验也一再证明，能够在市场上获得成功的企

业，无不重视企业文化和价值观的营造，无不为员工提供形式多样、富有创意的福利计划。

此外，员工福利设计还可以实现“双赢”目标：一方面，可以使组织享受国家的优惠税收政策，提高企业成本支出的有效性；另一方面，可以使员工享受集体购买的优惠或规模经济效益。

子任务二　掌握员工福利的类型与内容

任务提示

完成以上任务后，我们已经掌握了员工福利的内涵、特点和作用。那么，员工福利有哪些类型？具体包括哪些内容？如果你是公司管理者，在设计员工福利计划时如何选取福利项目？请进入本任务。

员工福利在企业生产经营中有着不可忽视的作用和影响。各企业的福利五花八门、不胜枚举。每个企业除了法律政策规定的福利以外，可以提供任何有利于企业和员工发展的福利项目。

员工福利包括很多不同种类的项目，根据福利的性质，可分为公共福利和组织福利；根据福利的表现形式，可分为经济性福利和非经济性福利。公共福利也称法定福利，是政府通过立法形式强制用人单位提供给员工的福利和待遇。组织福利也称企业自主福利，是用人单位自主提供给员工的福利。

一、法定福利

法定福利亦称基本福利，是指按国家法律法规和政策规定必须提供的福利项目，其特点是企业只要建立并存在，就有义务、有责任且必须按照国家统一规定的福利项目和支付标准支付，不受企业所有制性质、经济效益和支付能力的影响。法定福利主要包括以下项目：

（一）社会保险

社会保险（Social Insurance）是一种为丧失劳动能力、暂时失去工作岗位或因健康原因不能工作的社会成员提供收入或补偿的社会保障计划。社会保险计划一般由政府制定，并强制某一群体将其收入的一部分作为社会保险税（费）形成社会保险基金。在满足一定条件的情况下，被保险人可从基金中获得固定的收入或损失的补偿。它是一种再分配制度，其目标是保证劳动力的再生产和社会的稳定。社会保险具有强制性、保障性、公益性、普遍性和互济性等特点。

根据我国的法律法规，我国的社会保险体系主要由以下几项构成。

1. 养老保险

养老保险是国家和社会为解决劳动者在达到国家规定的解除劳动义务的劳动年龄界限，或因年老丧失劳动能力退出劳动岗位后的基本生活而建立的一种社会保险制度。目前，世界各国的养老保险制度大体可以分为三种模式：普遍的保障模式、收入关联模式和强制储蓄模式。我国则根据具体国情，实施了“社会统筹与个人账户相结合”的基本养老保险模式。这种模式经过多年的探索与完善，已逐步走向成熟。

2. 医疗保险

医疗保险是一种为补偿疾病所带来的医疗费用的社会保险。职工疾病、负伤、生育时，可由社会或企业提供必要的医疗服务或物质帮助。我国职工的医疗费用由国家、单位和个人共同负担，以减轻企业负担、避免浪费。

3. 失业保险

微课

失业保险

失业保险是国家通过立法强制实行的，由社会集中建立基金，为因失业而暂时中断生活来源的劳动者提供物质帮助的保险制度。

4. 工伤保险

工伤保险是劳动者在工作中或在规定的特殊情况下，遭受意外伤害或患职业病导致暂时或永久丧失劳动能力以及死亡时，劳动者或其遗属可从国家和社会获得物质帮助的一种社会保险制度。在世界范围内，工伤保险是产生最早、实施国家最多、制度设计最严密的社会保障制度，这是因为工伤保险关系职工的生命安全与家庭幸福。

5. 生育保险

生育保险是国家通过立法，在怀孕和分娩的妇女劳动者暂时中断劳动时，由国家和社会提供医疗服务、生育津贴和产假的一种社会保险制度。我国生育保险制度覆盖中华人民共和国境内的一切国家机关、人民团体、企业、事业单位的女职工。企业包括全民所有制、集体所有制、合资、独资企业等。

目前已有地方试点将生育保险与医疗保险合并实施。

（二）法定休假

法定假期是国家通过法律的形式规定的员工应该享有的休假时间。

1. 公休假日

公休假日是劳动者工作满一个工作周之后的休息时间。我国实行的是每周工作 40 小时的标准工时制度，劳动者的公休假日为每周至少一天。《中华人民共和国劳动法》第三十八条规定，用人单位应当保证劳动者每周至少休息一日。

2. 法定休假日

法定休假日即法定节日休假日。我国法定的节假日包括元旦、春节、清明节、劳动节、端午节、中秋节、国庆节等。《中华人民共和国劳动法》第四十四条规定，法定休假日安排劳动者工作的，支付不低于工资百分之三百的工资报酬。除《中华人民共和国劳动法》规定的节假日以外，企业可以根据实际情况，在和员工协商的基础上，确定放假与否以及加班工资。

3. 带薪年休假

《中华人民共和国劳动法》第四十五条规定，国家实行带薪年休假制度。劳动者连续工作一年以上的，享受带薪年休假。国家事业单位和公务员带薪年休假制度早已存在，工作人员根据不同的工作年限可享受相应时长的带薪年休假。对于这一政策，各单位可根据实际工作进行调整。

（三）住房公积金

住房公积金制度是国家法律规定的重要的住房社会保障制度，具有强制性、互助性、保障性的特点。住房公积金是单位及其在职职工缴存的长期住房储金，是住房分配货币化、社会化和法制化的主要形式。单位和职工个人必须依法履行缴存住房公积金的义务。这里的单位包括国家机关、国有企业、城镇集体企业、外商投资企业、城镇私营企业及其他城镇企业、事业单位、民办非企业单位、社会团体。

在我国，人们通常把养老保险、医疗保险、失业保险、工伤保险、生育保险五种法定社会保险和住房公积金统称为“五险一金”。

二、企业自主福利

企业自主福利是企业根据自身的管理特色、财务状况和员工的内在需求，向员工提供的各种补充保障计划以及各种服务、实物、带薪休假等。这些福利待遇具有间接性收入的性质，因此是货币性报酬的一种补充形式。

企业自主福利项目和标准，在很大程度上受到企业经济效益和支付能力的影响，出于自身某种目的的考虑也会在很大程度上影响企业自主的福利。近几年，企业员工的福利项目日益呈现多样化的趋势，主要有以下几种类型。

（一）企业补充养老保险

企业补充养老保险是一种由企业根据自身经济实力，在国家规定的实施政策和条件下为自己企业的职工所建立的辅助性养老保险。它居于多层次养老保险体系中的第二层次，由国家宏观指导、企业内部决策执行。企业补充养老保险与基本养老保险既有区别又有联系。其区别主要体现在两种养老保险的层次和功能上，其联系主要体现在两种养老保险的政策和水平相互联系、密不可分。

（二）健康医疗保险

健康医疗保险的目的是减少员工生病或遭受事故时员工本人及其家庭所遭受的损失。企业通常以两种方式提供这种福利：集体投保或加入健康维护组织。

（三）集体人寿保险

人寿保险是市场经济体制国家的一些企业提供给员工的一种常见的福利。很多企业都为其员工提供团体人寿保险。

（四）住房援助计划

除了住房公积金外，企业为更有效地激励和留住员工，还可提供其他多项住房福利项目以支持员工购房。住房援助计划包括住房贷款利息给付计划和住房补贴计划等。

（五）员工服务福利计划

员工服务福利计划是组织为员工提供的、旨在帮助员工克服生活困难和支持员工事业发展的直接服务的福利计划。其主要类型包括员工援助计划、员工咨询计划、家庭援助计划、健康服务计划等。

（六）其他补充福利

其他补充福利包括交通补贴、节日津贴、子女教育补助计划、独生子女补助费等。

三、经济性福利

经济性福利是涉及金钱的福利，包括：

（1）额外收入：节假日加薪、节日礼物、优惠实物分配、超时薪酬、超时加班费等。

（2）住房性福利：以成本价向员工出售住房或提供房租补贴等。

（3）交通性福利：为员工提供免费班车等。

（4）饮食性福利：免费供应午餐或提供午餐补助，有员工食堂或伙食补助等。

（5）教育培训性福利：员工脱产进修、短期培训，员工子女入托补助等。

（6）医疗保健性福利：免费为员工进行例行体检、打预防针等。

（7）休假：法定节假日以及事假、探亲假、带薪年休假等。

（8）文化性福利：为员工祝贺生日、集体旅游，提供疗养计划，购置体育锻炼设施等。

（9）金融性福利：家庭特困补助，家庭红白事慰问金、抚恤金，为员工购置住房提供低息贷款等。

（10）其他生活性福利：洗理津贴、服装津贴或直接提供工作服。

四、非经济性福利

非经济性福利旨在全面改善员工的工作生活质量，表现为服务或员工工作环境的改善，不涉及金钱与实物。非经济性福利主要包括法律保护性服务、咨询性服务和工作环境保护等。

课堂讨论

员工福利的类型有哪些？你喜欢哪种类型的员工福利？为什么？

子任务三 进行员工福利制度的设计

任务提示

完成以上任务后，你已基本掌握员工福利的种类与内容，以及福利对于吸引和留住优秀员工的重要性。那么在企业的实际运行中，如何设计适合本企业实际情况的员工福利制度呢？设计员工福利制度应该考虑哪些因素？请进入本任务。

在知识经济时代，如何设计科学合理的员工福利制度以吸引并留住人才，已成为企业长远发展战略的一项关键工作。

一、员工福利制度设计的影响因素

员工福利制度的设计必须符合人力资源市场的标准、政府法规和工会的要求，并应按照企业竞争策略、企业文化和员工的需要而制定。福利制度的设计应考虑外在因素和内在因素。

（一）外在因素

1. 人力资源市场的标准

与薪酬制度一样，企业在设计福利制度时，应参考人力资源市场调查的资料，并决定企业的福利水平。常用的参考资料包括行业内企业提供的福利项目、成本和受惠员工的比例等，而常用的比较指标则包括福利费用总成本、平均员工福利成本和福利费用在整个薪酬中的百分比等。

2. 行政法规

在制订员工福利计划时，企业必须遵守所在地的行政法规，如对劳动保险、法定假期、产假的规定以及歧视条例等，以免触犯法律法规，引起法律诉讼。

3. 工会的要求

工会经常会为员工的福利问题与企业资方谈判，有时资方为了缓解与劳方的冲突，需要和工会进行洽商，以决定福利计划的范围和内容。

（二）内在因素

1. 企业竞争策略

不同的竞争策略，需要与不同的福利制度相配合。企业在成长初期应致力于开创事业，尽量减少固定的员工福利；企业应以直接的方法，如企业股票认购计划，奖励出色的员工，鼓励员工投入创业。

2. 企业文化

企业如果注重关怀和照顾员工，就会为员工提供优厚的福利。企业如果注重业务，便会为绩效调整福利制度。事实上，大多数企业会在关怀员工和业务发展两者之间取一个平衡点，采用合适的福利制度。

3. 员工的需要

员工的需要因人而异，且因年龄、学历、收入和家庭状况的不同而有所不同。一般来说，收入低的员工喜欢薪酬多于福利，收入高的员工则较关心福利；年轻的员工较喜欢带薪休假，年长的员工则较关心退休福利。因此，福利制度的设计应考虑员工需要。

二、员工福利制度的设计

员工福利制度的设计包括员工福利制度的策划和员工福利项目的确定两个方面。

（一）员工福利制度的策划

除了国家法定的员工福利方案（社会保险制度）不能随意变动外，组织对其他的福利方案要做精心策划。

（1）要使员工福利制度的设计与组织的人力资源战略、薪酬战略相统一并为其提供有效的支持，要研究什么样的福利方案（福利项目和支付方式）既能有效地实现组织的各种目标，又能满足员工的需求偏好，据此来作出合理的福利制度安排。

（2）要考虑组织对员工福利的承受能力，脱离组织支付能力的福利方案没有可行性，甚至会对组织和员工产生巨大的负效应。解决组织福利支付能力的一种有效方法是合理确定薪酬结构中福利所占的比重，合理利用组织薪酬资源。

（3）要重视福利的外部公平性、竞争性和充分性，组织的福利水平若过度低于同行的福利水平，显然会降低组织的竞争力。若组织受承受能力限制无法确保员工福利的充分性，设计有特色的福利方案或许能弥补这个不足。

（4）要坚持福利策划的经济原则，把钱花在刀刃上，使有限的福利基金发挥最大的效能。

（二）员工福利项目的确定

员工福利项目种类繁多，其中法定的福利项目（社会保险、法定节假日、带薪休假）组织无权决定，必须按法律规定执行，其他福利项目均由组织自行确定。

组织在确定福利项目时，受到组织内部和外部各种因素的影响，如组织的规模和性质、雇主或经营管理者的偏好、组织的薪酬策略和支付能力、工会的态度和实力、员工的需求偏好、竞争对手提供的福利、法律法规的限制等。

在面临各种各样福利项目的选择时，坚持从组织的目标和现实条件出发、坚持从满足员工的实际需求出发、坚持福利效用最大化和福利方案的科学论证和可行性研究，在员工中进行全面福利需求调查，应当成为福利项目确定的一般原则和方法。

三、员工福利的管理

由于企业提供的福利反映了企业的目标、战略和文化，因此有效的福利管理对企业的发展至关重要。有些企业不善于管理福利，虽然在福利方面投入了大量的金钱，效果却不理想，导致许多优秀人才纷纷离职，企业效益明显下降。福利的管理涉及以下几个方面：福利的目标、福利的成本核算、福利的沟通、福利的调查、福利的实施。

（一）福利的目标

企业的福利目标各不相同，但是有些内容是相似的，主要包括：（1）符合国家和当地政府的法规政策；（2）符合企业的长远目标；（3）符合企业的薪酬政策；（4）满足员工的需求，考虑员工的眼前需要和长远需要；（5）能激励大部分员工；（6）企业能承受得起。

（二）福利的成本核算

这是福利管理的重要部分，管理者必须花较多的时间与精力在福利的成本核算上，主要涉及：（1）通过销量或利润计算出企业最高可能支出的福利总费用；（2）与其他企业，尤其是与竞争对手的福利标准进行比较；（3）做出主要福利项目的预算；（4）确定每一个员工福利项目的成本；（5）制订相应的福利成本计划；（6）尽可能在满足福利目标的前提下降低成本。

（三）福利的沟通

员工福利管理过程必须保持企业与员工之间的沟通，这是达到福利目标的重要环节。对福利项目及其价值的认识不清会导致员工对福利方案的不满。企业如果缺乏员工关于福利的需求偏好和对福利评价等方面的信息，同样无法制定出较优的福利方案。

要使福利项目最大限度地满足员工的需要，福利沟通相当重要。研究显示，并不是福利投入的金额越多，员工越满意，员工对福利的满意程度与对工作的满意程度呈正相关。福利沟通可以采用的方法有：（1）用问卷法了解员工对福利的需求；（2）用录像介绍有关的福利项目；（3）找一些有代表性的员工面谈，了解某一层次或某一类型员工的福利需求；（4）公布一些福利项目让员工自己挑选；（5）利用各种内部刊物或其他场合介绍有关的福利项目；（6）搜集员工对各种福利项目的反馈。

（四）福利的调查

福利的调查对于福利管理来说十分必要，主要涉及三种调查：（1）制定福利项目前的调查，主要了解员工对某一福利项目的态度、看法与需求；（2）员工年度福利调查，主要了解员工在一个财政年度内享受了哪些福利项目、各占多少比例、满意程度如何；（3）福利反馈调查，主要调查员工对某一福利项目实施的反应如何，是否需要进一步改进，是否要取消。

（五）福利的实施

福利的实施是福利管理中具体的事项，应该注意：（1）根据目标去实施；（2）预算要落实；（3）按照各个福利项目的计划有步骤地实施；（4）有一定的灵活性；（5）防止产生漏洞；（6）定时检查实施情况。

课堂讨论

选择一个你熟悉的校内合作企业，为该企业设计一套福利制度。

任务小结

员工福利是整体薪酬的重要组成部分，是组织基于雇佣关系，依据国家的强制性法令及相关规定，以组织自身的支付能力为依托，向全体或部分员工提供的用以改善其本人和家庭生活质量的直接经济报酬以外的各种津贴、补贴、实物和服务等。

员工福利具有均等性、补偿性、集体性、多样性和人性化的特点。

根据福利的性质，福利可分为公共福利和组织福利；根据福利的表现形式，福利可分为经济性福利和非经济性福利。

我国法定福利主要有养老保险、医疗保险、失业保险、工伤保险、生育保险五种法定社会保险和住房公积金，俗称“五险一金”。另外，还有公休假日、法定休假日、带薪年休假等法定休假。

企业通常用法定福利、企业补充养老保险、健康医疗保险、集体人寿保险、住房援助计划、员工服务福利等来满足员工的各种需要。

关键术语

员工福利　养老保险　医疗保险　失业保险　工伤保险　生育保险　住房公积金　福利制度

技能自测

一　单项选择题

1. 员工福利无论采用何种形式，都是员工在生活中与工作中需要补助的，贴近员工本身的需求，这体现了员工福利的（　　）特点。

A. 均等性　　B. 补偿性　　C. 多样性　　D. 人性化

2. 最初设计的福利不按工作时间和个人贡献给付，只要是组织成员，一般都可以均等地获得福利，这说明福利带有一定的（　　）性质。

A. 延期支付　　B. 非货币　　C. 经济　　D. 普惠

3. 下列不属于国家法定福利的是（　　）。

A. 公休假日　　B. 带薪年休假　　C. 心理咨询　　D. 法定休假日

4. 以下属于非经济性福利的是（　　）。

A. 脱产培训　　B. 免费体检　　C. 法律咨询服务　　D. 带薪休假

二　多项选择题

1. 员工福利具有（　　）的特点。

A. 均等性　　B. 补偿性　　C. 集体性

D. 多样性　　E. 人性化

2. 根据我国的相关法律法规，我国的社会保险体系主要由（　　）构成。

A. 养老保险　　B. 医疗保险　　C. 失业保险

D. 生育保险　　E. 工伤保险

3. 以下属于公共福利的是（　　）。

A. 养老保险　　B. 工作午餐　　C. 医疗保险

D. 工伤保险　　E. 人寿保险

4. 以下属于企业福利范畴的是（　　）。

A. 养老保险　　B. 海外津贴　　C. 医疗保险

D. 工伤保险　　E. 人寿保险

5. 以下属于法定福利的是（　　）。

A. 养老保险　　B. 医疗保险　　C. 失业保险

D. 公休假日　　E. 带薪年休假

6. 在我国，人们通常把养老保险、（　　）统称为“五险一金”。

A. 失业保险　　B. 医疗保险　　C. 工伤保险

D. 生育保险　　E. 住房公积金

7. 以下属于经济性福利的是（　　）。

A. 工作环境设计　　B. 脱产进修　　C. 专用停车位

D. 打预防针　　E. 集体旅游

8. 影响福利制度设计的内在因素有（　　）。

A. 企业文化　　B. 企业竞争策略　　C. 工会的要求

D. 员工的需要　　E. 人力资源市场的标准

三　判断题

1. 员工福利具有工资、奖金那样明显的直接激励作用。　　（　　）

2. 企业为员工提供的福利往往会有很强的时间性。 （ ）

3. 员工福利虽然主要是一种组织的行为，但具有明显的社会意义。 （ ）

4. 非经济性福利是一种广义的福利，对企业人力资源管理具有相当重要的意义。 （ ）

5. 福利在降低劳动力成本、提高员工劳动积极性、降低离职率、增强员工凝聚力等方面有着其他方式无法取代的作用。 （ ）

四 分析题

1. 讨论以下说法："雇主们应该预见到，更多的福利会变为法定的，而且不断翻新。"

2. "高福利必然带来高绩效"，你是否同意这个观点？为什么？

案例分析

应该如何发放福利？

某公司的高层领导为感谢广大员工一年来的辛勤工作，特地准备了一项福利：为每一位员工准备了一个公文包。公司高层本以为广大员工会喜欢这份礼物，没想到却听到了很多抱怨。有的高层经理说："我平时上班根本用不着公文包，发一个只好留在家里。"尤其是广大女性员工，她们更加反对都用一样的包。"那样太没有个性了，"王女士说，"如果能给我一个热水器就好了，我正需要。"面对这种情况，公司的管理层陷入沉思。

出现这种情况的原因在于公司福利和员工需求脱节了。管理层没有考虑到员工需求的多样性、层次性，忽视了员工的直接需求，试图以一种物品去满足众多员工的需求。公司发放福利的本意是为了更好地激励士气，而只有针对员工需要的福利才能起到激励的作用。因此，如果公司能够让员工自由地选择他们所需要的物品，其效果将是显著的。这种福利形式正如自助餐一样，可以让员工自由挑选自己喜欢的物品，因此这种福利形式可称为自助式福利。

思考：

如何设计自助式福利呢？

实训操作

［实训名称］设计企业薪酬管理体系。

［实训内容］进入一家大型超市，了解该超市的薪酬管理体系，分析其薪酬的构成、各级各类员工的薪酬方案。

［实训目标］通过实地考察认知企业人力资源薪酬管理体系，对其薪酬管理体系进行分析，加深对本任务的理解。

［实训组织］每 5 ～ 6 名学生分为一组，每组设组长一名，对所选企业进行观察和

了解。

［实训要求］各组对任务进行分工。小组成员应做到既要分工又要协作，按计划步骤完成项目作业，即撰写一份对企业薪酬管理体系的分析报告。

［实训成果及评价］各组上交实训报告，教师讲评。按实训目标完成本任务，分析出该企业的薪酬管理体系，内容全面、条理基本清晰、语言较为流畅的小组为良好；除完成实训任务外，能分析出该企业的体系还存在哪些问题、如何进行改进，条理清晰、富有逻辑性、理由充分、语言流畅的小组为优秀。

项目七　员工关系管理

任务一　掌握员工劳动关系

学习目标

◆ **知识目标**

掌握劳动关系的含义和要素
理解劳动关系管理
了解劳动争议处理的基本形式

◆ **技能目标**

能解决员工劳动关系的相关问题
能管理劳动合同
能处理一般的劳动争议与劳动纠纷

◆ **职业素质和态度目标**

具有一定的劳动关系法律知识、良好的道德品质修养和敬业精神
遵纪守法，维护员工合法权益
待人热情诚恳，与人为善，坚持真理，公正合理地解决劳动纠纷

任务导入

白领主管做了半年廉价工

齐小姐在某科技公司做满3个月试用期后，又被“考察”了3个月，等于“试用”

了两次。最后老总告诉她，“你不适合这份工作”，将她轻松踢走。由于最初3个月是“试用期”，齐小姐的月薪只有3 000元，而公司里同级别主管的月薪是9 500元。齐小姐2018年刚刚攻读完硕士，2019年4月到这家公司应聘。公司刚刚开发了一个新项目，技术比较高端。公司让齐小姐做主管，并签订“试用期合同”，如双方期满后都感觉合适，再签订3年的劳动合同。齐小姐兢兢业业地在公司里一直干到7月初，终于可以“转正”，但公司又说“再考察3个月”。齐小姐很不情愿地熬到9月底，老总主动找到齐小姐，“你很有能力，但你不适合这份工作”。一句话，将做了半年“廉价工”的齐小姐轻松踢走。之后，齐小姐从另一个主管口中得知，这个项目期限就是半年，由于涉及的技术比较高端，“留下你，平时也难得用到，浪费成本”。

任务分析：《中华人民共和国劳动合同法》第十九条规定，以完成一定工作任务为期限的劳动合同或者劳动合同期限不满三个月的，不得约定试用期；根据第二十条，劳动者在试用期的工资不得低于本单位相同岗位最低档工资或者劳动合同约定工资的百分之八十，并不得低于用人单位所在地的最低工资标准。因此，公司应直接跟齐小组签订合同，并支付不低于9 500元的正式工资。逾期不支付的，还应根据第八十五条加付赔偿金。

子任务一　明晰劳动关系

任务提示

劳动关系是指哪些关系？企业如何进行劳动关系管理？劳动合同依据的主要法律是什么？企业应怎样改善劳动关系？请进入本任务。

与国外比较成熟的劳动关系管理模式相比，我国对劳动关系的研究还处于起步阶段，因此必须迎头赶上。劳动关系是人力资源管理的中心问题，对于企业发展起着举足轻重的作用。劳动关系管理主要包括员工的招聘与解聘、劳动合同的管理、工作时间与劳动保护、劳动纪律与奖惩等，依据的主要法律是《中华人民共和国劳动合同法》（简称《劳动合同法》）及与之配套的相关法规。

一、劳动关系的含义和要素

（一）劳动关系的含义

劳动关系是劳动者与用人单位在实现劳动过程中建立的社会经济关系。劳动关系有广义与狭义之分。从广义上讲，无论何人，只要与用人单位之间因从事劳动而结成社会关系，就属于劳动关系的范畴。从狭义上讲，现实经济生活中的劳动关系是指国家劳动法律法规规定的劳动法律关系，即双方当事人是被一定的劳动法律法规所规定和确认的权利和义务联系在一起的，其权利和义务的实现是由国家强制力来保障的。劳动法律关系的一方（劳动者）必须加入某一个用人单位，成为该单位的一员，并参加该单位的生产劳动，遵守该单位内部的劳动规则；而另一方（用人单位）则必须按照劳动者的劳动数量或质量支付报酬，提供工作条件，并不断改进劳动者的物质文化生活。我们采用狭义的含义来理解劳动关系。

劳动关系是指劳动力所有者与劳动力使用者之间，在实现劳动过程中建立的社会、经济和法律关系。这里的劳动力所有者是指员工个人及其团体，劳动力使用者是指用人单位。

劳动关系既是一种劳动管理关系，又是一种权利义务关系。

（二）劳动关系的要素

劳动关系的要素包括主体、内容和客体三个方面。

1. 劳动关系的主体

劳动关系的主体是指在劳动关系中享有权利和承担义务的劳动关系的参与者，即拥有劳动力的雇员（劳动者）和使用劳动力的雇主（用人单位）。从广义上讲，劳动关系的主体还包括政府。

（1）雇员。雇员是指在就业组织中，本身不具有基本经营决策权力并从属于这种决策权力的工作者。低层管理者只负责监督和分配，而无权命令或奖惩下属，因而也属于雇员的范畴。但依照相关劳动法规，有些人员并不属于雇员，如公务员、军事人员、农业工人、企业的高层管理者等。

（2）雇员团体。雇员团体是指因共同利益、兴趣或目标而组成的雇员组织。从这一意义上说，工会也属于雇员团体，其主要目标是代表并为其成员争取利益和价值。

（3）雇主。雇主也称管理方或资方，是指雇用他人为其工作，并须支付工资或报酬的法人或自然人。管理方是分层级的，权力分布是不均衡的，多集中于管理方的上层。

（4）雇主组织。雇主组织的主要形式是雇主协会，它们以行业或贸易组织为纽带。

（5）政府。政府在劳动关系中的角色，一是劳动关系立法的制定者，二是公共利益的维护者，三是公共部门的雇主，四是提供有效服务的服务者。

2. 劳动关系的内容

劳动关系的内容是指在劳动关系中，劳动关系主体之间享有的权利和承担的义务。劳动权利和义务作为合同法的内容，是以法律法规的形式存在的。法律法规是一种行为准则，调整劳动关系的法律法规分为基准法和合同法两部分。因此，劳动关系中的权利义务关系包括基于劳动基准法产生的法定权利与基于劳动合同和集体合同产生的约定权利。

3. 劳动关系的客体

目前，关于劳动关系的客体的认识至少有三种观点：第一种观点，劳动关系的客体是劳动行为；第二种观点，劳动关系的客体有主客体和从客体之分，主客体是劳动行为，从客体是劳动待遇和劳动条件；第三种观点，劳动关系的客体是劳动力。

劳动关系是基于劳动者有偿转让劳动力使用权而产生的法律关系，劳动者向用人单位提供有偿的劳动力，用人单位通过支配、使用劳动力来创造社会财富。双方施行权利义务共同的对象就是劳动力，因此本书采用第三种观点，劳动关系的客体是劳动力。

二、劳动关系调整的方式

（一）立法建设

我国已经建立了以《中华人民共和国劳动法》为基础的包括基本法、法律、行政法规和行政规章在内的劳动法律体系。基本法就是《中华人民共和国宪法》，它为劳动法律的制定提供了法律依据；法律包括《中华人民共和国劳动合同法》《中华人民共和国安全生产法》等法律规范；行政法规和行政规章包括一系列关于劳动安全和监察等方面的条例。

（二）劳动争议处理机制

劳动争议发生后，当事人可以向本单位劳动调解委员会申请调解。调解不成，当事人一方要求仲裁的，可以向劳动争议仲裁委员会申请仲裁。当事人一方也可以直接向劳动争议仲裁委员会申请仲裁。对仲裁裁决不服的，当事人可以向人民法院提起诉讼。

（三）企业内部劳动标准

相关部门对各用人单位的内部劳动标准的建立进行指导，明确违反劳动标准行为的处理方式、处罚手段，规范企业的行为。

（四）劳动合同和集体合同

2007 年 6 月 29 日，中华人民共和国第十届全国人民代表大会常务委员会第二十八次会议通过《中华人民共和国劳动合同法》，自 2008 年 1 月 1 日起施行。该法对劳动合同和集体合同的订立、履行等问题作了详细的规定，指导用人单位加强对劳动合同的管理，规范劳动合同的签订、变更、解除等行为，积极实行集体协商机制，建立健全集体合同制度，充分发挥工会、职代会的作用。

三、改善劳动关系的途径

（一）完善劳动立法

发生劳动关系纠纷的主要原因在于企业和员工之间均强调自身利益而相互对立，只有双方权利结构平衡才能协调双方的矛盾，建立稳定的劳动关系结构。通过劳动立法规范双方的权利义务关系，有利于建立企业和员工之间的平衡利益关系。

（二）发挥工会的作用

工会对雇主和雇员都会有很大的影响。对雇主来说，工会能够帮助雇主识别工作场所的危险因素，改善雇员的生活质量，甚至与管理部门合作使雇主渡过特殊的困难时期。对雇员来说，工会能够代表雇员向雇主提出报酬待遇、职业保障等方面的要求。

（三）培训管理人员

导致劳动关系紧张的原因很多，如不合理的报酬、不正当的处罚和解雇、不安全的工作环境等。对管理人员进行培训，使其改善劳动关系，掌握处理劳动关系的技巧和策略，能够极大地避免上述问题。

（四）提高员工工作生活质量

提高员工工作生活质量的方式有很多，如进行有效的职业管理、为员工前途进行规划、适当地调整组织机构、营造和谐的企业文化等。

四、进行劳动关系管理

劳动关系是现代产业活动中的重要组织关系之一，各国都非常重视劳动关系管理的研究。劳动关系管理是指为了促进组织经营活动的正常开展，缓解和调整组织劳动关系的冲突，以实现组织劳动关系的合作、提高组织劳动效率为目标的各种措施和手段。

劳动关系管理是企业根据国家相关法律法规，针对人力资源的开发和使用所进行的管理工作，主要包括劳动者就业管理、劳动合同管理、工作时间与劳动保护、劳动纪律与奖惩、劳动报酬管理等。

（一）劳动者就业管理

1. 劳动者的就业条件

（1）劳动者应符合法定的就业年龄。

（2）劳动者应该具有劳动行为能力。

（3）劳动者应该具有以取得收入为目的的劳动意愿。

2. 劳动者的就业形式

（1）劳动者与用人单位直接洽谈就业。

（2）职业介绍机构介绍就业。

（3）国家安置就业。

（4）其他就业形式，包括自谋职业等方式。

（二）劳动合同管理

劳动合同也称劳动协议、劳动契约或劳动合约，是用人单位和劳动者之间确定劳动关系，明确相互权利和义务的协议。劳动合同是确定劳动关系的法律依据，建立劳动关系都要签订劳动合同。劳动合同管理的主要内容包括劳动合同的订立、无效劳动合同、劳动合同的履行和变更、劳动合同的解除和终止、集体合同制度等。

（三）工作时间与劳动保护

它是指关于标准工作时间、休假制度、劳动保护等方面的规定。

（四）劳动纪律与奖惩

劳动纪律是指用人单位依法制定的，全体职工在劳动过程中必须遵守的工作秩序和劳动规则。它要求每一个职工都必须按照规定的时间、地点、质量、方法、程序等方面的统一规则完成自己的劳动任务，实现全体职工在劳动过程中的行为方式和联系方式的规范化，以维护正常的生产、工作秩序。劳动纪律主要有时间纪律、组织纪律、岗位纪律、协作纪律、安全卫生纪律、品行纪律和其他纪律等。

职工奖励主要有：先进个人、先进集体、业务工作优秀等表彰，业务工作评比、各类技能竞赛获奖，科研成果奖励，获取专业学历证书或职业技能证书及其他奖励。

对职工违纪违法行为的惩罚，包括行政处分、经济处罚和刑事制裁三类。

（五）劳动报酬管理

劳动报酬是指劳动者付出体力或脑力劳动所得的对价，体现的是劳动者创造的社会价值。

劳动报酬的内容是指用人单位在生产过程中支付给劳动者的全部报酬，它包括三部分：货币工资、实物报酬和社会保险。用人单位为劳动者直接向政府和保险部门支付失业、养老、人身、医疗、家庭财产等保险金。

劳动报酬的构成形式有：计时工资、计件工资、奖金、津贴和补贴、加班加点工资、特殊情况下支付的工资。

劳动报酬的分配有基本工资制度、最低工资制度和工资支付保障等。

子任务二　正确处理劳动争议

任务提示

企业与员工之间出现劳动争议，会导致劳动关系紧张甚至决裂，给双方都带来伤害和损失。那么，有哪些类型的劳动争议？如何解决在具体劳动关系管理推行过程中存在的问题与矛盾？请进入本任务。

一、劳动争议的含义

劳动争议又称劳动纠纷，是指劳动关系当事人在履行劳动合同时，因实现劳动权利和履行劳动义务产生分歧而引起的争议。

二、劳动争议的分类

劳动争议按照不同的标准，有不同的分类。

（一）根据劳动争议的主体划分

根据劳动争议的主体不同，劳动争议可以分为个别劳动争议、集体劳动争议和团体争议。个别劳动争议是指个别职工与企业之间发生的劳动争议。集体劳动争议是指发生劳动争议的职工一方达到法定的人数并且拥有共同的争议理由的劳动争议。集体劳动争议必须具备两个条件：一是职工一方不能是一人或两人，而应当是多人，符合法定的人数，即三人以上；二是三人以上的职工必须有共同的争议原因和请求，即对权利和义务有共同的请求。团体争议是指以工会组织为一方，代表职工与企事业单位因签订和执行集体合同而发生的劳动争议，这类争议目前在我国劳动争议处理程序的立法中尚未涉及。

（二）根据劳动争议的客体划分

根据劳动争议的客体不同，劳动争议可以分为因执行劳动法律、法规、集体合同与劳动合同的规定而发生的劳动争议和因确定或变更劳动者的权利与义务而发生的劳动争议。前者是就法定的或合同约定的劳动权利的实现引起的争议，即一方当事人不按规定履行义务而侵犯对方的合法权益，也称权利之争。后者是劳动争议双方当事人为确定某种权利义务关系或变更原定的权利义务关系而引起的争议。

（三）根据劳动争议的内容划分

根据劳动争议的内容不同，劳动争议可以分为：（1）因履行劳动合同发生的争议；（2）因履行集体合同发生的争议；（3）因企业开除、除名、辞退职工，以及职工辞职、自动离职发生的争议；（4）因执行国家有关工作时间和休息休假、工资、保险、福利、培训、劳动保护的规定发生的争议等。

（四）根据当事人的国籍划分

根据当事人的国籍不同，劳动争议可以分为国内劳动争议和涉外劳动争议。国内劳动争议是指中国的用人单位与具有中国国籍的劳动者之间发生的劳动争议。涉外劳动争议是指具有涉外因素的劳动争议，包括中国用人单位与外籍职工之间发生的劳动争议、外商投资企业的用人单位与中国劳动者之间发生的劳动争议。

三、劳动争议处理的基本形式

《中华人民共和国劳动法》关于劳动争议发生后可供选择的典型解决方式有以下四种：

（1）协商。用人单位与劳动者发生劳动争议，当事人双方可以协商解决。

（2）调解。劳动争议发生后，当事人可以向本单位劳动争议调解委员会申请调解。申请调解不是必经程序，当事人一方不愿调解，或双方调解不成，即可申请劳动争议仲裁。

（3）仲裁。调解不成，当事人一方要求仲裁的，可以向劳动争议仲裁委员会申请仲裁。当事人一方也可以直接向劳动争议仲裁委员会申请仲裁。

（4）诉讼。对仲裁裁决不服的可以向人民法院提起诉讼。

这条规定明确了劳动争议处理的顺序与过程。

任务小结

劳动关系是指劳动力所有者与劳动力使用者之间，在实现劳动过程中建立的社会、经济和法律关系，主要涉及劳动者与用人单位之间在工作时间、休息时间、劳动报酬、劳动安全与劳动卫生、劳动纪律与奖惩、劳动保险、职业培训等方面的关系。

劳动关系管理主要包括劳动者就业管理、劳动合同管理、工作时间与劳动保护、劳动纪律与奖惩、劳动报酬管理等，依据的主要法律是《中华人民共和国劳动合同法》及与之配套的相关法规。

劳动合同管理的主要内容包括劳动合同的订立、履行、变更、解除和终止，无效劳动合同，集体合同制度等。

劳动争议是指劳动关系当事人之间在履行劳动合同时，因实现劳动权利和履行劳动义务产生分歧而引起的争议，又称劳动纠纷。

《中华人民共和国劳动法》关于劳动争议发生后可供选择的四种典型解决方式是协商、调解、仲裁和诉讼。

关键术语

劳动关系　劳动关系管理　劳动合同　劳动合同管理　劳动争议

技能自测

一 单项选择题

1. 以下选项中，（　　）不是劳动关系的主体。

A. 工会　B. 雇主　C. 政府　D. 劳动力

2. 本书认为，劳动关系的客体是（　　）。

A. 劳动行为　B. 劳动待遇　C. 劳动条件　D. 劳动力

二 多项选择题

1. 改善劳动关系的途径包括（　　）。

A. 完善劳动立法　B. 发挥工会的作用　C. 培训管理人员

D. 提高员工工作生活质量　E. 加强制度考核

2. 根据劳动争议的主体划分，劳动争议可以分为（　　）。

A. 个别劳动争议　B. 集体劳动争议　C. 团体争议

D. 国内劳动争议　E. 涉外劳动争议

3. 用人单位在生产过程中支付给劳动者的全部报酬包括（　　）等几部分。

A. 货币工资　　B. 办公用具　　C. 实物报酬

D. 操作工具　　E. 社会保险

4. 根据《中华人民共和国劳动法》的相关规定，劳动争议发生后可供选择的典型解决方式有（　　）。

A. 协商　　B. 调解　　C. 仲裁　　D. 诉讼　　E. 辩论

三 判断题

1. 劳动报酬的分配有基本工资制度、最低工资制度和工资支付保障等。（　　）

2. 劳动纠纷是指劳动关系当事人之间在履行劳动合同时，因实现劳动权利和履行劳动义务产生分歧而引起的争议。（　　）

四 分析题

1. 结合实际分析可以通过哪些途径改善劳动关系。

2. 请分析当劳动争议发生后，可供选择的典型解决方式有哪些。

案例分析

解聘违纪职工，程序必须合法

2004 年 1 月 24 日，王某与在外国注册的某公司签订劳动合同，受聘于该公司的中国办事处。2005 年 6 月 20 日，双方达成劳动合同补充协议：鉴于王某系公司的高级雇员，为激励王某全身心投入工作，公司为王某提供 1 248 000 元的住房资金，王某购房后每月向公司支付住房资金的 1/240（即 5 200 元），公司期望并经王某本人同意，王某须履行合同至少 10 年。劳动合同及其补充协议还特别约定合同的有效性及争议的解决应依照我国法律。

2010 年 7 月 17 日，公司决定解除与王某的劳动合同，王某对此不能接受。在双方交涉期间，公司向法院起诉，要求王某偿还全部住房资金。王某以本案属于劳动争议，未经劳动仲裁不应直接向法院起诉为由提出管辖异议。同年 11 月 5 日，王某提起劳动仲裁。劳动仲裁委员会立案后经审理认为，公司系在外国注册成立，不具备我国企业法人的主体资格，于是以该劳动争议不适用《中华人民共和国劳动法》调整为由驳回王某的仲裁请求。

法院在审理过程中形成两种观点：

（1）王某未在发生劳动争议之日起 60 日内提出劳动仲裁，因此双方的劳动关系已经解除，本案属于借款纠纷，王某应返还公司的全部购房款及银行同期利息。

（2）尽管王某未在发生劳动争议之日起 60 日内提出劳动仲裁，本案仍属于劳动争议案件，没有经过劳动仲裁委员会的仲裁，法院不能受理。

思考：

本案属于劳动争议还是借款纠纷？请说出你的依据。

任务二　注重企业文化建设

学习目标

◆ **知识目标**

掌握企业文化的含义、结构、类型及功能

明晰企业文化建设思路

熟悉人力资源跨文化管理的内容与对策

◆ **技能目标**

能运用企业文化知识，分析企业文化的特点

能对人力资源跨文化管理的问题进行分析

◆ **职业素质和态度目标**

具有科学的世界观、人生观、价值观，有建设社会主义文化强国之志

宣传企业文化，推动企业文化的建设，提升企业文化的凝聚作用

具有人力资源的国际化思维，承认文化差异，解决文化冲突，实施人力资源跨文化管理，促进企业发展

任务导入

企业文化的魅力

有人谈起自己在外的一次遭遇，颇为感慨。

有一天，他开车去超市买东西，买完出来时，发现一位老人正在帮他擦车。他当时第一反应是这位老人是“擦车族”（主动擦车谋生的人），但定睛一看，感觉不对。因为这位老人西装革履，并且擦车用的布还是手帕。他感到好奇，便上前询问：“老人家，您为什么帮我擦车啊？”哪知这位老人非常严肃地回答道：“我是这家车企的退休员工，我不能容忍在我眼皮底下有如此脏的车。”听完后，他大为震惊，一个已退休十几年的员工偶尔在街上看到以前自己公司的产品，竟有如此深厚的感情。由此可见，这家车企在他心目中的地位是多么高，对他的影响是多么大。

任务分析： 这就是企业文化的魅力。企业之所以腾飞，很大程度上是因为重视企业文化建设，重视员工的归属感与满足感，重视团队合作精神的培养。企业文化是员工工作的动力源泉，是现代人力资源战略管理的重要组成部分。

子任务一　清楚企业文化及其结构

任务提示

通用电气前 CEO 杰克·韦尔奇说，健康向上的企业文化是一个企业战无不胜的动力之源。目前，企业的竞争已经渗透到文化层面，企业文化已成为决定企业竞争力的一个重要因素，也是企业可持续发展的保证。那么，什么是企业文化？企业文化有何作用？请进入本任务。

企业文化理论产生于 20 世纪 70 年代末 80 年代初，它是组织管理发展的必然结果。企业文化理论源于日本，研究中心却在美国。经过研究，美国专家认识到，在日本企业中，不是就管理论管理，而是从企业经营哲学的高度研究企业经营管理。他们进行了比较，作了系统的概括和总结，形成了有关企业文化理论的一系列著作，提出了独到的见解，这标志着企业文化理论的形成。

企业文化理论追求企业的整体优势和企业成员良好的集体感受，通过企业的“文化优势”，创造出导致个体从众行为的群体规范和共同价值准则，通过成员的集体感受，达到企业人际关系的协调。企业文化的研究是组织行为理论由个体和群体的研究向组织整体化研究的发展。

一、企业文化的含义与结构

无论从宏观还是微观角度，文化因素无疑对人力资源管理具有重要影响。企业文化是组织成员在认识和行为上的共同理解，它贯穿于组织的全部活动，影响组织的全部工作，决定组织中全体成员的精神面貌和整个组织的素质、行为和竞争能力。

（一）企业文化的含义

组织文化是组织成员的共同价值观与行为规范体系，其核心是共同价值观体系。组织文化使组织独具特色，以区别于其他组织。一般教材所讲的“组织文化”，其内容分析的基本都是企业文化，这当然是因为企业是一种特殊的组织，它似乎比其他类型的组织更讲求文化。因此，我们就直接进入对企业文化的分析。

企业文化是指在企业的长期生存和发展过程中，企业全体员工逐渐形成并共同接受的价值观念、行为准则、团队意识、思维方式、工作作风、心理预期、归属感等群体意识的总称，以及由此表现出来的企业风范、企业精神等。

（二）企业文化的结构

企业文化由外到内可分为三个层次，即物质文化、行为文化和精神文化，如图7-1所示。

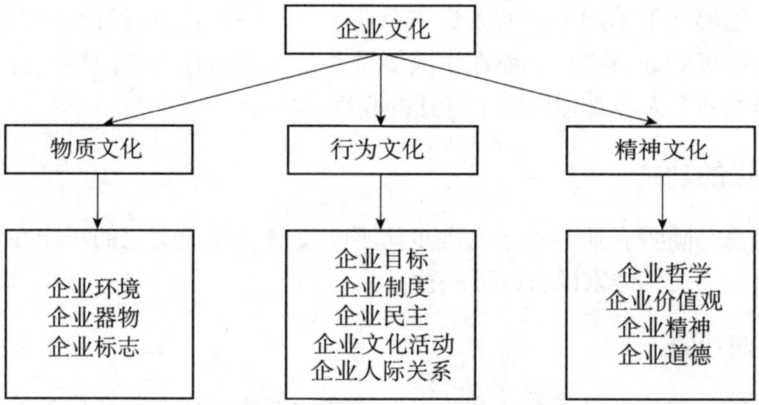

图7-1　企业文化的结构

二、企业文化的类型

企业文化的分类有助于人们了解企业中不同的文化类型，以及企业文化与组织成员之间适当匹配的重要性。美国学者杰弗里·桑南菲尔德通过研究发现，不同的组织存在组织文化的差异，并具体提出四种组织文化类型。

（一）学院型文化

学院型企业适合那些想全面掌握每一种新工作的人，在这样的组织中他们能不断地成长、进步。这种企业喜欢雇用年轻的大学毕业生，并提供大量的专门培训，然后指导他们在特定的职能领域内从事各种专业化工作。

（二）俱乐部型文化

俱乐部型企业非常重视适应、忠诚感和承诺。在俱乐部型企业中，资历是关键因素，年龄和经验都至关重要。与学院型企业相反，俱乐部型企业致力于把管理人员培养成通才。

（三）棒球队型文化

棒球队型企业鼓励冒险和创新，从各种年龄和经验层次的人中寻求有才能的人。由于企业对工作出色的员工给予巨额奖金和较大的自由度，因此员工一般都会拼命工作。在会计、法律、投资银行、咨询公司、广告机构、软件开发、生物研究领域，这种组织比较普遍。

（四）堡垒型文化

棒球队型企业重视创造发明，而堡垒型企业则着眼于企业的生存。这类企业工作安定、保障不足，但对于喜欢流动性和挑战的人来说，具有一定的吸引力。堡垒型企业包括大型零售店、林业产品公司、天然气探测公司等。

桑南菲尔德发现，许多企业不能单纯地被归入上述四类中的一类，因为它们在不同时期和阶段具有不同类型的企业文化，或者同时兼有以上四类企业文化。另外，不同类型的企业文化能够吸引不同个性的人到该企业工作。例如：具有冒险和创新精神的人在棒球队型企业中可能如鱼得水，而在学院型企业中则无所作为。同样，员工个性与企业文化的匹配影响一个人在管理层次上升迁的高度和难度。

三、企业文化的功能

企业文化总是随着企业和社会的进步而不断发展。企业文化的功能在于影响企业成员、提高企业效能，具体来说有以下六种：

（一）导向功能

企业文化的导向功能是指企业文化可以将企业整体和企业每个成员的价值取向及行为取向引导到企业目标上来，使企业的共同价值观不断地向个人价值观渗透和内化，引导员工不断追求卓越、挑战极限。

（二）约束功能

企业文化的约束功能是指企业文化对每个员工的思想、心理和行为具有约束和规范的作用。这是一种软约束，是企业中弥漫的企业文化氛围、群体行为准则和道德规范。

（三）凝聚功能

当一种价值观被企业员工共同认可之后，它就会成为一种黏合剂，从而产生一种巨大的向心力和凝聚力。“人心齐，泰山移”，凝聚在一起的员工有共同的目标和愿景，可以推动企业不断前进和发展。

（四）激励功能

优秀的企业文化可以创造一种“人人受重视、人人受尊重”的文化氛围，激励员工为实现自我价值和企业发展而勇于献身、不断进取。企业文化强调“以人为中心”的管理方法，以尊重人、理解人、关心人、培养人为出发点，通过吸引、引导、感化、约束、培养、教育等方式，牢牢抓住企业员工的心，重视人的价值。

（五）辐射功能

企业文化一旦形成较为固定的模式，它不仅会在企业内部发挥作用，而且会通过各种渠道对社会产生影响。

（六）创新功能

建立特色鲜明的企业文化是企业创新的一个重要方面，是激发员工创新精神的源泉和动力，是企业得以在激烈的市场竞争中立于不败之地的重要保证。

子任务二　明晰企业文化塑造思路

任务提示

塑造企业文化有哪些途径？在塑造企业文化的过程中应如何做？请进入本任务。

有些企业虽然具有企业文化雏形，搭建了企业文化框架，但没有刻意去建设、维护、提升企业文化；有些企业的企业文化理念源自管理层在经营管理实践中的深层次思考，并融合了企业的基本价值观、基本理念和行为准则，但这些优秀的理念并没有通过企业管理者传递给员工，员工处于无文化作业状态中；有些企业员工的企业文化意识淡薄，不理解企业文化，既没有深入学习企业文化，也没有传承优秀的企业文化理念。

一、塑造企业文化的主要途径

（一）建立核心价值观

企业应结合企业性质和生产经营范围、员工素质及构成、企业的外部环境等因素，确立既体现企业特点，又为全体员工所接受的企业文化模式和企业核心价值观。

（二）强化认同

确立了企业文化模式和企业核心价值观后，企业应使其深入人心，真正发挥企业文化的功能。

（三）定格设计

企业应将经过科学论证和实践检验的企业文化予以条理化、格式化、完善化，再加以必要的理论加工和文字处理，最后用精练的语言表述出来。

（四）巩固落实

企业应使企业文化真正扎根于企业实践中，通过良好的舆论宣传、必要的制度保障和领导的身体力行来巩固落实。

（五）完善提高

企业文化需要不断地充实、完善和发展，循环往复以达到更高的层次。

二、企业文化的建设方法

企业可以通过多种方式建设自己的企业文化，如管理者对事情的关注与反应、角色示范、选拔任用制度、早会、思想汇报、宣传标语、权威宣讲、外出参观学习、创业史陈列室等，但最有效的方式是故事、仪式、物质象征和语言。

（一）故事

优秀企业都有一些经典的企业故事，这些故事可以起到借古喻今的作用，为当前的企业经营实践提供解释和支持。例如：海尔公司“下雨背冰箱送货”的故事，体现了“真诚到永远”的企业文化。

阅读材料

惠普车库法则

惠普公司创建于戴维家的车库。公司至今认为，只有客户需要的产品和服务才能出得了车库。惠普车库法则（HP’s Rules of the Garage）的是创新、创新、再创新。车库法则将惠普与公司创始人的精神和初衷结合在一起，是惠普之道在21世纪的重新表述。因为价值观是永恒的，但是实现价值观的方法不是永恒的，方法是有阶段性的，在不同的时段里有不同的好方法。

（二）仪式

仪式是一系列活动的重复，这些活动能够表达并强化企业的核心价值观，指出哪些目标是重要的，哪些目标是次要的，哪些人是重要的，哪些人无足轻重。

阅读材料

玫琳凯化妆品有限公司的年度颁奖大会

玫琳凯化妆品有限公司的年度颁奖大会在一个大型礼堂里举行，要持续几天，台下是一大群兴高采烈的人。所有与会者都身着漂亮的晚礼服。那些出色地完成了销售指标的销售小姐，都会得到一些精美的奖品，如黄金饰针、钻石饰针、卡迪汽车、毛皮披肩等。这种年会通过对有突出销售业绩的人员公开表彰，发挥激励员工的作用。

另外，这种仪式也突出了玫琳·凯个人的坚强意志和乐观精神。正是这两点使她克服了重重困难，创立了自己的公司并获得了巨大的物质财富。玫琳·凯以这种年会的形式告诉她的员工，完成销售指标是重要的，通过努力工作是能获得成功的。

（三）物质象征

很多企业都有自己独特的标志、产品的外观及包装、设备颜色、建筑风格、纪念物等物质象征。

阅读材料

富勒斯和兰普瑞尔餐馆的企业文化

富勒斯和兰普瑞尔是西雅图的两家餐馆。尽管相隔不超过10个街区，但二者有着完全不同的格调。富勒斯正规得近乎古板，餐馆装饰得像博物馆，侍者们身着庄重的制服，目不斜视，表情严肃，一丝不苟；相反，兰普瑞尔的气氛则自然随意得多，餐馆的装饰虽然是最低标准的，但也不乏新潮和时尚，侍者们的衣着随便而时髦，与整个餐馆的装饰风格协调一致。

富勒斯和兰普瑞尔都因它们的美食和服务赢得了顾客的赞誉。要想在它们中的任何一家用餐，都需要提前几天有时甚至要提前几周的时间预订座位。不同的装饰、不同的员工制服等诸如此类的东西折射出这两家餐馆所具有的不同类型的企业文化。并且，这些物质象征进一步将企业文化的相关信息传达给了新的员工。在富勒斯，这种信息是"我们是严谨的、正规的和传统的"；而在兰普瑞尔则相反，"我们这里是轻松和开放的"。

（四）语言

许多企业都将语言作为识别企业文化或亚文化的方式。通过学习这种语言，员工可以确认他们已经接受了这种文化，这样做也有助于员工保持相关企业文化的理念。例如：一些专业术语或缩略语，大部分外行人不了解，如IBM的"果园"（在纽约总部，以前是一个苹果园）、"大铁块"（计算机主机）、"臆君子"（具有很大潜质的员工）、"表演者"（公司绩效评价最高的员工）、PROFS（专业办公系统）、IMS（内部邮件系统）等。

随着时间的推移，企业创造了自己所特有的名词，用来描绘与业务有关的设备、办公用品、关键人物、供应商、顾客或产品等。新员工经过初期的培训之后，那些起初时常令人困惑的缩略语、行话，就完全成为他们语言中的一部分了。

三、企业形象与企业文化的塑造

企业形象与企业文化的关系，像与人、形与影的关系。企业文化是客观存在的微观文化，企业形象是企业文化在传播媒体上的映像；企业文化是企业形象的本源，企业形象是企业文化的外显。企业形象的塑造是企业文化建设乃至企业竞争战略实施的重要组成部分，已经引起越来越多企业的关注，并且被看作企业文化建设的重要内容。

企业形象的塑造包括三个层次，即理念识别（MI）、行为识别（BI）和视觉识别（VI）。显然，这三个层次与企业文化的三个层次——精神层（深层）、行为层（中层）和物质层（表层）是一一对应的，在内容上也是相互重叠和大体一致的，如图7-2所示。

在企业形象的三个层次中，理念识别是最重要、最核心、最根本的一环。同样，在企业文化的三个层次中，精神层是最重要、最核心、最根本的部分。例如："同仁堂"金字招牌屹立不倒，成为一笔庞大的无形资产，不是得益于同仁堂的店名、标志和广告，而是得益于它"同修仁德，济世养生"的宗旨、"修合无人见，存心有天知"的行为准则及"炮制虽繁必不敢省人工，品味虽贵必不敢减物力"的古训。

企业形象的层次	企业文化的层次
1.理念识别（MI）	精神层（深层）最重要、最核心、最根本
2.行为识别（BI）	行为层（中层）
3.视觉识别（VI）	物质层（表层）

图7-2 企业形象与企业文化的层次

子任务三 人力资源跨文化管理

任务提示

在人力资源越来越跨国界的今天，跨国企业面临的严峻问题是：如何最有效地针对不同文化的特点采用合适的人力资源管理方式，以解决多样化的员工文化冲突问题以及激发不同文化背景下员工的工作积极性和主动性？那么，跨国企业中有哪些文化差异和文化冲突？什么是人力资源跨文化管理？人力资源跨文化管理包含哪些内容？有哪些类型？又有哪些对策？请进入本任务。

国际上的调查研究表明，有 30% ～ 40% 的跨国企业是不成功的。据了解，跨国企业管理的成功率也只有 45% 左右。这说明跨国企业中的跨文化管理还存在很大的问题，很多跨国企业还不能有效地解决跨文化冲突。不同的国家，其语言不同、文化背景不同，对同一信息的翻译和理解必然会产生差异，甚至会得出截然不同的结论。同时，管理者的管理风格也有很大差异。跨国经营的发展使跨文化管理问题的重要性日益显现。对此，我国要不断发展社会主义先进文化，传承中华优秀传统文化，不断提升国家文化软实力和中华文化影响力。

跨文化管理的目的在于在不同形态的文化氛围中，设计切实可行的组织机构和管理机制，避免异质文化间的冲突，合理配置企业资源，尤其是最大限度地挖掘和利用人力资源的潜力和价值，从而最大限度地提高企业的综合效益。

跨国企业的员工来自不同的国家，具有不同的文化背景、价值观念、态度和行为，这导致文化差异的存在。因此，对文化差异的管理成功与否成为影响跨国企业成败的关键因素之一。

一、文化差异与文化冲突

（一）文化差异

著名的跨文化研究学者霍夫斯泰特提出：文化不是一种个体特征，而是具有相同的教育和生活经验的群体所共有的心理程序。不同的地理环境、历史文化、宗教信仰、民族种族、社会经济和政治制度形成不同的人生观、价值观和道德观，不同的文化背景产生文化差异。霍夫斯泰特通过对50个国家和3个地区长达7年、资料总数包括10万余张问卷的大规模调查，区分了5项描述文化差异的指标。

1. 权力距离

权力距离是指一个社会中的人群对分配不公这一事实的接受程度。接受程度高的国家，社会层级分明，权力距离大；接受程度低的国家，人与人之间比较平等，权力距离小。权力距离的大小是相对的。

2. 不确定性规避

不确定性规避是指人们忍受或者感受模糊和不确定性的威胁的程度。相对而言，在不确定性规避程度低的社会中，人们普遍有一种安全感，倾向于放松的生活态度和鼓励冒险；而在不确定性规避程度高的社会中，人们普遍有一种高度的紧迫感和进取心，因而易形成一种努力工作的内心冲动。

3. 个人主义与集体主义

个人主义与集体主义是指人们关心自己和个人目标（个人主义）或者关心群体成员和群体目标（集体主义）的程度。个人主义文化强调个人目标、个人独立，而集体主义文化提倡人与人之间的相互依赖和不可分割的联系。

4. 男性化 / 女性化（事业成功 / 生活质量）

男性化 / 女性化是指人们强调自信、竞争、物质主义（事业成功导向）或者强调人际关系和他人利益（生活质量导向）的程度。

一般可以从对性别角色定位的传统和保守程度、对坚决行为的获取财富的推崇程度、对人际关系和家庭生活的重视程度来考虑。男性化社会以更加传统和保守的方式定义性别角色，而女性化社会对于男女双性在工作场所和家庭中扮演的大量角色则持较为开明的观点。此外，男性化社会推崇坚决行为以及获取财富；女性化社会则珍视人际关系，关心他人，以及看重在家庭生活与工作之间找到更好的平衡。

事实上，人们越来越重视家庭和个人生活质量，越来越多的企业开始给员工提供各种对家庭和个人生活质量有帮助的服务，如健身房、按摩师、幼儿园等，还有些企业提供饮料及文具等。

5. 长期导向与短期导向

短期性文化更注重已经发生的事情及目前的状况，而不关心未来的情况，喜欢沉湎于过去的成绩和贡献，认为忘记过去意味着会犯同样的错误，只关心资源现在的利用价值，不关心未来的资源分配和利用；而长期性文化刚好相反，其更为关注长期利益和今后的发展，比较重视资源的永续利用。

通过对上述五个方面调查数据的分析，霍夫斯泰特证实了不同国家和地区的文化之间存在很大的差异，如表 7-1 所示。例如：中国的权力距离指数为 89，个人主义指数为 39；美国的权力距离指数为 30，个人主义指数高达 100。这表明：中国是一个权力距离较大、等级分明、比较注重集体主义的国家，而美国则是一个权力距离较小、注重个人奋斗的国家。这种差异性是由不同国家和地区的历史背景、生活习性、风俗习惯、宗教礼仪等多种因素长期积累和影响而形成的，它根植于人们的头脑中，制约人们处理事务的态度和行为方式。

表7-1 中国与美国、英国、法国、德国、日本文化维度指标得分（100=最高；50=中等）

国家	权力距离	不确定性规避	个人主义	男性化	长期导向
中国	89	44	39	54	100
美国	30	21	100	74	35
英国	21	12	96	84	27
法国	73	78	82	35	—
德国	21	47	74	84	48
日本	32	89	55	100	—

（二）文化冲突

冲突是指由于某种抵触或对立状态而感知到的不一致的差异。

1. 关于冲突的三种观点

对于组织中的冲突，目前有三种不同的观点：（1）传统观点认为，冲突本身表明了组织内部的机能失调，应该避免；（2）人际关系观点认为，冲突是任何组织不可避免的必然产物，有时冲突甚至会带来好处，应该接纳；（3）相互作用观点认为，冲突不仅可以成为组织中的积极动力，而且有些是组织有效运作所必需的，应该鼓励。

2. 文化冲突的表现

文化冲突具体表现在如下几个方面：（1）价值观方面的冲突，对经营管理者来说，主要表现为风险观念的差异与冲突；对普通员工来说，集中表现在对待工作和成就的态度上。（2）经营思想和经营方式的冲突，主要发生在不同经营水平、所有制、管理体制的企业并购后。（3）管理风格的冲突，如在用人制度、人才选拔等方面的冲突。（4）显性文化冲突，即员工在表达方式（语言、神态、手势、举止等）上存在差异，导致误会而引发的冲突。

文化冲突也可归纳为物质文化冲突、制度文化冲突和精神文化冲突三类。跨国企业的文化冲突分别表现在物质文化（表层）、行为文化（浅层）、制度文化（中层）和精神文化（核心层）四个层次上。企业的精神文化位居企业文化的核心层，是指导企业开展生产经营活动的各种行为规范、群体意识和价值观念，是以企业精神为核心的价值体系。一旦得到员工的认同和接受，企业精神文化将最具稳定性，因而也最难改变。

二、人力资源跨文化管理的含义和内容

（一）人力资源跨文化管理的含义

人力资源跨文化管理是指对来自不同文化背景的人力资源进行有效融合，其关注的重点是一个带有文化特点的个体行为与另一种文化之间可能会发生的冲突、冲突的范围和影响、冲突的文化因素以及如何降低冲突带来的负效应等。

（二）人力资源跨文化管理的内容

不同文化之间的管理冲突的影响程度和主要表现是不同的，这在合资企业中会有所体现。外派人员对本土员工的集体归属感估计不足；本土企业不同的领导风格、不同的地位待遇及不同的培训机制，导致外派人员工作效果不理想；外方母公司发出的指示因不适应合资企业的文化而被拒绝等。从人力资源管理的角度出发，冲突主要表现在职位分类、员工的录用与调配、员工培训、考核与激励、劳资关系以及管理人员的任免等各个环节。这些冲突表面上看是管理的沟通、计划、组织、领导和控制等方面的问题，但本质上是人的思维方式、价值观、工作规范、信念和处世哲学等文化差异的冲突。人力资源跨文化管理的基本内容就是对这些冲突进行有效融合。

三、人力资源跨文化管理的类型

人力资源跨文化管理发生在企业于本土之外进行的活动中，包括独资企业、合资企业之间的合并、兼并、重组等。归纳起来，它可分为三种情况：强势文化和强势文化之间、强势文化和弱势文化之间、弱势文化和弱势文化之间的整合和融合。人力资源跨文化管理的方法和手段概括起来有三种类型，同时代表了人力资源跨文化管理的三个层次。

（一）移植

这是最简单的方式，也是最低层次的跨文化管理，即直接将母公司的文化体系全套照搬到子公司所在的国家或地区，而无视子公司所在地的本土文化或合作方的原有文化。如果母公司文化是强势文化，而子公司文化是弱势文化，在移植过程中表现出的冲突较小，也有可能出现非但不能保持母公司文化的精华，反而被子公司文化同化的情况；如果双方文化都是强势文化，那么有可能爆发激烈的冲突；如果双方文化都是弱势文化，那么这种移植一般是不会有结果的。

（二）嫁接

这种跨文化管理方式是在母公司认识到子公司所在地域文化的特征，并在尊重当地文化的前提下采取的管理方式。嫁接主要是以子公司的地域文化或原有文化为主体，然后选择母公司文化中关键和适应的部分与之结合。这种方式充分体现了对当地文化的认识和尊重，但可能会造成母公司的文化特性不突出或者是未将其精华移植入子公司；另外，母公司文化中与当地文化不相适应的成分也没有充分剥离，无法发挥出嫁接文化后的协同效应。

（三）文化“合金”

文化合金是指两种文化的有机结合，将各自精华的部分紧密融合，成为兼容性强、多元化的“合金”。这种方式不是以哪一方的文化为主体，而是两种文化直接融合。这是跨文化管理的最高层次。实践证明这种方式是最有效的。具有这种性质的文化可以兼容更多的文化，适应不同的文化环境。因此，这种方式能发挥出跨国企业的核心竞争力。

四、人力资源跨文化管理的对策

无论在什么样的文化背景下，人力资源管理与开发的目标都是开发人力资源的潜能，在发挥其最大的价值为企业服务的同时，培育全面发展的人才。这也为人力资源管理上的文化融合提供了基本的前提。同时，文化具有动态性，这是文化能够进行融合的必要条件。海尔“激活休克鱼”的兼并收购战略就是用强势文化成功地改造了弱势文化，用无形资产盘活了有形资产，证明了成功的文化融合可以产生巨大的经济效益。不过，无论以何种方式进行文化融合，前提是双方要相互理解和相互尊重。

在人力资源跨文化管理的实践中，企业需要特别关注以下几个方面：

（一）甄选和培训外派人员

在甄选外派人员时，企业要尽可能选择那些具备全球经理人技能和素质的人。他们喜爱新的文化，喜欢接受国外工作的挑战，寻求学习机会，乐于接受别人的意见；具有冒险精神，有很强的人际交往能力；具有文化差异的敏感性，努力理解与其共事者的观点和态度。具备这些特征的全球经理人能够适应文化融合的要求。当然，企业还要为他们提供一系列关于当地语言、文化和个人职业生涯发展的培训，以便他们更好地适应今后的工作。一些跨国企业还为外派人员的配偶提供类似的培训。

（二）管理人员本土化

本土管理者对当地文化有深刻的了解，容易被员工接受，同时这也为本土员工提供了明显的晋升渠道，具有很强的激励作用。因此，用本土管理者进行管理是人力资源跨文化管理的常用手段，如微软（中国）公司、IBM公司、可口可乐公司等都运用过这种手段。这样的管理者一般有过在另一方文化背景中学习和工作的经历。但是，还是有一些大的跨国企业不愿意使用本土管理者，为的是更好地贯彻总部的战略和管理模式，便于控制。一些思维比较保守的欧、日、韩外资企业，很多高层的管理者还是外籍的。

（三）以宽容的态度对待文化冲突

即使有充分的准备，跨文化管理的冲突也在所难免。面对文化冲突，管理者要有平和的心态、宽容的态度和理智的处理方式。企业成员间要相互尊重和理解，站在中立、客观的立场上，以温和、宽容的方式处理问题。文化融合不可能一蹴而就，有耐心才能水到渠成，粗暴苛刻的做法只能适得其反。

（四）逐步实施文化融合策略，直到实现文化“合金”

文化融合是一个系统工程，要有计划、有步骤地分阶段实施。文化融合的最终目标是塑造文化“合金”。从具体的发展路径讲，以移植的跨文化管理的方式实现文化融合很难，而通过嫁接的方式塑造文化“合金”的可能性较大。因此，在人力资源跨文化管理中，管理者要时刻关注文化的变化，积极推动文化融合，使企业真正成为融各种文化精华为一体的文化“合金”。

任务小结

企业文化是指在企业的长期生存和发展过程中，企业全体员工逐渐形成并共同接受的价值观念、行为准则、团队意识、思维方式、工作作风、心理预期、归属感等群体意识的总称，以及由此表现出来的企业风范、企业精神等。企业文化由外到内可分为三个层次，即物质文化、行为文化和精神文化。

美国学者杰弗里·桑南菲尔德通过研究发现，不同的组织存在组织文化的差异，并具体提出了学院型文化、俱乐部型文化、棒球队型文化、堡垒型文化四种组织文化类型。

企业文化具有导向功能、约束功能、凝聚功能、激励功能、辐射功能和创新功能六种功能。塑造企业文化的主要途径有建立核心价值观、强化认同、定格设计、巩固落实和完善提高。

人力资源跨文化管理是指对来自不同文化背景的人力资源进行有效融合，其关注的重点是一个带有文化特点的个体行为与另一种文化之间可能会发生的冲突、冲突的范围和影响、冲突的文化因素以及如何降低冲突带来的负效应等。

关键术语

企业文化　人力资源跨文化管理　文化差异　文化冲突　移植　嫁接　文化“合金”

技能自测

一　单项选择题

1. 企业哲学属于企业文化结构的（　　）层次。
   A. 物质文化　　B. 行为文化　　C. 制度文化　　D. 精神文化
2. （　　）企业鼓励冒险和革新，从各种年龄和经验层次的人中寻求有才能的人。
   A. 学院型文化　　B. 俱乐部型文化　C. 棒球队型文化　D. 堡垒型文化

二 多项选择题

1. 组织文化是组织成员的（　　）。

A. 追随　B. 共同价值观体系　C. 服从

D. 排斥　E. 行为规范体系

2. 企业文化的功能有（　　）。

A. 导向功能　B. 约束功能　C. 凝聚功能

D. 激励功能　E. 辐射功能

三 判断题

1. 将企业整体和企业每个成员的价值取向及行为取向引导到企业目标上来，使企业的共同价值观不断地向个人价值观渗透和内化，引导员工不断追求卓越、挑战极限，这体现了企业文化的激励功能。（　　）

2. 在企业形象的三个层次中，理念识别是最重要、最核心、最根本的一环。（　　）

四 分析题

1. 选择一家知名企业，搜集其企业文化的相关资料并进行分析，指出它们各属于企业文化的哪一层次。

2. 结合某一跨国企业，分析霍夫斯泰特的文化差异的五个维度以及它们的内容及特点。

案例分析

联想并购IBM公司PC事业部

联想与IBM虽然是具有明显的不同文化背景的企业，但二者在企业文化的建设上都有创新的特质。联想也积极倡导人性化，也像“蓝色巨人”一样在形式上倡导代表理性的“蓝色文化”。但是两个公司还是有很大的不同。联想是中国企业中文化较强的典型，带有创业文化的典型性和中国社会转型的一系列特征；而IBM公司PC事业部则具有典型的职业文化特征，即在成熟的市场经济体制和社会背景下形成的职场中人所具有的守时、敬业、诚信、负责、公私分明等一系列文化特质。

与很多强势并购不同，联想并购IBM公司PC事业部，不仅是IBM公司PC事业部面临经营窘境而不得不出售自身的一种无奈的经营行为，而且是IBM公司整体经营转型、对PC事业部进行战略放弃的一种企业经营行为。IBM公司赚的钱大部分来自咨询服务。对IBM来说，它退出PC业务或许对竞争对手和合作伙伴意义更大一些。而对于联想而言，在中国市场占有支配地位，但在世界市场上占的份额很低，与IBM的这笔交易将赋予它一个坚实的立足点。这也是其战略定位的选择，可谓双赢。联想在跨国经营和全球化运营方面的经验和实力尚待提升，本次并购是向国际化经营学习并迈进的一个尝试。

联想与 IBM 的交易，不是采用一次性购买的方式，而是采用股权置换和现金完成交易的方式，因此，客观上保持了 IBM 公司 PC 事业部的相对完整性。

思考：

请你结合上述案例，分析联想并购 IBM 公司 PC 事业部后的跨文化管理问题。

任务三　加强员工情感管理

学习目标

◆ **知识目标**

掌握心理契约的含义、特点与作用

熟悉构建企业情感文化的方法

了解员工满意度调查工作

◆ **技能目标**

能建立心理契约

能解决企业员工情感管理的相关问题

能协助构建企业情感文化

能进行员工满意度调查

◆ **职业素质和态度目标**

具有良好的道德品质和健康的身心素质

重视与员工建立的心理契约，重视构建企业情感文化

热情友好，真诚待人

爱护员工，提高服务意识，加强与员工的沟通，提高员工满意度

任务导入

因受到赞扬而忠于职守的清洁工

在很多大型企业中，清洁工是最容易被忽视的人。有一家企业的清洁工在发现公司的保险箱被盗时，与小偷殊死搏斗，保护了公司的财产。

事后，大家为他请功，并问他："你为什么会这样不顾性命地保护公司财产？"这位清洁工的回答让所有人感到惊讶："每当公司的总经理从我身旁经过时，他都会赞扬

我说‘你的地扫得真干净’。这句话非常简单，但我觉得我的工作得到了肯定，并决定为这个公司努力工作。”就这么一句简简单单的表扬，让这名员工深受感动，并作出了上述令人震撼的举动。

任务分析：一个真诚赞美下属的领导，能使员工的情感需求得到满足，并能激发他们潜在的才能。在雇佣双方之间有一种无形的微妙而含蓄的心理期望，虽未明确书面化，却是影响双方行为的重要因素。心理契约所隐含约定的不成文的相互责任，实现了个人目标与组织目标和承诺的契合，以及投入与回报循环过程中形成的情感契合，有利于协调组织与员工的关系，增强员工对组织的依赖感和忠诚度，实现有效管理。

子任务一　建立心理契约

任务提示

心理契约是联系企业与员工的纽带。那么，什么是心理契约？心理契约有哪些内容和特点？它的作用有哪些？如何构建企业中的心理契约？构建心理契约要注意哪些问题？请进入本任务。

当一个员工加入企业时，他与企业实际上签订了两份合同，一份写在纸上——劳动契约，另一份写在心里——心理契约。

一、心理契约的含义

心理契约（Psychological Contract）是美国著名管理心理学家施恩正式提出的。他认为，心理契约是“个人将有所奉献与组织期望有所获取之间，以及组织将针对个人期望收获而有所提供的一种配合”。虽然这不是有形的契约，但发挥着有形契约的作用。心理契约是指组织中每一个成员和不同的管理者及其他人之间，在任何时刻，都存在的一种没有明文规定的期望。心理契约是存在于员工与企业之间的隐性契约，其核心是员工满意度。它包括两部分内容：一是员工个人目标与组织目标和承诺的契合关系；二是员工在经过一系列投入与回报循环构成的组织经历之后，与所在企业形成的情感上的契合关系，体现为员工对组织的依赖感和忠诚度。

可以将心理契约描述为这样一种状态：组织的成长与员工的发展虽然没有通过一纸契约载明，但组织与员工却依然能找到各自的决策点，如同纸契约加以规范。也就是说，组织能清楚地了解每个员工的需求与发展期望，并尽量予以满足；每个员工也为组织的发展全力奉献，因为他们相信组织能满足他们的需求、实现他们的发展期望。

狭义心理契约理论认为，心理契约是员工对雇佣双方义务的一种理解或有关信念，并进一步指出，这种信念指的是员工对外显和内在的员工贡献（努力、能力、忠诚等）与组织诱因（报酬、晋升、工作保障等）之间的交换关系的承诺、理解和感知。

一般而言，心理契约包含七个方面的期望：良好的工作环境、任务与职业取向的吻合、安全与归属感、公平的报酬、价值认同、培训与发展的机会、晋升。

心理契约的主体是员工在组织中的心理状态，而用于衡量员工在组织中心理状态的三个基本概念是工作满意度、工作参与和组织承诺。在企业这样的以经济活动为主的组织中，员工的工作满意度是企业心理契约管理的重点和关键。心理契约管理的目的，就是通过人力资源管理实现员工的工作满意度，并进而实现员工对组织的强烈归属感和对工作的高度投入。

简而言之，虽然心理契约只存在于员工的心中，但它的无形约束能使企业与员工在动态的条件下保持良好、稳定的关系，使员工视自己为人力资源开发的主体，将个体的发展充分融合到企业的发展之中，从而创造出永远充满活力的组织。

二、心理契约的特点

（一）主观性

狭义心理契约理论认为，主观性是心理契约的核心特点，它是一种主观感知，是因人而异的。

心理契约有着很强的主观性，它不但取决于组织的人力资源管理政策，而且受到员工自身因素（如个人经历、心理特性等）的影响。很多员工在工资福利、培训、晋升、出国等方面对组织寄予期望，并且不同的员工对组织可能寄予不同的期望，在与组织发生交换关系时伴随相应的承诺。具体来说，这种主观性表现在以下两个方面：

（1）员工认知上的差异性。在与组织的关系上，有些员工看到了组织行为中积极的一面，认为组织履行了契约；有些员工较多地看到了组织行为中消极的一面，认为组织未能尽到自己的义务。

（2）不同员工的需求、期望可能不一样。马斯洛的需要层次理论揭示了人们需要的阶段性和多样性。现代社会里人们的需求、选择日趋多样化，从而导致了心理期望的多样性和差异性。忽视个人需求、期望的管理可能会导致员工与组织的相互期望未能很好地匹配，如果想晋升的人被派到国外接受培训，想接受培训的人却没能去成，这两个人对组织的这种“回报”可能都不太满意。

（二）动态性

任何契约都是一定环境、条件下的产物，当这种环境、条件发生变化时，契约也随之发生变化。

心理契约在员工与组织的关系发展过程中是不断变化的，表现在书面契约一旦签订就很少改变，而心理契约则是一个永恒的动态过程，如当组织面临某种变革时，员工的心理契约就会随之发生变化。

（三）可预测性

国外很多学者认为，可预测性是心理契约的重要特点。

（1）可预测性是心理契约得以建立的前提。在人际交往中，只有当双方的行为具有可预测性时，才会存在信任关系，只有存在信任关系时，双方才能真正建立心理契约。

（2）心理契约的建立又能强化这种可预测性。心理契约的达成、实现是一个员工和组织之间的不断互动的过程。经过一段时间的磨合，双方可能达成较多的心理默契，能够明了“你对我有什么样的期望，我可从你那里获得什么样的回报”，这样，双方的心理期望能够相互匹配。这种可预测性能够引发一种忠诚意识，双方的心理距离变得很近。这种情况对组织来说“是福不是祸”。

（3）可预测性的衰减预示着心理契约的危机。员工往往要求组织制度和规则的一致、公开化和保持一定的连续性。员工期望自己的领导是可信赖的，而不是反复无常的。一旦员工发现事实不是自己所期望的，如出现赏罚不明、任人唯亲、自相矛盾等现象，势必在员工间造成混乱和引起愤怒，并因此滋生逆反心理，对组织不合作。增强可预测性的一个重要措施就是加强员工与组织之间的沟通，语言沟通是一方面，组织行为本身的合理性、一致性是更为重要的另一方面。

（四）模糊性

心理契约往往以自己的心为秤，来衡量双方的权利和义务。在员工与组织的关系中，双方的义务是中心问题，某些义务是通过正式的劳动契约来表达的，但大部分是含蓄的、隐蔽的。例如：一些私营小企业的相对高层的管理人员，特别是与老板一同创业的人员，很多人没有公开谈论过待遇问题，不管是货币形式的工资还是其他福利待遇，一般只是老板看着给，没有非常确切的规定，双方只要感到心理平衡就可以了，合作得很愉快。心理契约的内容非常广泛，有些方面当事人也难以清楚地意识到，而且双方的需求和认知也在不断地变化，导致新的模糊性不断地产生。

三、心理契约的内容

（一）员工期望获得、组织期望提供的内容

心理契约可能包含很多内容。下列是员工期望组织为其提供的项目：有意义且有目标的工作内容，个人发展和晋升机会，有趣或具有挑战性的工作，享有的工作权利和责任，得到认可和赞赏，工作地位和声望，团队友好且志趣相投，薪水、环境的结构化程度（一般规范、纪律、控制），工作的保障性，反馈和评价。

（二）员工期望付出、组织期望获得的内容

下列是组织期望从员工那里获得的项目：有能力完成需要一定技术知识和技巧的任务、了解职位各方面情况的能力、发现执行任务新方法和解决新问题的能力、有效并有说服力地阐明观点的能力、团队合作和高效工作的能力、口头表达和书面陈述能力、管理和指导工作的能力、独立决策能力、计划组织能力、有效利用时间的能力、重视组织需要、保持社会关系、遵守组织或团队的习惯、工作外时间进修、保持良好的公众形象、与组织的价值观和目标保持一致。

四、心理契约的作用

微课
员工满意度

心理契约往往以员工满意度为基本内容，这种满意度实质上是期望满意度与现实满意度融合的结果。当两者完全吻合时，员工满意度达到最高，工作效率也达到最高；当前者大于后者时，员工满意度出现负值，工作效率也会下降。

管理专家研究发现，一旦心理契约被实现，员工必将给予组织更高的支持、更积极的情感参与，并表现出更低的离职倾向。反之，员工会对投入工作的努力程度有所保留，个体绩效因而下降，组织绩效进而受到影响。因此，要发挥心理契约的积极作用。

（1）减少不安全感。正式的书面合同中不可能包括雇佣关系的所有方面，而心理契约恰好填补了雇佣关系中的这个空白。

（2）塑造员工行为。员工会将自己对组织的责任与组织对自己的责任进行比较，并根据重要结论调整自己的行为。雇佣双方虽然不公开讨论心理契约，但心理契约却是影响员工行为与态度的决定性因素。

（3）使员工感觉到自己对组织内的事情是有影响的。

阅读材料

构建心理契约的四个基本原则

明确原则——明确双方的期望与条件。

信任原则——企业与员工合作的基础。

双赢原则——“你好，我也好。”

平衡原则——不断平衡才能保持长久。

五、心理契约的构建

企业构建心理契约是一个充分发挥员工积极性、能力、智慧的过程，是保证员工高工作投入和高绩效的过程，同时是有效吸引、留住、激励人才的一种手段。

（一）选人环节的心理契约构建

招聘是员工与企业建立心理契约的最初阶段。在目前日益激烈的人才竞争环境中，有些企业过分夸大自身的优势、隐瞒不足；有些应聘者也有意夸大自己的优点、隐瞒缺点。当现实与期望差距过大，双方融合的难度过大，心理契约发生动摇，就会造成人员离职现象。因此，要建立良好的契约关系，企业在选人过程中应以诚信为基础，遵循真实性原则，将企业的规章制度、发展状况、企业文化等信息真实地告知应聘者。应聘者也应以诚信为原则，将自己真实的一面展现给企业。这样双方才能找到最适合自己的战略伙伴，为以后的相处打下良好的基础。

（二）用人环节的心理契约构建

当员工进入企业之后，企业对员工的性格、能力、做事风格会有更进一步的认识，员工对企业的规章制度、文化理念也有了更深入的理解。在此基础上，企业与员工双方只有更加坦诚地交流，才能做到安置过程的人事相宜、能岗匹配。同时，现代企业的成长是一个动态发展和变革的过程，要保证企业的人力资源有效地、长期地为企业的发展服务，企业对员工的安排就要随着员工自身素质的提高和企业的发展进行适当的调整，心理契约也会随着彼此理解程度的加深而进一步巩固。

（三）育人环节的心理契约构建

很多企业为了保持竞争优势，在经营战略和运作模式上会作出重大调整，如企业的合并、重组、裁员、运用新的管理手段等，导致雇佣双方原有的心理平衡被打破，员工与企业缔结的以忠诚、服从和努力作为条件换来工作的稳定感等回报的心理契约逐渐被以职业适应力为核心的新型心理契约所取代。因此，积极加强员工技能培训，开发人力资源，是构建企业和员工双赢的心理契约的关键。如果员工对个人技能充满信心，将更愿意相信和支持企业的各项决策，即使企业进行组织机构精简，员工也会因所掌握的技能而找到其他工作。实践也证明，企业给予得越多，员工越不愿意离开，这样可以进一步巩固心理契约，企业不必担心自己精心培养的人才会流失。

（四）留人环节的心理契约构建

企业应根据个人需求结构的层次，运用相应的激励方法和管理手段来满足对应的员工需求，并促使员工以相应的工作行为作为回报。企业留人的方法一般可以概括为“待遇留人、事业留人、感情留人”。根据赫茨伯格的双因素理论，那些真正起激励作用的因素往往很难通过正式契约体现，而这些较高层次需求的满足就是心理契约中最重要的部分。因此，企业要营造尊重人才的良好氛围，提倡参与式管理，满足员工心理上的需求；设计把员工自身利益与企业长远利益结合起来的激励方式，提高员工忠诚度，降低其离职意愿等。

综上所述，心理契约是企业与员工之间的心灵纽带。积极健康的心理契约将增强员工对企业的依赖感和忠诚度，而心理契约失衡所带来的消极影响则会直接影响劳动关系的稳定以及员工的工作态度、行为和绩效，进而影响企业的生存、发展和创新。企业应尽可能通过多种途径减少心理契约失衡的可能，以消除其负面效应。

子任务二　构建情感文化

任务提示

企业的情感管理模式应该是心理契约和情感文化的有机结合。那么，在情感文化的构建上，企业应如何加强人文关怀和心理疏导，培育自尊自信、理性平和、积极向上的社会心态？如何突出以人为本，使员工精神有依托、素养有提高、幸福感有增强？特别是如何实施柔性管理，用情感文化打造幸福企业，建设更加规范、更富效率的企业？请进入本任务。

一、企业情感文化

企业情感文化是指促进情感互动、营造情感氛围的企业文化。企业要创立雇主品牌，必须特别重视情感文化的作用，培植独特的情感文化，以情动人、以情感人、以情留人。例如，有些企业一贯的做法是用以下方式表彰员工，这些方式都不是物质上的：用手写字条而不是电子邮件向员工表示感谢；安排非正式的“表彰日”；记住员工生活中的特殊日子或事件；允许员工与自己看重的人一起工作等。

一旦企业形成雇主品牌，构建起雇主与雇员之间的情感桥梁，就能大大提高雇员在企业中的工作满意度、文化认同感和工作责任感，从而提升企业产品和服务的质量。

企业要以信任为基石，以激情为火种，构建企业情感文化。

（一）信任——企业情感文化的基石

美国著名管理学家迈克尔·汉默曾说，人与人之间，互不信任、彼此提防的成本是最可怕的。

信任链由以下三个环节组成：

第一环，信任所显现的特性，即诚实性、做正确的事、公平和可靠性、公开性、交流。

第二环，一贯性。

第三环，信任半径。

（二）激情——企业情感文化的火种

著名管理学家托马斯曾说，好的经理人员应当不仅让员工挣到钱，而且应该让他们感到工作的意义和乐趣。

（1）给予员工关心和爱护。

（2）让员工觉得自己很重要。

（3）赞美员工。

（4）创造适宜的环境。

激情管理就是通过各种各样的方法激发员工对工作的热爱，促使员工释放潜能，创造一种乐观向上、积极进取的氛围。

二、个体情感管理

（一）个体情感管理的内容

（1）压力问题。压力问题可能来源于工作本身、工作中的人际关系、家庭和日常生活。

（2）沟通和人际关系问题。如与客户、同事、上下级之间的问题。

（3）心理危机问题。如企业裁员、并购、员工遭遇空难等灾难性事件。

（4）员工个人问题。如恋爱、婚姻、家庭、子女教育、个人心理困扰等。

（二）个体情感管理的方法

（1）心理培训。培训内容一般包括情绪与压力管理、时间与压力管理、自我认知、潜能开发、沟通培训、危机干预等。

（2）职业生涯设计。职业生涯设计流程一般包括自我评估、实际检验、目标设置和行动规划四个方面。

（3）员工帮助计划。员工帮助计划（Employee Assistance Program，EAP）是由企业为员工设计的一套系统的、长期的福利与支持项目，邀请专业人员对企业进行诊断、提出建议和对员工及其直系亲属提供专业指导、培训和咨询，旨在帮助员工及其家庭成员解决各种心理和行为问题，提高员工在企业中的工作绩效。员工帮助计划的服务内容包括压力管理、职业心理健康、裁员心理危机、灾难性事件、职业生涯发展、健康生活方式、家庭问题、情感问题、法律纠纷、理财问题、饮食习惯、减肥等各个方面，全面帮助员工解决个人问题。

三、构建企业情感文化的方法

（一）建立完善的人事管理制度

明确、规范的人事管理制度是企业人力资源管理工作得以开展的前提和基础。以规章制度为中心，凭借制度约束、纪律监督、奖惩规则等手段实施人力资源管理；利用企业核心价值观、企业文化和企业精神进行人格化管理，以柔性的情感文化感召员工。

（二）培育企业情感文化，提高员工参与企业管理的能动性

企业应通过企业情感文化对员工的渗透，增强员工对企业的认同感和忠诚度：从员工入职培训开始，把企业的价值观、使命、文化灌输给员工；实施员工职业生涯管理，把企业的愿景、目标与员工的个人目标结合起来，重视员工培训，定期、不定期地组织员工学习与培训，不断提高员工的专业技能，使他们获得自我成就感；成立职代会，让员工代表甚至普通员工广泛地融入和参与企业管理，集思广益；为员工提供主动参与企业管理的平台，提高员工参与管理的积极性，建立共同的愿景，为达成共同目标而努力。

（三）转变管理理念，提高自身素质，明确管理职责

企业管理者应树立终身学习的观念，转变管理理念，重视对员工的承诺和精神需求的满足，关注员工的职业理想和精神需求；提高人力资源管理的技能和素质，明确人力资源部门在员工关系管理中的职责，使人力资源管理真正成为企业管理的有效推动力；明确管理职责，正确处理好自己与员工的关系，在制定人力资源制度和规划时就以员工

关系为核心，直接与员工联系，了解员工需求，以便及时调整和完善人力资源制度和规划。

（四）构建以过程激励为导向的知识型员工情感管理的激励机制

知识型员工这一特殊群体拥有某些共同的特质和需求，且认知行为和目标选择趋于一致，其情感需求来源于其心理活动并直接产生一定的工作行为和动机。因此企业在管理知识型员工时，应加强塑造体现"以人为本"管理理念的情感文化，通过工作过程管理和激励，引导或改变他们的工作行为和动机，以满足其情感诉求，以此帮助其实现自我价值并推动组织发展。

（1）构建个人绩效评估、沟通和激励机制。通过建立公开、明确的个人绩效评估标准，良好的个人绩效评估沟通渠道，正向激励的个人绩效情感关注等，引导知识型员工选择情感动机。

（2）构建个人目标管理机制。知识型员工倾向于从事复杂且具有挑战性的工作，企业可通过对目标的修正和改变，激发他们达成目标的情感动机。

1）设定明确的工作目标，引导知识型员工进行行为和绩效评估。

2）设定难易适中的工作目标，影响不同知识型员工的自我效能感。

3）设定可修正和改变的动态工作目标。

（3）构建公平激励机制。企业可通过公平环境的塑造，强化知识型员工的情感动机。公平感是个体对所付出的劳动与所获得的收益是否相当的直接行为感受。要充分挖掘知识型员工的主动性和创造性，实现企业的目标和发展，企业应构建公平的激励机制，通过营造公平的企业环境，强化员工的情感动机，影响其认知心理和工作行为。

子任务三　开展员工满意度调查

任务提示

现代企业面临由社会和经济环境变革而引发的战略结构调整、兼并重组、裁员等问题，这使员工与企业传统的雇佣关系发生改变，原有的心理平衡被打破，员工出现工作满意度和忠诚度下降、工作绩效走低、懈怠甚至敌对行为增加等问题，严重困扰着企业管理者。那么，如何了解员工的满意度？请进入本任务。

阅读材料

员工满意度调查状况

权威机构研究表明，员工满意度每降低3%，企业的客户满意度将降低5%。只有通过持续的员工满意度调查，企业才可以对自身管理中存在的问题进行“诊断”，进而系统地解决问题，改善企业管理，提高工作效率，降低人员流失率。

一、员工满意度与工作绩效

员工满意度是指员工对企业的实际感受与其期望值比较的程度，即“员工满意度＝实际感受／期望值”。

“绩效－满意－努力回路”如图 7-3 所示。

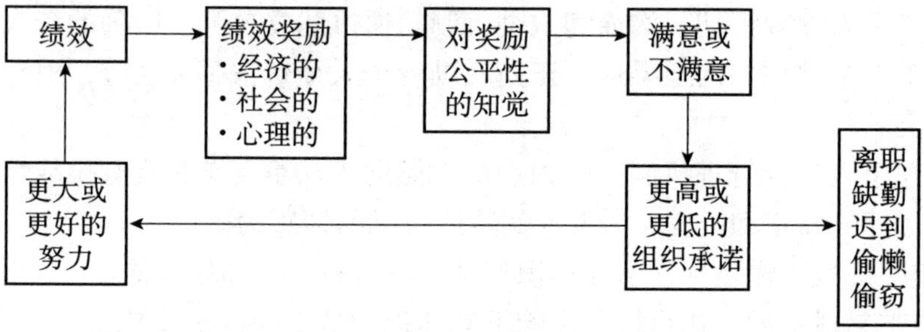

图7-3　绩效-满意-努力回路

（一）员工满意度与生产率

20 世纪 50 年代至 60 年代，许多研究都试图建立工作满意度与生产率之间的关系。但这些综述报告指出，满意度与生产率之间只有微弱的正相关（微弱到 +0.14 左右）。现有研究无法证明两者之间的因果关系。更站得住脚的结论是生产率提高导致满意度上升。如果你工作做得好，会从心理上感觉良好，较高的生产率还会增加你被表扬的次数，提高你的收入水平，增加你晋升的可能性，这一切都会反过来提高满意度。因此，可以这么说，是绩效奖励带来了员工满意度的上升。

快乐的员工就是高效率的员工。员工满意度高的组织比员工满意度低的组织更有效率。

（二）员工满意度与缺勤率

满意度和缺勤之间存在一种稳定的消极关系，但是由于若干原因，这种相关仅达到中等水平（通常小于 0.40）。

满意的员工可能有正常的缺勤，但很少出现可避免的缺勤；不满意的员工往往一有机会就缺勤，当存在大量的机会时，他们的缺勤率较高；当别无选择时，他们与满意的员工的缺勤率一样低。

（三）员工满意度与离职率

离职率是指在一定时期内（通常为一年），离开组织的员工人数所占的比例。员工离职会对组织产生消极影响，如员工的替换成本、士气影响、声誉影响等。相比缺勤率，员工满意度与离职率有更大的相关性，即高满意度与低离职率相关；就业机会对离职率的影响也很大，当员工拥有“高人力资本”时，不满意转化为流动率。

课堂讨论

在市场竞争环境下，许多企业难以长期生存。那些确实生存下来的企业，应采取哪些措施和方法，使员工持续不断地奉献，以保持企业的成就并取得进一步的成功？请从员工情感管理角度进行讨论。

二、员工满意与客户满意

企业和客户的关系本质上是企业员工和客户的关系。客户在和员工接触的整个过程中所感受到的待遇、礼貌和尊重，对于他们的满意度有很大的影响。因此，企业要尽可能地激励员工更好地为客户服务。

员工满意与客户满意以及企业盈利能力之间的关系，在著名的服务利润链中有最佳的诠释，如图 7-4 所示。

员工满意是客户满意的基石，满意的员工会提供更好的客户服务，不满意的员工不会有较高的工作效率和积极的工作态度，不会完整地贯彻企业的服务策略，也不会长期地服务于无法令他满意的企业，而员工离开企业的同时，往往会带走服务客户的经验甚至客户对企业的信任和依赖。因此，不满意的员工无法按照客户的期望提供服务，即使他们对客户的期望了如指掌。如果企业不能设法让自己的员工感到满意，那么企业为提升客户满意所付出的所有努力就有可能付诸东流。对于零售业及所有的服务行业，如电信、保险、银行等，一线员工的满意度显得尤为关键。

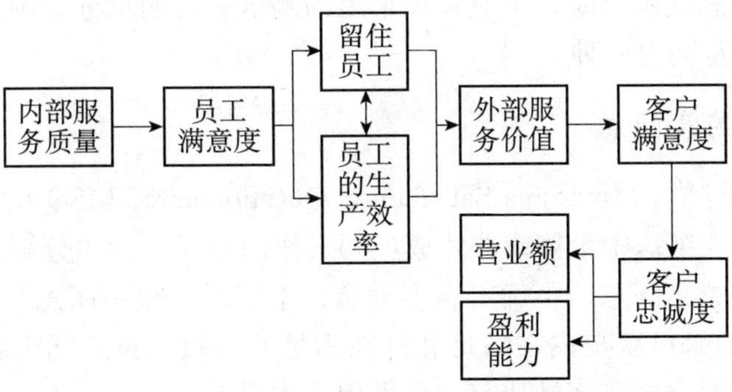

图7-4　员工满意与客户满意以及企业盈利能力之间的关系

三、员工满意度的测量

（一）影响员工满意度的因素

研究发现，有许多因素导致员工积极或消极地对待工作，其中的根源是下面五种因素：

1. 工资

工资是员工的重要收入。工资或奖金增加时，员工往往认为这是企业对其劳动的肯定与尊重，从而提高工作积极性，并对工作满意。

2. 工作本身

大多数员工需要有挑战性和有发展前途的工作，喜欢工作多样性以及能够控制工作方法和工作进度。

3. 提升

员工获得提升不但会使其年薪提高，而且表明个人的工作质量和能力受到领导和同事们的认可和赞赏。

4. 主管督导方式

不同的主管督导方式适合不同的工作情况，以支持下属关系和个人兴趣来取得员工满意的、以员工为中心的民主领导方式适合小型工作组，员工参与决策方式适合大型工作组。

5. 同事

友好与合作的同事关系能维持中等的员工满意度，关系密切或紧张分别会增加或削弱这种满意程度。

（二）员工满意度的调查工作

在进行员工满意度调查时，企业较多采用的测试表有明尼苏达满意问卷、工作描述指标和波特需求满意问卷三种。

1. 明尼苏达满意问卷

明尼苏达满意问卷（Minnesota Satisfaction Questionnaire，MSQ）是魏斯等人于 1967 年开发的，用于调查组织中个体或群体成员的工作满意度。问卷分短式和长式两种，每个题目都有“很满意、满意、不确定满不满意、不满意、很不满意”5 个选项。短式问卷有 20 题，测试结果可获得内在满足和外在满足的分数。长式问卷题目较多，可提供 20 种分数及一般满足分数。多数研究人员采用长式问卷。

2. 工作描述指标

工作描述指标（Job Description Index，JDI）是史密斯等人用固定反应项目开发的工作满意测试表。该指标分别列出工资、提升、主管监督方式、工作和同事 5 项，每项下面均有不同程度的选项，被测试者在每个选项的圆圈内填上“√”（同意）、“×”（不同意）或“？”（不能决定）。

3. 波特需求满意问卷

波特需求满意问卷（Porter Need Satisfaction Questionnaire，PNSQ）是根据满意差别理论发展而来的。每个项目下有两个问题：一个是“目前”有多少，另一个是“应该”有多少。在每个项目中，用被测试者选“应该”取得的数值减去其选“目前”取得的数值，即满意程度。所得的差距越大，表示被测试者在工作的某方面越不满意。此外，还可以将计算得出的满意程度与表 7-2 中的“对我而言其重要性”的分数相比较，可知被测试者对这方面工作满意度的真正感受。波特需求满意问卷部分项目样本如表 7-2 所示。

表7-2　波特需求满意问卷部分项目样本

1. 在我的工作职位上，人员的成长和发展机会	
a.“目前”有多少？	（最小）1　2　3　4　5　6　7（最大）
b.“应该”有多少？	（最小）1　2　3　4　5　6　7（最大）
c. 对我而言其重要性	（最小）1　2　3　4　5　6　7（最大）
2. 在我的工作职位上，安全感	
a.“目前”有多少？	（最小）1　2　3　4　5　6　7（最大）
b.“应该”有多少？	（最小）1　2　3　4　5　6　7（最大）
c. 对我而言其重要性	（最小）1　2　3　4　5　6　7（最大）

说明：数字代表被估特性数值的量表数目，低的数目表示低或最小数值，高的数目表示高或最大数值。

任务小结

心理契约是存在于员工与企业之间的隐性契约，其核心是员工满意度。心理契约有主观性、动态性、可预测性和模糊性的特点。心理契约的内容较为丰富，企业要发挥心理契约的积极作用，在人力资源管理各环节中重视构建心理契约。

企业要以信任为基石，以激情为火种，构建企业情感文化。

员工满意度会导致员工积极或消极对待工作。工资、工作本身、提升、主管督导方式和同事等是影响员工工作满意度的根源。员工满意度调查的测试表有三种：明尼苏达满意问卷、工作描述指标和波特需求满意问卷。

关键术语

心理契约　企业情感文化　员工满意度　客户满意　明尼苏达满意问卷　工作描述指标　波特需求满意问卷

技能自测

一 单项选择题

1. 狭义的心理契约理论认为，心理契约的核心是（　　）。
   A. 主观性　　B. 动态性　　C. 可预测性　　D. 模糊性
2. 员工满意度与离职率的关系是（　　）。
   A. 正相关　　B. 负相关　　C. 不相关　　D. 不确定

二 多项选择题

1. 衡量员工在企业中心理状态的几个基本概念有（　　）。
   A. 组织承诺　　B. 工作满意度　　C. 工作参与
   D. 排斥　　E. 行为规范
2. 个体情感管理的内容包括（　　）。
   A. 压力问题　　B. 沟通问题　　C. 人际关系问题
   D. 心理危机问题　　E. 员工个人问题

三 判断题

1. 心理契约是联系组织与员工的纽带，是存在于员工与组织之间的隐性契约，其核心是员工满意度。（　　）
2. 史密斯等人设计的工作描述指标是根据满意的差别理论发展而来的。（　　）

四 分析题

网上流传着一个“超市员工创意歌剧快闪”的视频，请你分析一下，可以通过哪些方面的活动来提高超市员工的工作满意度，进而提高客户的满意度？

案例分析

甲医院员工满意度调查分析

甲医院的经营业绩不仅体现为经济指标，还体现为员工满意度。员工满意度调查不仅可以反映员工对薪酬、企业领导、管理方式、企业现状等方面的意见，而且可以作为员工参与管理的又一渠道。另外，员工满意度也将成为甲医院评价各部门领导经营业绩的一项重要指标。

思考：

根据甲医院的实际情况，请分析一下，甲医院应为其员工满意度管理体系设计哪几大类指标？针对调查结果，发现不足并提出具体的改进措施。

实训操作

［实训名称］企业员工满意度调查方案设计。

［实训内容］寻找一家企业，为该企业设计一套合理的员工满意度调查方案。

［实训目标］

（1）掌握员工情感管理的核心内容，能够分析该企业员工关系管理中的主要问题；运用所学专业知识，结合企业实际设计方案。

（2）根据本任务目标，以小组为单位设计一套企业员工满意度调查方案。

（3）调查内容包括：工作环境、劳动保护、工资福利、能力发挥、员工培训、发展机会、团队合作、企业文化建设等方面，越全面越好。

［实训组织］每 5 ～ 6 名学生为一组，每组设组长一名，对所选企业进行调研。

［实训要求］各组对任务进行分工。小组成员应做到既要分工又要协作，按计划步骤完成项目作业，即撰写一份企业员工满意度调查方案的实训报告。

［实训成果及评价］各组上交实训报告，教师点评。全班同学投票选出最具吸引力方案和最具可行性方案。按实训目标完成本任务，撰写一份企业员工满意度调查方案的实训报告，内容到位、条理基本清晰、语言较为流畅的小组为良好；除完成实训任务外，方案全面且有创意、符合该企业实际、条理清晰、富有逻辑性、理由充分、语言流畅的小组为优秀；对所设计的方案进行实际调查、统计调查结果、分析总结到位的，给予特别优秀奖。

参考文献

[1] 陈东健 . 人力资源管理 [M]. 北京：清华大学出版社，2012.

[2] 戴淑芬 . 管理学教程 [M]. 5 版 . 北京：北京大学出版社，2022.

[3] 董福荣 . 薪酬管理 [M]. 北京：机械工业出版社，2009.

[4] 董临萍，龙丽群 . 人力资源管理 [M]. 上海：华东理工大学出版社，2014.

[5] 杜林致 . 职业生涯管理 [M]. 上海：上海交通大学出版社，2006.

[6] 付维宁 . 人力资源管理 [M]. 北京：电子工业出版社，2014.

[7] 葛正鹏，李芸 . 人力资源管理 [M]. 3 版 . 北京：科学出版社，2016.

[8] 侯娟娟，张友瑞 . 人力资源管理 [M]. 北京：经济科学出版社，2010.

[9] 胡君辰，宋源 . 绩效管理 [M]. 成都：四川人民出版社，2008.

[10] 胡宇辰，叶清，庄凯，等 . 组织行为学 [M]. 3 版 . 北京：经济管理出版社，2002.

[11] 劳埃德 · 拜厄斯，莱斯利 · 鲁 . 人力资源管理 [M]. 9 版 . 李业昆，等译 . 北京：人民邮电出版社，2017.

[12] 李庆海，吴雪贤 . 中小企业人力资源管理实训演练教程 [M]. 北京：北京交通大学出版社，2009.

[13] 彭剑锋，饶征 . 基于能力的人力资源管理 [M]. 北京：中国人民大学出版社，2003.

[14] 卿涛，郭志刚 . 薪酬管理 [M]. 3 版 . 大连：东北财经大学出版社，2018.

[15] 曲建国，白迎超 . 人力资源管理 [M]. 2 版 . 北京：清华大学出版社，2013.

[16] 任正臣 . 薪酬管理 [M]. 南京：江苏科学技术出版社，2013.

[17] 沈莹 . 现代人力资源管理 [M]. 北京：北京交通大学出版社，2007.

[18] 陈力田，盛亚，申作青 . 企业领导学 [M]. 3 版 . 北京：高等教育出版社，2019.

[19] 苏珊 · E. 杰克逊，兰德尔 · S. 舒勒 . 管理人力资源：合作伙伴的责任、定位与分工：第 7 版 [M]. 欧阳袖，张海容，等译 . 北京：中信出版社，2006.

[20] 孙静，林朝阳 . 企业薪酬管理 [M]. 2 版 . 北京：清华大学出版社，2014.

[21] 孙宗虎，李晓颖 . 工作岗位说明书 [M]. 北京：中国言实出版社，2004.

[22] 汪群，王全蓉 . 培训管理 [M]. 上海：上海交通大学出版社，2005.

[23] 王胜桥 . 连锁企业人力资源管理 [M]. 上海：立信会计出版社，2012.

[24] 王蕴，孙静 . 人力资源管理 [M]. 北京：清华大学出版社，2008.

[25] 徐芳 . 培训与开发理论及技术 [M]. 上海：复旦大学出版社，2005.

[26] 伊万切维奇，等 . 人力资源管理：原书第 12 版 [M]. 赵曙明，程德俊，译 . 北京：机械工业出版社，2015.

[27] 张建国，陈晶瑛 . 现代人力资源管理 [M]. 成都：西南财经大学出版社，2005.

[28] 宗权 . 企业管理者素质手册 [M]. 北京：企业管理出版社，2004.

[29] 李长江 . 人力资源管理：理论、实务与艺术 [M]. 2 版 . 北京：北京大学出版社，2017.

[30] 孙海法 . 现代企业人力资源管理 [M]. 2 版 . 广州：中山大学出版社，2010.

[31] 董克用，李超平 . 人力资源管理概论 [M]. 5 版 . 北京：中国人民大学出版社，2019.